幼儿园课程理论与实践

主　编　张　喆　朱薇娜　姜　薇

副主编　康　婧　刘　杨

编　委　季　俏　赵鑫野

主　审　朱广达

北京理工大学出版社
BEIJING INSTITUTE OF TECHNOLOGY PRESS

图书在版编目（CIP）数据

幼儿园课程理论与实践 / 张喆, 朱薇娜, 姜薇主编.
北京 : 北京理工大学出版社, 2025. 1.
ISBN 978-7-5763-4740-1

Ⅰ. G612
中国国家版本馆CIP数据核字第20253K96U7号

责任编辑：时京京　　　文案编辑：时京京
责任校对：刘亚男　　　责任印制：施胜娟

出版发行 / 北京理工大学出版社有限责任公司
社　　址 / 北京市丰台区四合庄路 6 号
邮　　编 / 100070
电　　话 / （010）68914026（教材售后服务热线）
　　　　　（010）63726648（课件资源服务热线）
网　　址 / http：//www.bitpress.com.cn

版 印 次 / 2025 年 1 月第 1 版第 1 次印刷
印　　刷 / 定州启航印刷有限公司
开　　本 / 787 mm × 1092 mm　1/16
印　　张 / 15
字　　数 / 298 千字
定　　价 / 79.00 元

Preface

　　习近平总书记在党的二十大报告中提出"强化学前教育、特殊教育普惠发展"和"加强家庭家教家风建设"，在进一步强调家教和学前教育之间的重要关系的同时，更是从新时代新征程党的中心任务的高度，阐明了强化学前教育发展的重要意义——学前教育要发展，课程建设必先行。

　　"幼儿园课程理论与实践"是学前教育专业的必修课。此书的编写在传统教材的基础上，融入了很多新的元素，特色如下：

1. 在教学理念方面，突出理论教学与实践操作有机融合

　　本书编写立足于"以就业为导向""以能力为本位"的培养宗旨，坚持以应用为主线，以素质拓展为基础，将教学内容进行项目化整合，每个项目既强调教师先进教学理念和课程思维的形成，也重视学生分析问题、解决问题能力的提升。

　　增加"案例角"，改变传统课程教材以理论讲授为主的模式，请校企合作的多家幼儿园骨干教师原创了18篇幼儿园活动方案，供学生使用，真正实现"理实结合"。

2. 在教学内容方面，融入中华传统元素与多元协同育人模式

　　本书编写紧扣幼儿园课程改革实际，深入挖掘民族优秀文化元素与幼儿园课程的整合资源，同时增加"家园社"协同育人模式在幼儿园课程中的探索实践，充实幼儿园课程理论和实践教学体系，拓展学生对幼儿园课程内容和课程模式的理论视野，丰富学生的课程实践路径。

　　该章节内容系吉林省教育科学"十四五"规划2022年度课题"'家·园·社'三位一体的乡村学前教育协同育人模式新探索"（课题批准号：GH22671）的研究成果。

3. 在教学实施方面，对接岗位工作任务与职业技能标准

　　本书编写以《幼儿园教师专业标准（试行）》为基准，严格遵循《幼儿园教育指导纲要（试行）》《3~6岁儿童学习与发展指南》《幼儿园工作规程》等相关要求，教学实施体现幼儿园教师的岗位工作能力要求。同时，对接幼儿园教师职业技能标准及各项教学能力大赛，满足幼儿教师职业岗位和职业能力的需要，从而具有"岗课赛证"融通的特点。

4. 在课程思政方面，厚植学生敬业乐业情怀与大国文化自信

　　本书编写体例以项目内容为学习基础，增设课程思政内容板块，探寻每一个项目内容

中蕴含的思政教育元素，课程教学紧紧围绕"培养从教乐业、仁爱厚德、善思精技，陪伴呵护幼儿成长的高素质幼教师资"这一育人宗旨，厚植学生敬业乐业情怀。同时，依托课程内容中中华传统元素的融入，增进学生对民族优秀文化的了解和认识，树立大国文化自信。

本教材由长春师范高等专科学校张喆、朱薇娜、姜薇任主编，康婧、刘杨任副主编。特别感谢吉林省省直机关第一幼儿园副园长季俏、长春市经开区嘉德幼儿园园长赵鑫野在编写过程中给予的大力支持。

在编写过程中，参考了前辈及同行们的研究成果，在此一并表示感谢！由于编者能力有限，难免存在不足，恳请大家批评指正。

编　者
2024年4月

幼儿园原创课程活动方案

目 录

Contents

目　录

项目一
幼儿园课程概述

📝 知识目标

1. 了解我国幼儿园课程发展的历史沿革。
2. 掌握幼儿园课程的概念、特点及基本类型。
3. 多角度认识科学设置幼儿园课程的方法。

◎ 技能目标

能够根据分类特点区分和判断几种不同类型的幼儿园课程。

📝 素质目标

通过对幼儿园课程各个维度的学习，养成严谨的认知习惯，初步形成本学科的整体印象，培养为社会育人的责任感，建立投身幼儿园课程建设的自信心。

🔍 知识图谱

延安娃的童年

"丢，丢，丢手绢，轻轻地放在小朋友的后面，大家不要告诉他，快点快点捉住他，快点快点捉住他……"

这是一段自带"背景音乐"的文字，您看到时是不是也会轻轻哼唱？《丢手绢》，几乎是中国流传最广的儿歌，可能很多人不知道，这首歌诞生于七十多年前的延安保育院。

1935 年至 1948 年，毛泽东等老一辈革命家在陕北战斗生活了 13 个春秋。那时的延安，是烽火硝烟中的革命圣地，澎湃的革命激情之中，也流淌着《丢手绢》这样的童真和欢乐。

这是革命年代延安娃的童年欢乐，延安保育院就是他们成长的摇篮。

延安保育院是当时设立在延安的儿童保育院，托儿所的统称。据不完全统计，延安保育院在十余年间养育了 5 000 多名孩子，大多数都成长为建设新中国的栋梁之材。

（北京日报 2021 年 11 月 2 日）

人生百年，立于幼学。无论是艰苦的战争年代，还是蓬勃的建设年代，我国都非常重视学前儿童的教育问题。尤其党的十八大以来，接连推出利好政策，学前教育机构星罗棋布，幼儿园所办学更是各具特色。

幼儿园作为整个教育系统的基础部分，作为正规的教育机构，必须有适合幼儿发展的课程方案，但是由于幼儿园课程的实施对象具有特殊性，幼儿园课程更应该是一种广义的课程。即不仅包括有计划的学科教学活动，还应该包括所有幼儿自发生成的活动，甚至包括各种游戏活动和生活活动。

我国幼儿园的课程演变有怎样的历史沿革？时至今日，设立什么样的课程有利于幼儿的终身发展？带着这些问题，我们开始本专题的学习。

模块一　幼儿园课程的概念

据考证，在我国"课程"一词最早出现于唐代，是伴随着科举制度的完善而兴起的；在西方，"课程"一词最早见于英国教育家斯宾塞于1859年发表的文章《什么知识最有价值？》。

课程随时代发展而不断完善，学者们普遍认为它是由育人目标、知识经验和学习方式构成。

时至今日，不同的教育主张对课程的解读各不相同，所以仍没有一个关于课程概念的定论。下面介绍一下影响力最大的两种说法。

（1）课程即教学科目。这是最普遍、最常识化的课程定义。广义的课程指学生所学的全部学科以及在教师指导下的各种活动的总称；狭义的课程是指一门学科或一类课程。

（2）课程即学习经验。美国教育家杜威认为，课程就是学生在教师指导下或自发获得的经验、体验。其突出特点是把学生的直接经验置于课程的中心位置，忽略了系统知识的重要性。

课程论是研究和探讨课程设计、实施和评价的学科领域。它关注的是课程开发过程中的各个方面，包括教育目标的设定、教学内容的选择和组织、教学方法和策略的设计、评价方法的确定等。课程论旨在提供教师和教育者在设计和实施课程时的理论指导和实践指导，以提高教学效果和学生学习成果。

课程论的研究内容主要包括以下几个方面：

①确定课程目标与标准；

②课程结构与组织；

③课程内容与教材选择；

④教学方法与策略；

⑤评价与反馈。

各步骤既相对独立又协调一致，涉及课程的开发和决策，重在保证课程的连贯性和有效性，保证学生的学习效果。

20世纪以后才作为一个独立的领域对课程进行系统研究并从理论上加以概括。一般认为，美国课程专家博比特1918年出版的《课程》（*The Curriculum*）（图1-1-1）是世界教育史上第一本课程理论专著，它标志性地奠定了现代课程理论，深刻影响了20世纪上半叶美国的课程改革运动。随后，泰勒、布鲁纳等西方学者对推进课程论研究做出了突出的贡献。

（作者简介：约翰·富兰克林·博比特，美国教育家、芝加哥大学教育管理学教授、作家，他的课程开发理论与实践，开启了课程开发的科学化运动）

图1-1-1 《课程》译本

一、幼儿园课程的概念

"幼儿园课程"这个词在20世纪50—60年代被我国幼教界普遍使用。由于人们对课程含义的理解多种多样，很难达成共识，因此对幼儿园课程含义的理解也是多种多样的。幼儿园课程与其他各级各类教育的课程有相似之处：都反映了一定的社会价值和文化知识——所有各级课程都注重将这些社会价值和文化知识整合到学习者的经验之中。但幼儿园课程又区别于其他各级各类课程：其中最明显的区别表现在对教育对象的考虑——要求教育者更多地关注儿童个体发展水平的差异。

幼儿园课程是实现幼儿园教育目的的手段，是帮助幼儿获得有益的学习经验，促进其身心全面和谐发展的各种活动的总和——这是目前各类教材比较公认的关于幼儿园课程的概念。这里的各种活动就是《幼儿园教育指导纲要（试行）》（以下简称《纲要》）中所说的"有目的、有计划地引导幼儿生动、活泼、主动活动的教育过程"。由此看来，这个概念有如下内涵。

1. 幼儿园课程是活动

（1）幼儿通过活动认识世界。

他们在活动过程中形成各种个性品质：作为活动主体，幼儿以自己的知识、经验、兴趣和需要等主观因素影响活动的进行；作为活动对象——无论是客观的事物，还是活动中的其他人物，都能反作用于主体，使主体产生新的认知。在不断交互作用过程中，幼儿学习各种知识、适应不同环境，从而认识世界。

（2）活动是联结幼儿与环境的桥梁。

幼儿个体与环境以活动为载体进行相互作用，从而使幼儿的发展成为可能。一方面，外在的、看得见的客观对象和活动方式可以通过幼儿的活动转化为情感体验、知识能力等主观经验；另一方面，幼儿的主观经验可以通过动作、技能、情感和态度等在活动中表现出来，并且得到进一步重组和改造。

参与活动使幼儿逐步发展自我意识，把自己与环境区分开来，逐步建构自己对外部世界的认识体系，不断发展自身的主体性。因此，教师可以通过活动了解幼儿的兴趣爱好、已有的知识经验和技能发展水平，也可以通过创设活动情境、提供丰富的物质材料和人际互动等，引导幼儿积极吸收环境中的信息，反作用于环境，进而不断充实他们的直接经验，最大限度地促进幼儿的发展。

幼儿园课程是"活动"的表述，突出了幼儿园课程的动态特点，把课程的中心由一般意义上静态的学科知识转向为动态的活动，强调学习者与教育情景之间的相互作用，表明了只有能从中获得有益经验的活动才是课程。

2. 幼儿园课程的核心是具有明确价值取向的经验

经验是幼儿园课程的核心。经验一般指幼儿与他人或事物相互作用的过程，也可以指幼儿在相互作用过程中获得的认知、能力和情感等方面的发展。首先，经验与行动有关：只有通过行动才能获得真正的经验，才能保证经验的真实性、完整性；其次，经验与思维有关，只动手而不能引发思考的活动是不能增进幼儿经验的。

幼儿的学习具有综合性和整体性，幼儿园课程应该依据幼儿已有的经验与学习兴趣，灵活组织和安排各方面的教育内容，使幼儿获得相对完整且有效的经验。幼儿习得的经验应该尽量是精选、有价值的，而不是杂乱无章的自然经验。可见，幼儿园课程的核心是有目的、有计划、有组织、有明确价值取向的经验。

3. 幼儿园课程是幼儿园各种活动的总和

幼儿园课程设置的目的直接指向幼儿身心的整体和谐发展，从关注"学科"转向关注幼儿，尤其关注幼儿在活动中获得的对促进身心和谐发展的有益经验。这就必然意味着幼儿在幼儿园的所有活动都是幼儿园课程，包括幼儿的日常活动（生活活动）、基本活动（游戏活动）与专门活动（教学活动）。其中有严密计划与组织的、正规的显性课程，也有无形之中对幼儿产生影响的非正规的、计划外的隐性课程。

📖 知识窗

党的二十大报告提出，坚持以人民为中心发展教育，加快建设高质量教育体系，发展素质教育，促进教育公平。这是对教育事业发展的基本要求。学前教育是高质量教育体系中最基础的和起始的环节，在高质量体系建设中，不能缺席，不能掉队，要充分发挥奠基性和持续性的作用和影响。

党的二十大报告指出，必须坚持系统观念。学前教育高质量发展的实现，既要发挥政府的核心作用，又要发挥幼儿园、家庭、社区等方面的协同作用；既要确保学前教育资源的供给，加强对学前教育的投入，又要注重对学前教育的管理和引导；既要注重儿童的安全卫生和保健工作，为儿童的生活提供良好的环境和条件，又要加强幼儿园课程建设，坚持以游戏为基本活动，充分发挥儿童活动的自主性和创造性；既要落实党的二十大报告提出的"加强师德师风建设，培养高素质教师队伍，弘扬尊师重教社会风尚"的要求，也要切实关注幼儿园教师的地位和待遇，提高他们的积极性和主动性。要强化学前教育的质量意识，建设好学前教育的质量工程，不断提高学前教育的质量和水平。

《中国教育报》2022 年 11 月 06 日第 1 版

作者：虞永平

二、幼儿园课程与幼儿园一日生活

（一）幼儿园一日生活流程

幼儿园一日生活是指幼儿在幼儿园中度过的时间，包括入园、晨检、早操、上课、游戏、午餐、午睡、离园等各个环节。这些环节构成了幼儿在幼儿园的基本生活流程，也是幼儿学习、发展和成长的重要环境——虽然我国南北差异大，各地区、各民族生活习惯不同，但幼儿园一日生活基本环节大体相近。如表1-1-1所示。

表 1-1-1　某幼儿园中班一日生活作息时间表

项目		春秋季	夏季	冬季
上午	晨间接待	7：20—7：50	7：10—7：45	7：30—8：00
	晨间活动 早 操	7：50—8：40	7：45—8：35	8：00—8：40
	早 点	8：40—9：00	8：35—8：55	8：40—9：00
	教学活动（一）教学活动（二）	9：00—10：10	8：55—10：15	9：00—10：20
	准备活动	10：10—10：20		
	游戏活动（区域、户外）	10：20—10：50	10：15—10：45	10：20—10：50
	生活活动 进 餐 餐后散步	10：50—12：00	10：45—12：00	10：50—11：50
下午	午 睡 生活活动 （起床、整理）午 点	12：00—2：55	12：00—2：55	11：50—2：30
	游戏活动（户外游戏）	2：55—4：05	2：55—4：05	2：30—3：40
	离园整理活动	4：05—4：45	4：05—4：45	3：40—4：10

（二）幼儿园一日生活皆课程

我国著名教育家陶行知先生（图1-1-2）指出："全部的课程包括全部的生活，一切课程都是生活，一切生活都是课程。"人从出生开始，就在与环境的相互作用中成长，一边适应环境，一边影响环境，到幼儿园阶段亦是如此。

根据幼儿的年龄特点，幼儿园教师要把握从晨间入园到傍晚离园的每一个生活细节，将这些小细节转变成有效的随机课程。通过挖掘幼儿一日生活中各环节蕴含的教育价值，使一日生活成为一个教育的整体，丰富幼儿的各种生活经验，培养幼儿的综合能力，使他们富有个性地和谐发展。幼儿在一日生活中要全面发展，不能只强调发展某一个方面而偏废另一个方面。幼儿一日生活中，保育、教育能够有机结合，达到保教合一的最佳状态，将有利于促进幼儿身心健康、和谐、全面发展。

图1-1-2 青年陶行知

 一点通

故事教学对幼儿语言发展的重要作用

首先，故事教学可以帮助幼儿建立起丰富的语言基础，让他们能够理解和使用更加生动的词汇和语句。通过故事，幼儿可以接触到更多的词汇和表达方式，从而丰富他们的语言储备。

其次，故事教学可以培养幼儿的听力技能，提高他们的听取和理解能力。在故事教学中，教师通常会讲述一些有趣的故事，这会吸引幼儿的注意力，让他们更加专注地听取和理解故事的内容。通过不断的练习，幼儿的听力技能会得到提高。

此外，故事教学还可以激发幼儿的表达欲望，提高他们的口头表达能力和自信心。在故事教学中，教师通常会让幼儿根据故事的内容进行复述或改编，这会激发幼儿的表达欲望，让他们更加自信地表达自己的想法。

同时，故事教学还可以培养幼儿的想象力和创造力。通过故事，幼儿可以接触到更多的情境和人物，这会激发他们的想象力和创造力，让他们更加善于表达自己的想法。

（三）幼儿园课程生活化

《幼儿园教育指导纲要（试行）》指出："幼儿园应为幼儿提供健康、丰富的生活和活动环境，满足他们多方面发展的需要，使他们在快乐的童年生活中获得有益于身心发展的经验。"《幼儿园教育指导纲要（试行）》为幼儿园课程改革指明了方向，使我们对幼儿园课程有了新的理解，幼儿园课程需要生活化，即课程可以追随幼儿的经验与生活。

3~6岁儿童生理、心理的发展水平决定了对幼儿的教育既不可能是灌输式的，也不可能是强迫训练式的。这就需要寻求一种自然的、符合幼儿年龄特点的教育，使幼儿在享受快乐童年的同时，发展身心。为此，幼儿园课程必须遵循保育与教育相结合的原则，与幼儿的身心发展水平相一致，与幼儿以感性经验为主的学习方式相一致。

幼儿是在日常生活中成长的，从中获得的经验大多是直接经验。因此，幼儿园课程应选择紧贴幼儿的生活作为教育的内容。另外，还要通过幼儿的生活来进行教育，即把生活作为教育的内容，又把生活作为教育的途径，将课程融入幼儿生活。幼儿园课程必须立足于幼儿的天性。

因此，幼儿园课程与幼儿园一日生活是相互依存、相互促进的关系。通过将课程与一日生活相结合，可以更好地满足幼儿的发展需求，促进幼儿的全面发展。

 案例角

中班语言领域活动方案《我的情绪小怪兽》

徐丹　长春市经开区嘉德幼儿园

活动源起

中班幼儿生活经验尚浅，还不能够用准确的词语表达自己的心情，对情绪的控制能力相对薄弱。帮助孩子理解自己的情绪并较为准确地表达出来，可以有效疏解情绪，增进幼儿的社会适应性。中班幼儿尤其对怪兽充满好奇，于是我们借由《我的情绪小怪兽》这本经典绘本，带领幼儿进入小怪兽的情绪探索世界。

活动目标

1. 情感目标：体会正确整理情绪的愉悦。

2. 技能目标：能够认真倾听他人讲话并尝试表述自己的观点。

3. 知识目标：习得5种情绪的表达。

活动重点

理解和感受故事，通过体验和分享环节习得5种情绪的表达。

活动难点

通过课程的深入，让孩子在出现不同情绪时可以较为准确表达并知道如何整理情绪。

活动准备

《我的情绪小怪兽》绘本、5种情绪娃娃、5种颜色毛绒球若干、情绪瓶子若干、5种颜色彩纸若干、彩笔。

活动过程

1. 组织圆圈活动，通过提问导入。

师：小朋友们，今天早上我观察到田田（化名）小朋友笑盈盈地走进班级，当听到

广播里的晨间音乐时，她随着音乐翩翩起舞。大家说说田田（化名）今天的心情怎么样呀？

师：今天早上，我发现班级里养的小鱼漂浮在水上一动不动，它怎么了呀？小朋友们看到小鱼死掉了，你们是什么心情呢？

教师小结：谢谢小朋友们这么积极地参与讨论，让我了解到原来心情可以用好、坏、开心、难过来表达，这些都是我们的情绪。

2. 阅读绘本，了解不同的情绪。

师：今天我给小朋友们带来了一只可爱的小怪兽，它就藏在小朋友们的身体周围，大家快帮我找找它在哪里呀？哦！原来它藏在了豆豆（化名）小朋友的椅子下面。

教师为幼儿介绍书，包括书的封面、前后环衬、封底、扉页以及拇食指翻书的方法。之后开始逐页讲书。

3. 通过提问，了解幼儿对绘本内容的理解情况。

师：情绪小怪兽都会变成什么颜色？

师：对应着哪些不同的情绪呢？

4. 一一对应游戏。

师：老师准备了五种不同表情的情绪娃娃，一会请小朋友们将手中不同颜色的"糖果"（毛绒球代替）送到情绪娃娃的嘴巴里！比如：红色的"糖果"（毛绒球代替）要送给皱着眉毛嘟着嘴巴的愤怒娃娃；蓝色"糖果"（毛绒球代替）要送给眼睛里有泪水的忧伤娃娃。

教师小结：现在我们来检查一下小朋友们给情绪娃娃吃的"糖果"对不对吧！黄色送给快乐娃娃，蓝色送给忧伤娃娃，红色送给愤怒娃娃，绿色送给平静娃娃，黑色送给害怕娃娃。我们最后都给情绪娃娃送对了糖果，它们变得很快乐，谢谢小朋友们！

5. 通过提问的深入，进入活动重点部分。

师：小朋友们，你也会和小怪兽一样有快乐、忧伤、愤怒、平静、害怕的情绪吗？分别在什么时候会有这样的情绪呢？有什么感受？

教师小结：通过小朋友们的回答，老师知道了大家已经基本理解了不同的情绪。开心时身体很放松，像小鸟；愤怒时心脏怦怦跳；害怕时最想要钻进妈妈的怀抱……其实情绪是我们每个人都会有的，无论是好的情绪还是坏的情绪。有了坏情绪并不可怕，关键是我们要通过什么办法化解它，让它从我们的身体中离开。

6. 制作情绪瓶子，化解消极情绪。

师：当你感到快乐的时候你会做什么？当你感到忧伤（愤怒、平静、害怕）的时候你会做什么呢？

教师小结：小朋友们真是有好办法！快乐时可以跳舞；忧伤时可以哭出来或者吃点美味的食物；愤怒时可以往筐里投掷纸球或者去跑步、做运动；害怕时可以大喊一声给自己加油或者和家人拥抱。

师：今天老师给每位小朋友准备了一个透明的情绪瓶子，请你到美工区选择一张能够对应你今天心情颜色的纸，在纸上作画，之后把它折起来放进情绪瓶子里。

教师总结：情绪瓶子特别神奇，如果你今天是快乐的，投进情绪瓶子的绘画会让你更快乐。如果你是愤怒的，投进情绪瓶子的绘画会让你变平静。以后每当你有了消极情绪都可以用这个好办法！

活动延伸

1.今天回到家里，请小朋友和爸爸妈妈一起讨论让情绪变好的方法，期待明天早上我们的圆圈时间再一起分享。

2.明天我们全班小朋友一起制作一个情绪小屋，当情绪不好的时候都可以到小屋里休息一会儿。所以请小朋友们从家里带一些废旧纸壳哦。

课程总结

《我的情绪小怪兽》是一本很好的帮助孩子理解情绪的书籍。书中通过颜色的对应帮助孩子理解快乐、忧伤、愤怒、平静、害怕五种情绪，同时介绍了有这几种情绪时心理和身体的变化。教师通过由易到难的开放式提问，激发幼儿参与讨论的欲望。通过鼓励每一次发言，不评判、不指责，激发幼儿更加喜欢表达，同时在表达与倾听的交互中，培养了孩子的倾听习惯和理解能力，完成了情感目标和技能目标。通过一一对应的互动游戏，帮助幼儿加深对情绪的认识；通过进一步提问帮助幼儿思考如何化解情绪，培养爱动脑解决问题的能力；最后通过制作情绪瓶子，儿童心理绘画的重要方式最终达成知识目标、活动重点，突破了活动难点。最后延伸部分，也将绘本的内容照进现实，用知识来改变生活，相信情绪瓶子和情绪小屋的生成会帮助幼儿更好地化解消极情绪，对幼儿身心健康发展起到重要作用，从而受益终身。

模块二　幼儿园课程的特点及要求

一、幼儿园课程的特点

1.基础性

《中华人民共和国教育法》明确规定，幼儿园教育是我国学校教育的第一阶段。2001年开始实施的《幼儿园教育指导纲要（试行）》总则第二条指出："幼儿园教育是基础教育的重要组成部分，是我国学校教育和终身教育的奠基阶段。城乡各类幼儿园都应从实际出发，因地制宜地实施素质教育，为幼儿一生的发展打好基础。"因此，从制度层面来看，幼儿园教育属于基础教育的重要组成部分，是整个学制的基础阶段。幼儿园课程的基础性体现在多个方面。

首先，幼儿园课程内容涵盖了人发展的基本问题，包括身体、心理各个方面。这意味着幼儿园课程不仅关注幼儿的身体健康，还关注他们的心理和社会发展，为他们的全面成长打下坚实的基础。

其次，幼儿园课程的基础性还体现在它是学校教育的开端。幼儿园教育是幼儿进入学校教育系统的前一步，对幼儿未来的学习和成长具有重要影响。因此，幼儿园课程需要为幼儿打下良好的基础，为他们的未来学习和成长做好准备。

2. 启蒙性

幼儿园课程的启蒙性主要体现在以下几个方面。

（1）知识启蒙：幼儿园课程为幼儿提供的是基础性的知识，这些知识是人终生发展的"第一桶金"。通过这些知识的学习，幼儿可以初步了解周围的世界，形成对事物的初步认识。

（2）智力启蒙：幼儿园课程注重提升幼儿的智力发展，通过各种活动和游戏，培养好奇心和探索欲望，促进幼儿的创造性思维和想象力的发展。

（3）情感启蒙：幼儿园课程注重培养幼儿的情感和社会性发展，通过各种活动和游戏，帮助幼儿学会表达自己的情感，培养幼儿的自信心、独立性和合作精神。

（4）行为习惯启蒙：幼儿园课程注重培养幼儿的行为习惯，通过日常生活和游戏中的引导和教育，帮助幼儿养成良好的生活习惯、卫生习惯（图1-2-1）和学习习惯。

图 1-2-1　引导幼儿养成良好的卫生习惯——饭后刷牙

3. 非义务性

幼儿园课程不是所有适龄幼儿都必须学习和完成的任务，不具有强制性和普遍性。也就是说，幼儿园课程不是所有3~6岁幼儿都必须学习和完成的任务。幼儿园教育的非义务性，让幼儿园的课程更具有灵活性。当然，这种灵活性要依据国家有关教育政策，更要依据幼儿身心学习发展规律，它为教师和课程工作者留出了广阔的创造空间。

4. 适宜发展性

幼儿园课程要适合幼儿身心发展的客观规律和特点，即幼儿园课程要以儿童为本、以儿童的发展需要为本。

虽然幼儿园课程的任何一个结构要素都受幼儿身心发展的规律的制约，但并不是要一味地迎合、迁就幼儿现有的身心发展水平。课程是为幼儿发展服务的，不能停留在幼儿的自发活动和自由兴趣上，而应引导他们，逐渐使他们的兴趣深刻化、行动有意化、经验系统化，使他们逐渐形成良好的社会性和个性品质，促进幼儿更健康、更和谐地发展（图1-2-2）。适宜与促进本身就意味着适宜发展是手段，而促进发展才是目的。

图1-2-2　安排适合大班幼儿动作发展的活动课

5. 整合性

幼儿园课程的整合性是指幼儿园课程应该注重各领域之间的联系和整合，促进幼儿全面发展。具体来说，幼儿园课程的整合性包括以下几个方面。

（1）内容整合：幼儿园课程应该涵盖多个领域，包括健康、语言、科学、艺术、社会等，各领域的内容应该相互联系、相互渗透，形成一个有机整体。

（2）方法整合：幼儿园课程应该采用多种教学方法，包括游戏、观察、实验、讨论等，这些方法应该相互补充、相互促进，使幼儿在多样化的学习活动中获得全面发展。

（3）资源整合：幼儿园课程应该充分利用各种教育资源，包括教材、教具、玩具、多媒体等，这些资源应该相互配合、相互补充，为幼儿提供丰富的学习体验。

6. 潜在性和隐蔽性

幼儿园课程的潜在性和隐蔽性是指幼儿园课程在实施过程中，其教育影响可能不是直接和显而易见的，而是间接和隐蔽的。

潜在性是指幼儿园课程的教育影响可能不是立即显现的，而是需要经过一段时间的积累和沉淀，才能逐渐显现出来。例如，通过游戏、观察、实验等多样化的教学方法，幼儿在潜移默化中获得认知、情感、社会性等方面的全面发展，这种发展可能不是立即可见的，但却是长期而有益的。

隐蔽性则是指幼儿园课程的教育影响可能不是直接显露在外的，而是隐藏在各种教育活动和环境之中。例如，在幼儿园的环境创设中，通过色彩、布局、材料等细节的处理，可以营造出温馨、舒适、安全的学习环境，这种环境对幼儿的发展产生潜移默化的影响。

因此，幼儿园课程的潜在性和隐蔽性要求我们在实施课程时，要注重细节的处理，营造良好的学习环境，同时也要关注幼儿的发展过程，给予他们充分的时间和空间去体验、探索、发现，从而获得全面的发展。

总之，幼儿园课程的特点是以实现幼儿在身体、认知、情感、社会性等方面的和谐发展为目标，具有基础性、启蒙性、非义务性、适宜发展性、整合性、潜在性和隐蔽性等特点。

📖 知识窗

幼儿园和小学是相互衔接的两个教育阶段。幼儿园教育与小学教育在教育性质、课程设置、教学方式等方面都有所不同。

1. 幼儿园教育属于非义务教育，小学教育则属于义务教育。

义务教育具有"强制性""普及性"等特点，即让每个适龄儿童接受义务教育是学校、家长和社会的义务。因此，家长必须将适龄孩子送到小学接受小学教育。

2. 幼儿园教育是"教养并重"，小学教育则是"以教为主"。

幼儿园除了对儿童进行全面、和谐发展的启蒙教育外，还要给儿童以生活照料和养育等。小学则要依据一定的培养目标和课程标准，对孩子进行有目的、有计划的，包括德、智、体等方面的全面、可持续发展的教育。每门课程不仅有明确、具体的教学目标与教学要求，还要特别关注培养学生的学习兴趣、好奇心、求知欲以及良好的道德行为习惯和学习习惯。

3. 幼儿园课程是综合性的，小学课程则以分科为主。

幼儿园课程将和领域内容有机整合起来，以主题方式呈现。小学则设有语文、数学、英语、品德与社会、自然、体育与健身、唱游、美术、信息技术、劳动技术等学科，还有各类兴趣活动和探究活动等。

4. 幼儿园的教育方式以游戏为主，小学则以课堂教学为主。

幼儿园教育注重让孩子在游戏中学习，在活动中体验。小学教育非常注重让学生通过观察、思考、操作、探究、讨论、表达等方式进行知识学习和能力培养。

（选自上海学前教育网 2013 年 7 月）

二、幼儿园课程的要求

幼儿园课程设置的要求主要包括以下几个方面。

（一）符合幼儿身心发展规律

幼儿园课程设置应该遵循幼儿身心发展规律，把握幼儿的已有经验，注重幼儿的认知、情感、社会性等方面的全面发展。我们看下面的教案。

小班 科学领域——数学教学活动方案《比较长短》

杜洁琼 季俏 吉林省省直机关第一幼儿园

设计意图

数学教育应重视数学思维的养成。学前期的幼儿头脑中尚未形成完善的抽象概念，需要借助具体的事物和形象。幼儿在日常生活中会接触到诸多数学概念，教师要帮助他们将生活中的数学概念提取出来，再投入生活中，实现从具体到抽象、再到具体的循环上升。小班幼儿对"长、短"已经有简单的直观感知，教师以生活为基础，让幼儿更科学地掌握量与量之间的比较方法，因此设计了"比较长短"这个教学活动。

活动目标

1.感受用数学解决生活问题的快乐，喜欢动脑思考。

2.通过操作，掌握比较长短的方法。

3.理解长与短的相对性。

活动准备

等长的原味和草莓味巧克力棒各一根，长度差异较小的筷子、吸管、油画棒各两根，长度不同的绳子两条（无弹性），铅笔三支（由短到长分别是红色、黄色、蓝色），彩泥。

活动过程

一、开始部分

用目测的方法感知等长。

师：小熊有两根巧克力棒，请小朋友看一看，这两根巧克力棒在长度上有什么特点？

幼儿目测并表述出：一样长。

二、基本部分（完成目标2）

1.目测比较两个长短差异明显的同类事物。

教师：这时小熊不小心把草莓味的巧克力棒掰断了，现在这两根巧克力棒一样长吗？哪一根长？哪一根短？

请幼儿清楚地描述两根巧克力棒的长短（原味的长，草莓味的短）。

2.操作比较两个长短差异较小的同类事物。

教师：小熊想和小朋友一起找一找，家里还有哪些物品的长短是不同的？你是怎样知道哪个长、哪个短的？

（1）幼儿动手操作，自主选择比较筷子、吸管、铅笔等硬物的长短。

（2）出示绳子请幼儿比较长短。

幼儿操作时，教师根据情况进行个别指导。

请幼儿展示比较的过程，并描述比较的结果，尤其是比较质地软的物品时，教师引导幼儿在其呈现的多种状态中选择正确的比较方法。

教师小结：小朋友比较两个物品的长短时，让它们都"躺下"，左对齐，眼睛向着右边看，这样比出长和短。如果是两个软的物品比较长短，先让一端对齐，按住，拉直，看另一端，比较出长和短。

3.感知长与短的相对关系（完成目标3）。

教师：刚才我们发现草莓味巧克力棒短，原味的长。这时，小熊咬了一口原味的。现在，哪根长？哪根短？

请幼儿具体描述巧克力棒的长短。

教师小结：原来，长和短是一对会互相变化的好朋友。就像这几根铅笔，红色铅笔和黄色铅笔比较时，黄色铅笔是长的。又拿来一根更长的蓝色铅笔，这时，黄色铅笔就变成短的了。

自主练习：给每位幼儿分发三根颜色不同长度不同铅笔，请两名幼儿互相诉说三支铅笔，两两比较的长短关系。并请每组选一位代表做总结。

三、结束部分

教师小结：比较两个物体的长短时，要让先一端对齐，再看另一端。长和短是会变化的，请你找一找身边哪些物品的长短会变化。

活动延伸

1.将活动材料投放至区角，幼儿通过操作进行长短的比较。

2.请幼儿三人为一组，两两比高矮，练习比高矮并理解高矮的相对性。

案例解析

幼儿在比较中发现量与量之间的差异性，进而形成"等量"与"不等量"的概念。操作是幼儿学习数学的方式之一，案例中，幼儿比较物品的长短时，应用了目测和操作比较两种方法，掌握了比较长短要在"同一水平线"的重要条件，为日后使用工具测量奠定了基础。活动的最后，让幼儿感受事物的相对性，体现了数学与哲学的联系。同时，小班幼儿能够较为容易地掌握长短的比较。但对长短比较和高矮比较的概念、方法容易混淆。在活动最后加入高矮的比较，可以让幼儿直观地感受长短高矮的区别，进而延伸思考高矮的比较方法，也为下一节比较高矮的课程做经验的了解和准备。

从上面的活动设计不难看出，教师非常有教学经验：从幼儿已有水平出发，根据幼儿年龄特点设计教学活动，让幼儿动手动脑，亲自体验操作方法，感受学习的快乐。

（二）体现教育目标

幼儿园课程设置应该全面体现教育目标，具体包括以下几点。

1.促进幼儿身体发展

通过多种活动和游戏，使幼儿身体得到锻炼、提高肌肉协调能力和运动技能；同时，通过培养良好的卫生习惯，幼儿可以增强身体的抵抗力，预防疾病的发生。

2.培养幼儿的认知能力

通过各种游戏和活动，幼儿可以主动探索和观察周围的环境，提高观察和思维能力。同时，教师可以适时引导幼儿思考问题、解决问题，培养他们的逻辑思维和创造力。

3. 培养幼儿的语言能力

通过领域活动和游戏中的听故事、唱儿歌、讨论交流等，提高幼儿的听说能力，丰富语言表达。同时，教师也可以在一日生活的各种情境中随时激发幼儿表达的兴趣和愿望，培养他们良好的语言习惯。

4. 培养幼儿的社交能力

通过集体活动和小组活动，幼儿可以与同伴互动，学会合作、分享和沟通。教师可以引导幼儿遵守规则，尊重他人，培养良好的人际关系，帮助幼儿建立积极健康的人际交往模式。

5. 培养幼儿的情感能力

通过开展情感体验性的活动，幼儿可以认识自我、理解他人，增强情绪管理能力。同时，教师可以关注幼儿的情感需求，提供温暖、安全的环境和关怀，帮助幼儿建立积极健康的情感表达方式。

6. 培养幼儿的审美能力

通过音乐、美术和手工活动，幼儿可以感受美的力量，培养艺术鉴赏能力和创造力。同时，教师可以引导幼儿欣赏各种美的形式，丰富他们的审美情趣，培养他们对美的热爱和追求。

很多课程在实施过程中，是能够同时培养幼儿的多种能力的。如《小班科学教育活动——认识鱼》既培养了幼儿的语言能力，又培养了幼儿的审美能力；《小班社会教育活动——小动物排队上滑梯》既培养了幼儿的同理心，又促进了幼儿大动作的发展等，都是交互培养多种能力。

（三）注重多样化

多样化的课程可以增加孩子的兴趣和动力，提高学习效果。同时，不同的智能在孩子的发展中呈现不同的优势，多样化的教育形式可以充分发挥孩子的各种智能，使其得到全面的发展。

那么，如何实施多样化的课程？

1. 教师准备

教师是幼儿园多样化教育的关键。教师必须有完整的课程规划，十分负责地引领并且熟悉幼儿的多种发展水平，以便在他们的兴趣和能力各方面提供不同的学习体验。

2. 探索式学习

探索式学习是一种非常有趣和受欢迎的学习方式，在这种学习过程中，孩子的自由探索、自主思考可以有效地增加学习效果。采用"探索—玩耍—应用"这种学习形式，可以使孩子们从中学到更多的知识，并且提升他们的勇气和胆识。

3. 多媒体教学

多媒体教学可以用视觉、听觉和手触等多种形式，使学习更为生动有趣。幼儿在这些感官的环境中，能够更好地参与和沟通。教师掌握合适的工具并且用它们进行教学，对孩子的学习效果和体验都有很好的帮助。

4. 动手实践

幼儿在接收信息和学习知识的同时，更需要实践操作、总结体验，培养学习团队合作意识以及学习思考、观察和记录等，都有利于他们在学习过程中得到提升，增加自信心。

5. 互动游戏

在课堂上采用互动游戏（例如角色扮演和团队竞技），有助于孩子更好地理解学习内容。教师可以使用这种互动游戏方式，让课堂变得更加生动有趣，从而吸引孩子的注意力，最终提高学习效果。

（四）融入趣味性

幼儿园课程设置应该具有趣味性，通过游戏、实验、观察等多样化的教学方法，激发幼儿的学习兴趣和主动参与的热情（图1-2-3）。

图 1-2-3　幼儿积极参与感兴趣的课程

（五）严守科学性

幼儿园课程设置应该具有科学性，遵循科学的教育理念和方法，严格遵循认知规律和事物发生发展的特点，坚持真理、坚信科学，防止伪科学、防止各种迷信现象的干扰。

总之，幼儿园课程设置的要求是全面、科学、多样化、趣味性和符合幼儿身心发展规律，为幼儿提供良好的学习环境和全面的教育服务。

 一点通

幼儿教育课程具有"中国化""科学化""现代化"分别指什么？

1. "中国化"，是指在课程研究设计和实施中要考虑我国的社会文化背景，考虑我国的社会价值观念，考虑我国幼儿园的现实条件（人力、物力、规模等），批判借鉴和吸收国外的课程思想，不能全盘照搬照抄。

2. "科学化"，是指既要从相关学科的理论中寻找并建设幼儿教育课程自己的理论体系，也要关注教育哲学、发展心理学、教育社会学、人类发展生态学等相关学科的发展，厚植于整个教育体系。

3. "现代化"，是指幼儿教育课程应该紧跟时代发展的方向、与时俱进，时刻掌握社会需要什么样的人才，不能脱离现实。

模块三　幼儿园课程的基本类型

不同的教育理念、不同的幼儿园所，课程的类型是不一样的。从当前教育实践关注较多的课程内容的组织核心、影响幼儿的方式以及计划执行程度等几个方面来看，我们来探讨分科课程与综合课程、显性课程与隐性课程——这是目前大家较为认可的两种主要分类。

一、分科课程与综合课程

分科课程自学校教育产生之前就已经存在了，在所有课程的类型中，历史最为悠久。例如，我国早在春秋时期，孔子就确定以礼、乐、射、御、书、数六门功课教授学生，这可以看作分科课程的雏形；古希腊学者柏拉图结合文法、修辞、辩证法，加上算术、几何、音乐、天文，形成"七艺"。分科课程在学校教育中始终居于稳定地位。

综合课程是综合有关联的几门学科，成为跨越更广泛的共同领域的课程。例如，把物理、化学、生物等学科合并为理科。课程综合的思想，发源于赫尔巴特（19世纪德国著名的教育家、哲学家，公认的现代教育心理学创始人、科学教育学之父）的教材联络说。

当前世界政治、经济和文化等领域发生了巨大变革，课程领域也不断适应时代需求，逐步形成分科课程与综合课程相互交融的课程结构体系。

1. 分科课程

（1）分科课程的内涵。

分科课程也称学科课程，指的是根据培养目标和科学发展水平，从各门学科中选择适合

一定年龄阶段儿童发展水平的知识组成教学科目，彼此分立地安排它们的教学顺序、教学时数和期限。分科课程的优点是比较明显的：它有助于教学科目的设计与管理，也易于教师的教学，同时更有利于儿童便捷有效地获取系统的知识，形成一定的知识体系。

在幼儿园分科课程中，根据幼儿的认知特点，通常分为五个领域，如图1-3-1所示。

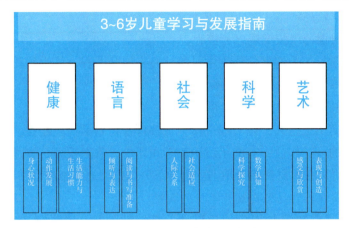

图 1-3-1　幼儿园分科课程领域

一点通

分科课程示例：罗以幼儿园小班第15周活动计划（12月）如表1-3-1所示。

表 1-3-1　罗以幼儿园小班第15周活动计划（12月）

本月主题	《冬天来了》				
周目标	健康：在指定范围内四散躲闪跑，提高身体的灵敏度和协调性。 科学：能够比较物品的大小和长短，并将物品送给相应大小的熊。 艺术：了解雪人的特征及颜色。 社会：了解中国传统过年的习俗，感受喜庆的节日氛围。 语言：尝试通过观察、推测、排除等方法匹配小动物及它们的被子				
内容	周一	周二	周三	周四	周五
7：30—8：00	区域活动 益智区《球球找朋友》	区域活动 建构区《杯子金字塔》	生活区《帮小动物擦嘴巴》	区域活动 图书区《抱抱太阳》	区域活动 美工区《小蚂蚁》
上午活动　区域活动 8：40—9：25	区域活动 建构区：《小企鹅的家》 美工区：《美丽的烟花》	区域活动 益智区：《会响的罐子》 科学区：《我会剥花生》	区域活动 图书区：《玩玩冰》 美工区：《雪花剪纸》	区域活动 科学区：《我会系扣子》 建构区：《美丽的雪屋》	区域活动 美工区：《梅花》 图书区：《太阳面包》
集体活动 9：50—10：10	主题活动 科学：数学《三只熊》	主题活动 社会：《新年树》	主题活动 艺术：美术《可爱的雪人》	主题活动 语言：《香香的被子》	主题活动 健康：《太阳和雪花》
间操及户外活动 10：25—11：25	户外活动——自山游戏 体育游戏《踩影子》	户外活动——自山游戏 体育游戏《头上传球》	户外活动——自山游戏 体育游戏《夹包跳》	户外活动——自山游戏 体育游戏《老虎下山》	户外活动——自山游戏 体育游戏《开心跳跳糖》
餐前准备 11：25—11：35	儿歌律动	故事欣赏	绘本阅读	故事表演	手指游戏
午餐 11：35—12：05	引导幼儿安静用餐				
下午活动　午睡午点 12：25—11：35	午睡：关注幼儿身体状况，看护照顾好每一位幼儿的需要 午点：介绍午餐营养，激发幼儿食欲				
户外活动 15：05—16：05	户外活动 体育游戏《动物找家》	户外活动 体育游戏《袋鼠妈妈》	户外活动 体育游戏《母鸭带小鸭》	户外活动 体育游戏《母鸭带小鸭》	户外活动 体育游戏《抢椅子》
生活指导	养成幼儿餐后漱口的习惯				
环境创设	《冬天来了》主题墙烟花刮画并上墙				
家园共育	家长和幼儿一同观察下雪时雪花的形状，感受雪花落到手上化成水的过程				

（2）分科课程的特点。

①结构化：分科课程具有鲜明的内在逻辑结构。

分科课程依据学科内部的知识结构展开，具有鲜明的内在逻辑性，每一学科自成体系。认为幼儿可以循序渐进地开展学习活动，能在较短的时间内，较为系统地获得前人积累的知识和经验，学习效率较高。

②核心化：分科课程以关键概念为核心。

分科课程将本学科的关键概念作为学科的核心来展开课程，认为幼儿通过它可以吸取文化知识的精华，获得与此学科有关的特殊能力。

③经验化：分科课程的可操作性较强。

分科课程运行的历史悠久，在实践过程中为教育者积累了很多经验。与其他课程相比，分科课程具有较强的可操作性，有助于组织教学和评价，效率较高。教师即使没有太多的教育、教学经验，也可以在教材和参考用书的指导下分门别类地实施教育活动。

④机械化：分科课程容易忽视幼儿本身的需要。

分科课程注重强调知识和技能的学科性、系统性，并且教学活动主要局限于某一学科，缺少不同学科之间的联系和对当代社会生活现实需要的关注，教学组织方法较为单调、机械，容易导致对幼儿需要的轻视，不利于幼儿整体地认识世界、形成融会贯通运用知识的能力。

2. 综合课程

（1）综合课程的内涵。

综合课程是指采用各种有机整合的形式，使学校教学系统中分化的各种要素及各成分之间形成有机联系的课程形态。简单来说就是指打破分科课程的知识界限、组合多门学科领域而构成一门学科。它强调传统分科学科之间的关联性和统一性。

根据中心主题或问题的不同，综合课程可以分为学科本位综合课程、社会本位综合课程和儿童本位综合课程。目前很多幼儿园所设置的活动课程即是一种综合课程。

（2）综合课程的特点。

①关联性：综合课程是有关联的课程。

对幼儿而言，学习的内容应该是有关联和有意义的，后继的学习内容应该是之前经验的延续，并能促进幼儿后续的发展。综合课程以解决幼儿生活中的问题为出发点，活动内容源于生活、服务生活，对幼儿提出挑战，使幼儿能在参与活动的过程中面对冲突，建构起相关概念。

②主动性：综合课程能促进幼儿的主动学习。

综合课程的学习强调幼儿的主体性。综合课程能为幼儿提供活动，让幼儿主动地参与其中，充分发挥幼儿的想象力和创造力，在与他人和材料交互作用的过程中获得经验，而不是被动地接受或旁观客观事实——这里强调幼儿主动和个性化的学习是最有意义的学习。

③整体性：综合课程能促进幼儿的整体发展。

综合课程设置时充分顾及幼儿多方面发展的需要，使幼儿的认知、情感和动作技能等方面的发展相互支持、相互促进，从而在综合性的活动中获得多方面知识和经验。

④缺乏独特性：综合课程很难达到多学科的完整覆盖，毕竟分科课程有悠久的发展史和严密的知识体系——综合课程缺失了每个学科的独特性，很难让幼儿体会学习知识的方法和学科表述知识的方式。

3. 分科课程与综合课程之间的关系

分科课程与综合课程是互补的，各有自己的特色，无法互相取代。

（1）分科课程与综合课程的区分是相对的。

分科课程包含着知识之间一定程度的综合，其完整逻辑体系，需要建立在一定的知识综合的基础之上；而一门综合课程在实际教学的时候，也往往呈现出某种分科的形式——分科是综合的基础，只有深入细致的分化，才有较高水平的综合。

（2）分科课程与综合课程相互依赖、相互作用。

不同分科课程之间的区别是明显的，但总存在着一定的内在联系。一方面，目前课程实践中的数学和逻辑学，还有生物学和心理学之间，就有方方面面的联系。另一方面，综合课程也不是杂乱无章堆砌的，也有学科逻辑、有知识体系。所以从这一点而言，它们是你中有我、我中有你的依存关系。

分科课程与综合课程是两种功能互补的课程形态，针对不同的认识特点、发展要求和社会背景，它们各有独特的优越性：分科课程注重知识的逻辑结构，而综合课程强调知识的丰富性。

在幼儿园课程设置过程中，分科课程相对独立的学习某一系列的知识，综合课程则融进幼儿一日生活的各个方面，注重孩子的兴趣，都具有各自的优势。

📖 知识窗

综合课程起源于20世纪初德国的合科教学，是针对学科课程只向学生传授知识，不能解决实际问题，在实践中忽视人的情感等种种缺陷而提出的一种课程类型。它主张按照学生的兴趣、爱好来组织学习课程。

之后在美国出现了广域课程和核心课程，即将具有逻辑相关性的一组学科归纳组成社会、理科、美术、人文一类的若干领域。到"二战"前，综合课程理论进行了十年的广泛讨论，并在实践中应用。

20世纪80年代在美国出现综合课程的不同形式：STS课程、社会中心课程等。

20世纪60年代以来，英国出现了"统合教学日"，即儿童从自己的兴趣出发，在有多种多样的教材、教具的环境中，展开自主的学习活动，探讨自己喜欢的课题。

日本20世纪80年代出现了合科指导的思想，打破学科界限，注重儿童的自主探究，他们现行的综合理科即是在这种思想的指导下产生的。

二、显性课程与隐性课程

近年来，随着学前教育改革的不断深入，大家关注到在幼儿园课程实施的过程中，不能只关注显性课程的研究和改进，那些在生活环节、游戏活动中渗透着的教育理念、习惯、态度、情感的互动及教师的思想素养、言传身教，甚至幼儿园所的环境等隐含因素对幼儿的影响越来越引起人们的重视。因而，对隐性课程的研究也更加深入和广泛。

1. 幼儿园显性课程

（1）显性课程的内涵。

显性课程又称显在课程、正规课程、官方课程，是学校教育中有计划、有组织地实施的正式课程或官方课程。如课程表中的课程：语言、科学、体育等。

（2）幼儿园显性课程的特点。

在显性课程中教师一般都采用明确的、直接的、外显的方式来呈现教育内容。所谓明确是指教育的痕迹极为明显，教师明白自己是在教，学生也明白自己是在学；直接是指教师直截了当地把教育内容向学生传授，明确地告诉学生要达到什么目标，应该做些什么，学了之后会有什么结果等。即教育双方都能明白地看到教育的过程。显性课程有如下特点。

①按计划实施。

幼儿园显性课程有明确的文件规定、有固定的教材，有详细的计划和课程标准，是按部就班地实施规定的教育内容，使幼儿能在受教育过程中有意识地获得各种学习经验，是大多数幼儿园教育活动的主体方式。

②有确定结果。

显性课程无论是在时间、空间还是在学习的过程方面，都具有明显的确定痕迹。在显性课程实践中，幼儿在教师的指导下一般都会有意识地进行自我控制，知道自己在学什么，目的性比较强，且按教学计划收获学习结果——即使现实情况发生了变化，教师也会进行相应的调整，保证教育活动的预定方向，达到预设的结果。

2. 幼儿园隐性课程

（1）隐性课程的内涵。

隐性课程又称非正式课程、潜在课程、隐蔽课程，是课程和教学计划之外、学生在学校情境中无意识地获得意志、理想、价值观等意识形态和文化影响的课程。对幼儿来说，一日生活都是在幼儿园中度过的，环境的影响、教师的影响、同伴的影响等各个方面无处不在，这些在幼儿成长过程中同样有重要作用。

（2）幼儿园隐性课程的特点。

幼儿园隐性课程实施的对象是幼儿，他们与其他学习群体有很大的区别：他们对教师有高度的依赖性，对教师说的话深信不疑；他们对周围环境高度敏感，形形色色的玩具影响着幼儿的审美；他们从幼儿园认识性别、认知人际关系，形成稳定的个性特征……因此，隐性课程对幼儿有重大影响。

①暗示性。

隐性课程的实施具有暗示作用，因为无论物质环境还是人文环境，对人的影响都是潜移默化的。幼儿园的幼儿在接受隐性课程的暗示作用时，他们的主动选择性更强、受到的影响更大。所以说，幼儿园无小事，事事皆育人。

②多样性。

隐性课程存在于幼儿生活的方方面面，其内容丰富多彩，形式多种多样，它是幼儿形成早期经验与品格、性格的重要因素。很多教育家大力推崇将幼儿教育的内容融入幼儿园生活的方方面面。《纲要》指出，要"在丰富多彩的活动中去扩展幼儿的经验，提供促进语言发展的条件"，这项要求仅仅靠有计划的教学内容是远远不够的，还必须借助作用广泛、内容多样的隐性课程来实现。

③长远性。

启蒙教育关乎孩子的一生，童年时期的经历中储备着一个人终生的情绪、性格乃至幸福感。美国学者杰克森认为，儿童在读、写、算和其他学术课程上的进步并不能说明学校教育的结果，我国学者也认为，隐性课程的影响远远超出人们的预料。

3. 显性课程与隐性课程之间的关系

显性课程与隐性课程既有区别又有联系，互相伴行、互相作用。

（1）显性课程与隐性课程的区别如表1-3-2所示。

表 1-3-2　显性课程与隐性课程的区别

项目	显性课程	隐性课程
计划性不同	具有计划性。有明确的文件规定、有课程计划、有课程标准、有教材，在学校内正式实施，对学生的影响可预测	非计划性。是以教育的物质环境、精神氛围等方式存在的，在学校内无明确开设的课程，对学生的影响不可预测
过程不同	以固定的时间、地点，以课堂教学的形式向学生传授知识技能	多以学校物质、人文环境为载体，如校园建筑、校园绿化、人际关系等，对学生内心造成潜移默化的影响
结果不同	以学术知识为教学内容，以开发和培养学生的智力为目的，给学生带来更多的是知识与技能	给学生带来非学术性影响：培养学生的独立性、主动性、创造性，培养学生适应环境、适应社会的能力
教育成果呈现的方式、时间不同	可采取考试等可量化的方式呈现教育成果（短期见效）	很难有显而易见的方式呈现教育成果（长期见效）

（2）显性课程与隐性课程的联系：

①显性课程的实施必然伴随着隐性课程，而隐性课程也总是融入在显性课程的实施过程中，它们相互依存、相互促进。显性课程通过经验的积累逐渐形成新的隐性课程，丰富隐性课程的内涵；隐性课程又会在一定程度上为显性课程提供直接经验及价值体系的支撑等。

朱家雄：关于园本课程.幼儿园教师不是专家

②隐性课程可以转化为显性课程。当主体意识到显性课程中存在积极或消极的隐性课程影响并有意加以控制的时候，隐性课程便可以转化为显性课程。

📖 案例角

大班 语言领域活动方案《我喜欢的水果》

包艳丽 中国人民解放军 95988 部队蓝天幼儿园

活动起源：

水果是幼儿日常生活中常见且熟悉的食物之一，选择水果作为活动主题，能够引起幼儿的共鸣和兴趣，让幼儿更容易投入认知和交流中。大班幼儿正处于语言发展的关键阶段，他们的词汇量不断增加，语言表达能力逐渐提高，对周围事物充满好奇心和求知欲。通过开展以水果为主题的语言活动，能够为幼儿提供丰富的语言学习素材和交流机会，激发他们的语言表达兴趣，促进其语言能力的全面发展。

活动目标：

1.情感目标：感受儿歌的趣味性，并从交流的过程中体验与同伴一起创编儿歌的喜悦。

2.技能目标：能够大胆、连贯地表达自己的想法，丰富语言表达能力。

3.知识目标：会用"因为……，所以……"句式描述自己喜欢水果的理由，拓展已有知识经验。

活动重点：将自己创编的儿歌大胆表达出来，乐于与同伴分享，增强理解和表达能力。

活动难点：幼儿根据自己的理解水平有意识地练习使用反映因果关系的句子。

活动准备：

1.物质准备：多种水果图片、音乐、多种水果头饰。

2.经验准备：了解常见水果；知道一些简单的形容词、叠词。

活动过程：

1.导入部分，引出活动内容，感受儿歌的趣味性。

运用《水果歌》儿歌，引出谈话话题，激发幼儿兴趣。

师：小朋友们，今天老师为大家带来了一个有趣的儿歌，儿歌里说的是什么呢？小朋友们仔细听好哟。

教师朗读儿歌，与同伴一起谈论与儿歌有关的内容，提问幼儿喜欢的水果。

师：儿歌里面提到了什么？每个水果都是什么样的呢？幼儿与同伴之间相互讨论，感受儿歌的朗朗上口。进一步引出活动话题，一起来了解一下我们班级的小朋友都喜欢什么水果吧。

幼：幼儿相互交流大胆表达。

2.过程部分，幼儿大胆、连贯地表达自己的想法，并学会运用句式进行表达及儿歌创编。

教师示范用"因为……，所以……"句式描述自己为什么喜欢水果。

师：小朋友们，下面老师说一下我自己喜欢的水果，小朋友们仔细听哟。教师示范时，着重强调"因为……，所以……"这一句式，增强幼儿对这一句式的认识。

（教师示范，幼儿仔细观察与倾听）

师：哪位小朋友能说一说，你最喜欢什么水果？为什么呢？

幼：幼儿举手回答，出现语言停顿时教师给予鼓励，引导幼儿流利地表达。

教师小结：小朋友们都有自己喜欢的水果，并且还会用"因为……，所以……"连贯清楚地来介绍自己喜欢水果的理由。

播放水果图片，补充描述、讨论水果，鼓励幼儿使用形容词和叠词。

师：那么现在请小朋友们再观察一下老师播放的水果图片，看看刚才小朋友们描述的是不是这样，还可以怎么补充，有没有小朋友还能想出这个水果的其他特点。

将幼儿进行分组，幼儿分组讨论，与同伴间相互交流还有哪些形容词和叠词是描述这一水果的。讨论后请幼儿自愿回答。

师：小朋友们通过和自己小组成员之间的讨论，又想到了这么多的描述喜欢水果的词语……大家都回答得非常棒！

师：老师有一些新的水果的，小朋友们和老师一起来看一看，也一起来说一说这些水果是什么样的。

教师依次播放新的水果图片，鼓励幼儿大胆表达。

教师小结：今天呀我们认识了这么多水果，知道了这么多描述水果的词语，请小朋友们回家也说给你的爸爸妈妈听听。

引导幼儿创编儿歌，提高语言表达能力。

教师：刚才小朋友们用了很多好听恰当的词语来描述我们自己喜欢的水果，同时表达得也非常连贯，现在我们就来创编一下新的《水果歌》把我们喜欢的水果和好听的词语加进去，好不好。

鼓励幼儿根据原有儿歌的叠词、形容词，创编儿歌，提高语言表达能力。

幼：幼儿分组创编儿歌、分享成功的喜悦。

3.结束部分，水果化妆舞会。

拿出道具，如各种水果的头饰，向幼儿展示。

给幼儿讲清楚规则，要清晰连贯地说出想要的水果头饰的特点，才能获得该头饰。

舞会开始，播放音乐。

暂停音乐，水果的化妆舞会马上就要结束了，我们快脱下装扮吧！

教师总结：小朋友们，今天呀，我们学会了运用这么多词语来描述我们自己喜欢的水果、创编了儿歌，还学会了用"因为……，所以……"来说明自己喜欢的水果。那回到家后，我们也给爸爸妈妈说一说你喜欢的水果吧！

活动延伸：

水果知识小竞赛，进行小组竞赛，丰富幼儿对水果的认知，大胆表达想法，扩展幼儿的生活经验，丰富语言的内容。

课程总结：

活动中，幼儿运用已有词汇描述水果的特征，使用已知的形容词、叠词生动形象地描述出自己喜欢的水果，并能使用"因为……，所以……"说明为什么喜欢这个水果。活动中幼儿能够清楚讲述事物，既丰富了幼儿的词汇量，同时又保护了幼儿对事物的好奇心。在活动中幼儿能够大胆、连贯地表达自己的想法，充分锻炼了幼儿的口语表达能力。

模块四　我国幼儿园课程的历史沿革

我国幼儿园课程沿革伴随着社会大背景的总体发展，与国计民生息息相关。其历史演变可以分为三个阶段：幼儿园课程的早期模仿阶段、幼儿园课程的中国化探寻阶段、幼儿园课程的科学化发展阶段。

一、幼儿园课程的早期模仿阶段（20世纪20年代以前）

早期的幼儿园教育内容相对简单，注重照顾幼儿的生活起居，为他们提供基本的保育服务。在这个阶段，教师多以保育员为主，缺乏专业的教育背景，而课程完全模仿照搬国外的模式。

清末，在贫穷、落后、社会动荡不安的境况下，先驱者们力图从发展教育入手，寻找救国救民的途径。1902年，康有为力推理想教育制度，明确规划了3~5岁幼儿设立"慈幼院"；梁启超在《教育政策和议》中，提出仿效日本学制设立幼稚园的观点。1903年，随着清政府第一个正式施行的学制"癸卯学制"颁布实施，中国便产生了幼稚园。当时比较著名的湖南蒙养院（1905年5月，湖南巡抚端方创办的官立蒙养院，是湖南省第一所幼儿园，也是中国的第二所幼儿园）（图1-4-1）设立了七门课程：谈话、行仪、读方（即识字）、数（教幼儿学习单双数、分解组成、加减等）、手技、乐歌、游戏，而幼儿园的这些课程和教法，全部由日本教师做主——在我国初创蒙养院时，缺乏幼稚园的历史积淀，懂保姆业务的人又很少，在当时的背景之下借鉴别国经验也是一种捷径。

（这是那个时期由传教士创办的蒙养院。照片中，一位年轻的中国女性正在教孩子们认识英文字母）

图 1-4-1　蒙养院正在上课

民国以后，西洋的幼教思想传入的信息量增多——尤其是介绍蒙台梭利、福禄贝尔等人的书籍日益增多。当时社会影响较大的《教育杂志》在1908年介绍福禄贝尔的幼教思想，1913年又刊出宣传蒙台梭利的"儿童之宅"的文章。

1919年，由于美国实用主义教育家杜威等人先后应邀来华讲学，使杜威的儿童中心主义和克伯屈的设计教学法在中国得到引进——使中国幼教事业开始由"日本化"转向"欧美化"。当时《新教育》杂志连续刊登实用主义教育思想的文章，使杜威的教育学说比其他西方教育学说在中国的影响更广泛、更加深入——杜威的教育学说包括"教育即生活""教育即生长""学校即社会""儿童中心论""做中学"等；设计教学法是克伯屈（美国哥伦比亚大学师范学院教授）创制的，其特点就是打破从前的学科制，代之以与儿童生活有关的问题或事物为组织中心——他们的教材把关于学校的教科书及其他社会生活上知识、技能融合为学习的大单元，每个单元有预定的目的及计划（计划或由儿童自拟，或由儿童与教师合拟，但总方针是以儿童为活动中心）。后来居上，美国式的课程以儿童为本位，在当时的影响也非常广泛。

当时的社会环境导致了我国幼稚园的课程非常混乱，具体形式有：教会式的宗教课程、日本式的课程、美国式的课程等。幼稚园的发展从日本化到西洋化，始终没能摆脱模仿的模式。但多种模式的幼儿园课程为后来找寻适合我国的幼儿园课程提供了丰富的史料。

二、幼儿园课程的中国化探寻阶段（20世纪20年代——中华人民共和国成立）

20世纪20年代初，我国出现了学校教育改革的新高潮。1922年，中华民国北洋政府颁布壬戌学制，把实施幼儿教育的机构称为幼稚园，确定幼稚园课程也应进行改革。民国初期的实用主义教育思潮、"五四"时期的平民主义教育思潮、"儿童本位"教育思潮以及20世纪20年代后期的乡村教育思潮等，构成了指导这次中国幼稚园课程教育改革的理论。

1925年，陈鹤琴、张宗麟在南京鼓楼幼稚园开始了为期三年的课程试验；1926年，张雪门制定了"幼儿园第一季度"课程；1927年开始，陈鹤琴、张宗麟协助陶行知在南京燕子矶等乡村幼稚园试验乡村幼儿园的课程；1931年，开始研究"行为课程"（图1-4-2、图1-4-3）。课程改革实践研究的重要成果是《幼稚园课程标准》（1932年颁布、1936年修正），包括总目标、课程范围、教学方法三部分。

总目标是增进幼稚儿童身心的健康、力谋幼稚儿童应有的快乐和幸福，培养人生基本的优良习惯，协助家庭教养幼稚儿童。

课程范围包括音乐、故事和儿歌、游戏、社会和常识、工作、静息、餐点。

教育方法为幼稚园课程的编制按设计教学法运行（即单元教学）。

标准规定幼稚园以儿童自由活动、教师个别指导，儿童各从所好为主，每日有团体作业一次；规定幼稚园所用材料、题材都应来自生活。

这一时期课程改革的特点是适合当时的国情，因而取得了巨大的成功。《幼稚园课程标准》的制定与实施，结束了我国幼稚教育的纷乱局面，开辟了幼稚教育中国化、科学化的道路，奠定了当今我国幼儿园课程理论的科学基础，其历史意义和价值是非凡的——陶行知、陈鹤琴、张宗麟等人取得的成就至今仍然是我国教育界的一笔巨大精神财富。

让教育家精神永流传

图 1-4-2　南京鼓楼幼稚园大门

图 1-4-3　南京鼓楼幼稚园内陈鹤琴雕像

三、幼儿园课程的科学化发展阶段（中华人民共和国成立至今）

（1）中华人民共和国成立后，我国在初等教育司下专设幼儿教育处，负责学前教育的改造和建设工作。当时可供借鉴的只有老解放区的幼儿教育经验。由于特殊的历史原因，这一时期的幼儿教育是全面学习苏联的模式，主要体现在以下几个方面。

①强调教育在儿童发展过程中的作用。

②强调系统知识对儿童智能发展的影响。

③主张实施全面发展的幼儿教育。

④在幼儿园采用分科教学的模式。

⑤更重视集体教育。

教育部于1952年制定了《幼儿园暂行规则》和《幼儿园暂行教育纲要》，规定了学前教育课程包括体育、语言、认识环境、绘画手工、音乐、计算六个科目，明确了各科目的教育纲要。在西方对华实行封锁的特殊历史时期，苏联的这一套学前教育模式从理论上丰富和指导了我国当时的学前教育理论。

（2）20世纪60—70年代，由于特殊历史原因，我国的整个教育事业基本上处于停滞状态，学前教育也未能幸免，这是学前教育课程发展的空白期。

（3）20世纪80年代后（自1976年以后），学前教育课程的发展有明显的进步，摆脱了苏联模式的束缚——1981年颁布的《学前教育纲要（试行草案）》，促进了学前教育课程的长足发展。蒙台梭利、杜威、布鲁纳、皮亚杰等人的思想开始在我国学前教育课程建设方面产生重大影响。

📖 知识窗

培养什么人，是教育的首要问题。2014年，习近平总书记在北京大学考察时指出，"人生的扣子从一开始就要扣好"；在北京市海淀区民族小学考察时指出，少年儿童在培育和践行社会主义核心价值观时要做到"记住要求、心有榜样、从小做起、接受帮助"。2018年9月10日，在全国教育大会上，习近平总书记发表重要讲话指出，"要在加强品德修养上下功夫，教育引导学生培育和践行社会主义核心价值观，踏踏实实修好品德，成为有大爱大德大情怀的人"。

全国教育大会后，中央相继印发了关于学前教育、义务教育、普通高中改革发展三个文件：《关于学前教育深化改革规范发展的若干意见》《关于新时代推进普通高中育人方式改革的指导意见》《关于深化教育教学改革全面提高义务教育质量的意见》，对新时代基础教育改革作出了系统设计，标志着我国基础教育迈入全面提高育人质量的新阶段。《中国教育现代化2035》的出台，成为新时代加快基础教育现代化的纲领性文件。

从人均受教育年限仅有1.6年攀升至2018年的10.6年，从文盲大国到全面实现九年义务教育，从"没学上"到"有学上"再到"上好学"……回望70年历程，基础教育奠定了我国国民教育的基础，实现了从规模扩张到内涵建设的巨变，走出了一条具有中国特色的基础教育道路。

如今，我国拥有基础教育阶段学校50余万所，在校生近2.4亿人，为各级各类教育蓬勃发展，为我国经济社会发展、综合国力提高提供了强大的智力支持和人才储备。

学有所教，决定每个孩子的未来，牵动无数家庭的悲欢，关系一个民族的希望。步入新时代，从教育大国迈向教育强国，基础教育将为中华民族的伟大复兴续写新的篇章。

《中国教育报》记者：王家源

2019年9月26日

1996年国家颁布《幼儿园工作规程》体现了20世纪80年代以来幼儿园课程改革的成果。具体内容包括：注重幼儿的整体发展，提出"体、智、德、美"各方面有机融合；尊重幼儿个体差异和年龄特征；面向全体幼儿，强调正面教育；注重将教育内容渗透到一日生活中，强调教育无小事；注重环境和各种教育手段的和谐统一；强调游戏的作用，注重发展兴趣，关注幼小衔接等——我国幼儿教育的发展趋势已步入高速、科学发展的轨道。

进入21世纪以后，我国的幼儿园课程进一步发展，形成了现代的幼儿园课程体系：以"全面发展"为核心，注重培养幼儿的综合素养，着力为党育人、为国育才。在这个阶段，幼儿园的教育内容更加丰富多样，幼儿的创造思维、动手能力和社交能力更加受到重视。教师的角色也更加重要：他们需要根据幼儿的特点和需求，设计和实施有效的教育活动——这就对他们的专业素养提出了更高的要求。

综上所述，我国幼儿园课程的历史演变经历了从托儿为主到全面助力幼儿终生发展——幼儿园课程越来越注重以幼儿为本。同时，教师也由简单的照护者转变为专业的教育工作者，越来越受到社会多方面的关注。未来，我国幼儿园课程还会在科学的轨道上高效发展，为国民教育打下坚实基础。

📖 案例角

中班 艺术领域—音乐教学活动方案《鼻子啦啦操》

张瑾 吉林省省直机关第一幼儿园

设计意图：

中班幼儿想象力、创造力和表现力比小班幼儿有了明显提高，他们喜欢倾听各种好听的声音，乐于通过歌唱、律动、舞蹈等活动来表现内心情感，能感受到声音强弱、速度快慢的变化。但由于幼儿天性活泼好动，对节奏和节拍的控制能力不足，往往会出现幼儿在音乐活动中节奏不稳定、速度不统一等情况。因此，我结合《3—6岁儿童学习与发展指南》和五大领域中班音乐目标设计本节活动。引导幼儿用不同的歌词及肢体动作表现歌曲内容和基本节奏型，鼓励幼儿自发、大胆地进行艺术表现和创造，感受音乐带来的愉悦。

活动目标：

1.体验创编歌词的成熟感，感受当啦啦队员的快乐。

2.能够根据动物鼻子的特征进行简单的歌词创编，感受2/4拍音乐的强弱变化。

3.初步了解六种动物鼻子的外部特点。

活动准备：

1.经验准备：已经学会歌曲《五只小鸭》。

2.物质准备：手花球若干、PPT、动画、图谱、胸牌若干、轻音乐《千与千寻》、《欢迎进行曲》、吉他（代钢琴）。

活动过程：

1.导入：借助歌曲《五只小鸭》进行热身，引出鼻子运动会。

师：小朋友们好，昨天我们学习了《五只小鸭》这首歌，你们还记得吗？（记得）现在让我们来一起活动一下吧！

师：小朋友们真棒！今天啊，小鸭子要举办一场鼻子运动会，邀请我们当啦啦队员，给运动员们编鼻子歌，你们愿意吗？

2.分析不同动物的鼻子特征，尝试创编歌词。

师：首先，让我们看一看1号选手（出示PPT），你们看看这是谁啊？（大象）

师：你们说大象的鼻子都有什么特点啊？（幼儿自由回答）那我们选其中的一个特点来为大象编一首鼻子歌吧！你们想选哪个特点啊？那就先让我来试一试。老师编歌词的时候，手上带有"强弱"的节拍。（如，大象来到小鸭家，参加鼻子运动会。它的鼻子是怎样的？它的鼻子是长长的。）

师：小朋友真棒！接下来让我们看看2号选手是谁？（骆驼）

师：骆驼的鼻子都有什么特点啊？现在我们为骆驼编鼻子歌，你们想用哪个特点来编呢？谁想来试一试？（教师引导幼儿尝试）

长鼻猴、小猪、狮子、刺猬，以此类推。

3.出示图谱，熟悉刚才的歌词，并加入伴奏音乐。

师：有这么多的运动员参加鼻子运动会，让我们再熟悉一下它们的出场顺序吧。（看视频，出示图谱）

师：出场顺序熟悉了，我们的歌词也编完了，老师给你们准备了手花球，现在让我们一边舞着手花球，一边跟着音乐来一遍吧。有请我们的助教老师。

4.自由选择支持的运动员，并简单地创编动作。

师：我们的啦啦队歌已经确定了，请小朋友们按支持的运动员坐在一起，戴好自己的胸牌……

师：现在每个小朋友都有自己支持的运动员了，你们想用什么动作来为运动员加油呢？支持大象的啦啦队，你们想怎么做呀？我们来试一试。（分别问一问，做简单展示）

师：现在每个啦啦队的动作都确定好了，接下来要进行正式的彩排啦。请你们仔细听，老师唱到哪个运动员，哪组的啦啦队就站起来做你的动作，为他们加油吧！（老师按顺序唱）

活动结束：

啦啦队展示（开心、气氛高涨）。

师：我们今天的表演非常成功，运动员们也非常高兴，小朋友们棒棒哒！

活动延伸：

请小朋友们回家和爸爸妈妈一起讨论讨论这些动物鼻子的作用，明天分享给大家。

案例解析：

《纲要》指出，在艺术活动中要"提供自由表现的机会，鼓励幼儿大胆地想象，运用不同的艺术形式表达自己的感受和体验：幼儿在艺术活动过程应有愉悦感和个性化的表现。教师要理解并积极鼓励幼儿与众不同的表现方式，注意不要把艺术教育变成机械的技能训练"。在本次教学活动中，教师创设情境，带领幼儿以参加运动会做啦啦队员的形式创编歌词、创编动作、充分感受音乐节奏，调动了幼儿的兴趣、激发了幼儿的创作欲望，并给予幼儿充分的展示空间，达到了预期的教学效果。

岗课赛融通

知识点

1. 简述幼儿园课程的含义。

2. 简述幼儿园课程的特点。

3. 简述幼儿园课程的基本类型。

4. 简述陈鹤琴对我国幼儿园课程发展的历史贡献。

做中学

案例描述：

中班的王老师发现，在集体教育活动中，每当老师提问，班里总是那几个幼儿积极发言，而另一些孩子总是坐在一边，习惯了旁观。为了使每个幼儿得到锻炼，了解幼儿真实发展水平，提高幼儿的参与度，王老师在上课时总想刻意让那些不举手的幼儿回答，但效果却并不理想。

思考：

在幼儿园课程实施的过程中，经常会遇到王老师这样的问题，你能为王老师提出哪些有效的建议？

2 项目二
幼儿园课程的基本要素

知识目标

1. 了解幼儿园课程目标与内容的内涵，知道行为目标、生成性目标和表现性目标的含义与发展。

2. 理解幼儿园课程实施与评价的含义。

3. 知道幼儿园课程实施与评价的取向及影响因素。

技能目标

1. 依据幼儿园课程目标与内容的内涵，理解幼儿园课程目标的体系和层次结构。

2. 能根据幼儿园课程内容的不同取向，说出选择和组织幼儿园课程内容的方法。

3. 掌握幼儿园课程评价的基本要素、模式与过程。

素质目标

通过了解幼儿园课程目标与内容、实施与评价的基本内容与价值取向，树立科学的课程观和儿童观，建立"以综合发展为目标"的课程理念，为未来的学习和实践奠定基础。

知识图谱

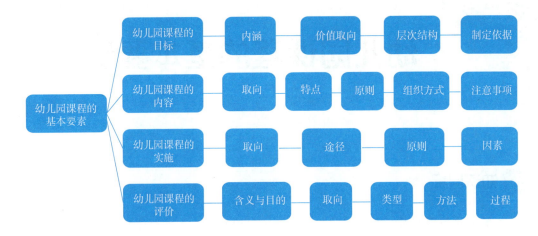

话题导入

随着社会治安日益加强，学前教育也相继开展法制教育。针对幼儿对警察叔叔的敬仰和崇拜，幼儿园可以开展一系列主题课程，通过对警察职责、任务及形象的了解，引导幼儿具备良好的社会行为，提高学前儿童的法制意识。

那么，针对这一主题，我们该如何制定幼儿园课程目标呢？

模块一　幼儿园课程的目标

无论是显性的幼儿园课程目标，还是隐形的幼儿园课程目标，都是教育活动在幼儿园阶段的具体化，是教育活动的基本导向，决定教育活动的性质。

向着建成教育强国
战略目标奋勇迈进

一、幼儿园课程目标的内涵

幼儿园课程目标与教育目的、教育目标、教学活动目标等概念有密切的联系，教育目的到教学目标的递进是一个从宏观到微观、从概括到具体的过程。

1. 教育目的

教育目的是教育的总体方向，其内涵可以分为广义和狭义两个方面。广义的教育目的是指人们希望受教育者通过教育在身心诸方面发生的变化或产生的结果。这一维度根据一定社会的生产力和生产关系以及人自身发展的需要来确定，是教育实践活动的出发点和落脚点。

狭义的教育目的是指国家为培养什么样的人才而确定的质量规格和标准。这一维度把受教育者的人才培养视为根本问题，是国家对各级各类学校培养何种人才的总体要求。

2. 教育目标

教育目标是教育目的的下位概念，是指各级各类学校对人才培养质量和规格的设定和设想，它体现了不同性质、不同阶段教育的价值。

3. 课程目标

课程目标在教育体系中通常被认为是第三层次目标，是教育目标的下位概念。课程目标是指要求学生通过特定阶段课程的学习在相关素质方面所要达到的预期结果，是指导课程设置、编排、实施和评价的准则，也是课程自身性质和理念的体现。

4. 教学活动目标

教学活动目标是教育目的、教育目标和课程目标的具体化，是教学活动实施的方向和预期达成的结果，是一切教学活动的出发点和最终的归宿。

二、幼儿园课程目标的基本价值取向

幼儿园课程目标是一定的价值观在幼儿园课程领域的具体化，因此，课程目标通常带有一定的价值取向。明确课程目标的价值取向，能够帮助人们把握课程目标，增强课程自觉意识。在幼儿园课程中，较为常见的目标取向有行为目标、生成性目标和表现性目标。

1. 行为目标

（1）行为目标的含义及发展。

行为目标（behavioral objectives）是以儿童具体的、可操作的、可观察的行为为表述对象的课程目标，它指向教育实施发生后在幼儿身上产生的客观行为变化，关注更多的是结果，具有精确性、具体性、客观性等特点。

行为目标最早由博比特（图2-1-1）确立，他受课程研制科学化影响、运动影响，认为课程目标必须是准确、科学、可操作的，为行为目标的发展奠定了基础。1949年，泰勒（图2-1-2）出版了《课程与教学的基本原理》一书，使博比特等人的行为目标得到进一步发展。泰勒指出，课程目标应该更多关注学习者行为产生的变化，明确教育的职责，通过教育哲学等方面的筛选，将课程目标进行分解，从而让课程目标在概括化和具体化之间存在一个"度"。泰勒的这些见解对行为目标的发展有着深远影响，使其向着系统化进程发展，也因此被称为"行为目标之父"。

20世纪中叶，梅杰、布卢姆、克拉斯沃尔等人继承并发展了泰勒的行为目标理念，发起了行为目标运动（behavioral objectives movement），将行为目标取向的发展推向了顶峰。梅杰等人认为，陈述一个行为目标时，必须包含三个部分：一是儿童外显的行为表现；二是儿童这种行为表现所面对的条件；三是儿童可接受的最低的熟练水平。

根据上述三个部分的陈述方式，可以看出行为目标注重操作体验的、让幼儿直接操作的行为，具有客观性、精确性、具体性的特点。如某幼儿园小班的健康活动目标为：不需要提醒，能饭后漱口；中班的社会活动目标为：能分辨故事中人物行为的对与错；大班的艺术活动目标为：能唱3/4拍的歌曲。其中能饭后漱口、能分辨对错、能吟唱歌曲，都是具体的、可以观察到的儿童外显的行为表现，属于行为目标。而"集中注意力，倾听对方讲话""相信自己，对自己做的事有信心"等课程目标，则无法具体告知是否集中了注意力，对自己的选择有没有信心，程度如何，没有行为表现的条件和可观察的行为，只是一些概括性要求，不属于行为目标。

图 2-1-1　约翰·富兰克林·博比特

图 2-1-2　拉尔夫·泰勒

一点通

1.下面是一些以"小猫"为主题的教学目标，请思考并判断。

（1）增加幼儿对小猫的认识。

（2）描述出小猫外形的特征。

（3）说出小猫喜欢进食的食物。

（4）做到每天轮流喂小猫进食。

（5）培养幼儿对小猫的感情和爱心。

（6）触摸小猫时，能做到轻轻抚摸，不让它受惊吓。

思考：哪些属于行为目标？

可以看出，上述问题中（2）（3）（4）（6）属于行为目标，具体阐明期望幼儿做到什么，幼儿能不能做到目标所要求的可以从他们的行为观察到。而（1）（5）没有指出要怎样认识小猫，或从哪些方面去判断幼儿对小猫有感情有爱心，只是概括地提出了一般的要求，所以不属于行为目标。

2.这里是幼儿园不同班级的教学活动目标，请观察并思考。

（1）观察不同手印的外形特点，谈谈自己的发现。

（2）听《没有牙齿的老虎》的故事，说出自己的想法，并用自己喜欢的方式讲出来。

（3）参观博物馆，说说看到的有趣的发现。

（4）感受歌曲的旋律，并用肢体动作表达自己的情感。

思考：以上几个目标有什么共同特点？

课程实施是在具体的教育情境下，充分利用儿童的已有经验开展的，孩子的个体感受、体验、创造性的想法，都无法在实施课程之前得到预设。而表现性目标要求教师在制订活动计划时关注幼儿在活动过程中的多样化表现而非同质性表现，制定出的课程必须是幼儿经由本身的个体经验差异所诠释产生的一种课程。因此，表现性目标更加重视儿童创造性思维发展和个性化培养，重视儿童的主体地位，强调对儿童的尊重。

（2）行为目标的评价。

以行为目标的取向确定幼儿园教育活动目标，使教育活动的实施成为一个结构化的操作程序，这样能提高幼儿园教育过程的可控性和易操作性。由于行为目标能够明确活动方向，对活动结果可进行观察与测量，因此，行为目标取向在我国幼儿教育实践中受到教师们的广泛认同，这与长期以来以结果为重的教育教学价值取向是不谋而合的。

但学习者的发展仅仅考虑用外显的行为来衡量显然是不够的。行为目标更容易凸显行为技能以及客观知识的掌握情况，而教育追求的是人的全面发展，不仅仅局限于知识和技能的发展，人的情感、态度、价值观等是很难用外显的、可观察的行为来度量的，也就难以用行为目标来表述。课程目标对行为的表述也很难精细化地进行分解，同时，追求行为目标的精确性及具体性，从另一个方面来看又会使教师容易忽视活动目标预设之外的隐性的发展因素。

2. 生成性目标

（1）生成性目标的含义及发展。

生成性目标（evolving purposes）是在教育过程中生成的课程目标，是教育在情境下的创生，强调的是教育过程中幼儿经验增长的内在要求。与行为目标关注行为的结果不同，生成性目标关注的是课程实施的过程。其本质是对"实践理性"的追求，把教育活动的过程看作是一种动态生成的师生互动的过程。

杜威（图2-1-3）的"教育即生长"思想是生成性目标的基本理论。杜威反对将外在的目的强加于教育，认为教育的根本目的是促进儿童成长，这是教育经验的结果，而非预设。英国教育家斯腾豪斯认为，教育的本质在于"引导"，这种"引导"具有动态性，无法提前预设。因此课程应以过程为中心，根据学习者在教育活动中的表现而展开。

人本主义课程理论将生成性目标取向推向顶峰。人本主义心理学家罗杰斯（图2-1-4）指出，课程的功能在于为每一位幼儿提供有助于个人自由发展的、有内在奖励的学习经验。生成性目标不是预期目标，而是将过程与结果、手段与目的统一起来，这一取向强调儿童学习过程中的自主性，会留给儿童深入探究问题的契机。

（美国著名哲学家、教育家、心理学家，实用主义的集大成者，也是机能主义心理学和现代教育学的创始人之一）

图 2-1-3　约翰·杜威

（美国心理学家，人本主义心理学的主要代表人物之一，他从事心理咨询和治疗的实践与研究，主张"以当事人为中心"的心理治疗方法，首创非指导性治疗，强调人具备自我调整以恢复心理健康的能力）

图 2-1-4　罗杰斯

（2）生成性目标的评价。

生成性目标是非预设的，在教育情境中自然产生的目标。这一取向充分关注幼儿的个体性，幼儿有足够的权力决定自己的学习活动，能够主动构建知识。

但是，有很多批评者认为，生成性目标取向在理论上具有开拓性，但在教育实践过程中过于理想化。基于生成性目标的课程实施过于开放，对教师的专业素养要求非常高，既要求教师有把握生成性目标的意识，又要求教师对儿童的身心发展规律了然于胸，课程资源的利用得心应手，且具有很深厚的研究功力，还要额外付出很多时间进行计划和统筹，一般的教师很难对生成性目标进行把握。

3. 表现性目标

（1）表现性目标的含义及发展。

表现性目标（expressive objectives）是由美国学者艾斯纳提出的，艾斯纳在教育实践中发现，预设的课程目标通常不适用于艺术领域，因此提出了表现性目标作为补充。表现性目标指的是每一个儿童在教育情境中都应该产生个性的、富有创造力的表现，追求学习者的独特性及多元化发展。

艾斯纳指出，教学目标应该划分为两个方面，一是教学性目标，二是表现性目标。教学性目标通常是在教学活动开始之前预设好的，目的是让学习者在经过学习活动后获得具体的行为，如知识、技能、行为规范等。它对多数学习者来说是共同的、普通的，通常产生于系统的学科知识。与教学性目标不同，表现性目标更加强调幼儿的个性化发展与创造性表现，更符合人本主义教育思想。表现性目标适合于表述复杂的智力活动，指向每一个儿童在教育情境的种种"际遇"中所产生的个性化表现。正如艾斯纳所说，表现是情感和观点的表达，而表现性目标是唤起的，而非规定性的。

（2）表现性目标的评价。

表现性目标要求教师在制订活动计划时关注幼儿的个性化表现，尊重学生的个别差异，它期望的不是学生反应的一致性，而是反应的多样性和个体性。表现性目标适用于表述那些复杂的智力活动，用于评价难以用具体行为来表述的情感态度类的目标，比如喜欢参加什么活动、喜欢去什么地方、有什么兴趣爱好、情绪如何等。

综上所述，行为目标追求的是精确性和普遍性，具有教师本位和控制本位倾向；生成性目标则摒弃了计划与结果之间的二元对立，不再将预设目标作为对课程实施过程和手段的控制，强调儿童在具体的教育情境中的实践过程与结果，尊重学习者和教育者在课程实施中的主动性。表现性目标取向与行为目标追求同质性的行为结果不同，强调对儿童的解放，对儿童创造性和主体精神的鼓励和释放。在制定课程目标时，教师要深入了解各取向的优势和缺陷，在对幼儿身心发展特点、兴趣及不同的活动特点的把握基础上，灵活、合理地使用各种类型的目标。

📖 知识窗

2018年11月，中华人民共和国教育部发表了《中共中央　国务院关于学前教育深化改革规范发展的若干意见》一文，报告第八项指出要提高幼儿园保教质量，具体包括以下几个部分。

1. 全面改善办园条件。幼儿园园舍条件、玩教具和幼儿图书配备应达到规定要求。国家制定幼儿园玩教具和图书配备指南，广泛征集遴选符合幼儿身心特点的优质游戏活动资源和体现中国优秀传统文化、现代生活特色的绘本。各地要加强对玩教具和图书配备的指导，支持引导幼儿园充分利用当地自然和文化资源，合理布局空间、设施，为幼儿提供有利于激发学习探索、安全、丰富、适宜的游戏材料和玩教具，防止盲目攀比、不切实际。

2. 注重保教结合。幼儿园要遵循幼儿身心发展规律，树立科学保教理念，建立良好师幼关系。合理安排幼儿一日生活，为幼儿提供均衡的营养，保证充足的睡眠和适宜的锻炼，传授基本的文明礼仪，培育幼儿良好的卫生、生活、行为习惯和自我保护能力。

坚持以游戏为基本活动，珍视幼儿游戏活动的独特价值，保护幼儿的好奇心和学习兴趣，尊重个体差异，鼓励支持幼儿通过亲近自然、直接感知、实际操作、亲身体验等方式学习探索，促进幼儿快乐健康成长。开展幼儿园"小学化"专项治理行动，坚决克服和纠正"小学化"倾向，小学起始年级必须按国家课程标准坚持零起点教学。

3. 完善学前教育教研体系。健全各级学前教育教研机构，充实教研队伍，落实教研指导责任区制度，加强园本教研、区域教研，及时解决幼儿园教师在教育实践过程中的困惑和问题。充分发挥城镇优质幼儿园和农村乡镇中心园的辐射带动作用，加强对薄弱园的专业引领和实践指导。

4. 健全质量评估监测体系。国家制定幼儿园保教质量评估指南，各省（自治区、直辖市）完善幼儿园质量评估标准，健全分级分类评估体系，建立一支立足实践、熟悉业务的专业化质量评估队伍，将各类幼儿园全部纳入质量评估范畴，定期向社会公布评估结果。加强幼儿园保育教育资源监管，在幼儿园推行使用的课程教学类资源须经省级学前教育专家指导委员会审核。

中华人民共和国教育部

2018 年 11 月 7 日

三、幼儿园课程目标的层次结构

（一）幼儿园课程目标的层次

幼儿园课程目标的层次是在教育总体目标的指引下，按照不同年龄阶段幼儿的发展水平与发展需要，将幼儿园课程目标按照一定的层次划分开来，使其由远期到近期、由概括到具体，能够进一步发挥目标的指导作用。幼儿园课程目标具体可以划分为以下几个层次，如图2-1-5所示。

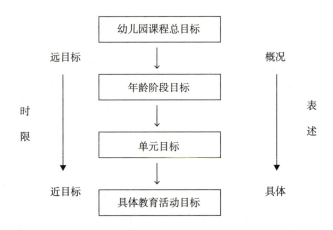

图 2-1-5　幼儿园课程目标的层次

1.幼儿园课程总目标

幼儿园课程总目标是指幼儿园教学过程中的总体目标，是在幼儿园课程相关领域的落实。总目标通常以健康、语言、社会、科学、艺术等五大领域为结构框架，是不同领域内容及要求的概括。一般来说，这类目标较为宏观，表述得较为概括、抽象。

2.年龄阶段目标

不同年龄段的幼儿园具有不同水平的认知、兴趣和发展需要，因此在教学过程中需要制定不同的目标。年领阶段目标就是针对不同年龄的幼儿专门制定的目标，是对课程总目标的分解。幼儿园三个年龄阶段目标的确立，不仅要考虑课程的内容维度，还要考虑大班、中班、小班幼儿的发展的维度，确保其衔接性，以保证幼儿的发展始终建立在前一个阶段之上。

2012年10月，我国教育部颁发的《3—6岁儿童学习与发展指南》，从五大领域出发，按照幼儿学习与发展内容划分，分别对3~4岁、4~5岁、5~6岁三个年龄段幼儿的发展水平提出了合理期望，指明了幼儿学习与发展的具体方向，为幼儿园教师制订年龄段课程目标提供了参考。其中对幼儿园科学领域年龄阶段目标提出的要求如下。

目标 1　初步感知生活中数学的有用和有趣

3~4岁	4~5岁	5~6岁
感知和发现周围物体的形状是多种多样的，对不同的形状感兴趣。 体验和发现生活中很多地方都用到数	在指导下，感知和体会有些事物可以用形状来描述。 在指导下，感知和体会有些事物可以用数来描述，对环境中各种数字的含义有进一步探究的兴趣	能发现事物简单的排列规律，并尝试创造新的排列规律。 能发现生活中许多问题都可以用数学的方法来解决，体验解决问题的乐趣

目标 2　感知和理解数、量及数量关系

3~4岁	4~5岁	5~6岁
1．能感知和区分物体的大小、多少、高矮长短等量方面的特点，并能用相应的词表示。 2．能通过——对应的方法比较两组物体的多少。 3．能手口一致地点数5个以内的物体，并能说出总数。能按数取物。 4．能用数词描述事物或动作。如我有4本图书	能感知和区分物体的粗细、厚薄、轻重等量方面的特点，并能用相应的词语描述。 能通过数数比较两组物体的多少。 能通过实际操作理解数与数之间的关系，如5比4多1，2和3合在一起是5。 会用数词描述事物的排列顺序和位置	初步理解量的相对性。 借助实际情境和操作（如合并或拿取）理解"加"和"减"的实际意义。 能通过实物操作或其他方法进行10以内的加减运算。 能用简单的记录表、统计图等表示简单的数量关系

目标 3　感知形状与空间关系

3~4岁	4~5岁	5~6岁
能注意物体较明显的形状特征，并能用自己的语言描述。 能感知物体基本的空间位置与方位，理解上下、前后、里外等方位词	能感知物体的形体结构特征，画出或拼搭出该物体的造型。 能感知和发现常见几何图形的基本特征，并能进行分类。 能使用上下、前后、里外、中间、旁边等方位词描述物体的位置和运动方向	能用常见的几何形体有创意地拼搭和画出物体的造型。 能按语言指示或根据简单示意图正确取放物品。 能辨别自己的左右

3. 单元目标

根据教育目标与内容的特点，单元目标可以分为以时间为单元和以内容为单元两个方面，是对年龄阶段目标的再分解。以时间领域为划分依据，可以分为学期计划、月计划、周计划；以内容领域为划分依据，则可以按照具体内容和计划，组织相关内容，构成主题或单元。例如，幼儿园某小班单元主题活动"人与自己"主题网及单元目标设计如图2-1-6所示。

（1）初步认识自己，能够大胆介绍自己的特征。

（2）愿意和同伴交流，分享自己的心情。

（3）欣赏自己，认识到每个人都是与众不同的。

（4）喜欢参与集体活动，在日常生活中保持乐观的情绪，逐步养成开朗的性格。

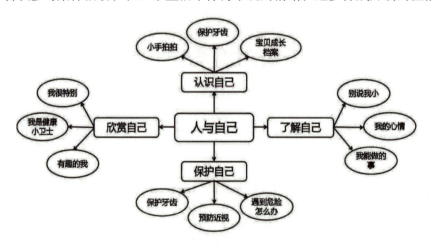

图 2-1-6　"人与自己"主题网络图

4. 具体教育活动目标

具体教育活动目标是教师在预设活动时必须考虑的目标，是指某一具体的教育活动所能引起的幼儿行为的变化或期望达到的效果，这是微观层面的课程目标，它的操作性强、目标清晰且具体，能够直接指导幼儿园的具体教育活动。

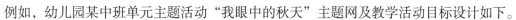

例如，幼儿园某中班单元主题活动"我眼中的秋天"主题网及教学活动目标设计如下。

每周主题	活动一	活动二	活动三	活动四	活动五
第一周主题 秋天的颜色	语言领域 《欢迎秋爷爷》	科学领域 《小树叶变颜色》	社会领域 《秋爷爷您好》	健康领域 《快乐的旅行》	艺术领域 《我是一片小树叶》
第二周主题 秋天的果实	语言领域 《秋天果子多》	科学领域 《小松鼠找果子》	社会领域 《丰收的秋天》	健康领域 《粮食大作战》	艺术领域 《秋天的果实》
第三周主题 秋天的温度	语言领域 《秋天天气凉》	科学领域 《种子成长记》	社会领域 《宝宝自己穿衣服》	健康领域 《秋季运动会》	艺术领域 《小树叶》
第四周主题 抓住秋天的尾巴	语言领域 《抓住秋天的尾巴》	科学领域 《秋天的落叶》	社会领域 《风筝找朋友》	健康领域 《踩尾巴》	艺术领域 《绽放的菊花》

第一周：秋天的颜色

第一周	课程目标
语言领域 《欢迎秋爷爷》	1. 欣赏散文，说出散文中水果宝宝的变化
	2. 学习使用句型"……娃娃们笑呀笑"，尝试进行仿编
	3. 愿意在集体面前大胆讲述自己喜欢的水果
科学领域 《小树叶变颜色》	1. 引导幼儿感知 9 的分解组成，掌握 9 的 8 种分法
	2. 在感知数的分解组成的基础上，掌握数的组成的递增、递减规律和互相交换的规律
	3. 发展幼儿观察力、分析力，培养幼儿对数学的兴趣
社会领域 《秋爷爷您好》	1. 通过学习儿歌内容，初步激发"我是幼儿园小主人"的意识
	2. 通过学习，能够大胆表述自己的感受与想法
	3. 愿意以自己喜欢的方式表达对秋爷爷的欢迎，激发热爱大自然的情感
健康领域 《快乐的旅行》	1. 学会夹包跳，理解夹包跳的正确姿势和动作要领
	2. 通过游戏提高幼儿合作能力
	3. 体验体育活动的乐趣，愿意参与体育活动
艺术领域 《我是一片小树叶》	1. 欣赏感受音乐，知道秋天是落叶的季节
	2. 教师鼓励幼儿大胆表现歌曲内容，尝试自行创编舞蹈动作
	3. 喜欢音乐活动，愿意在集体面前大胆表现自己

第二周：秋天的果实

第二周	课程目标
语言领域 《秋天果子多》	1. 认识常见秋收的水果，知道秋天是一个收获的季节
	2. 初步理解儿歌内容，体验"子"字歌的韵律感
	3. 在活动中体验共同劳动和大家分享的乐趣
科学领域 《小松鼠找果子》	1. 引导幼儿感知 10 的分解组成，掌握 10 的 9 种分法
	2. 在感知数的分解组成的基础上，掌握数的组成的递增、递减规律和互相交换的规律
	3. 发展幼儿观察力、分析力，培养幼儿对数学的兴趣
社会领域 《丰收的秋天》	1. 认识一些农作物或果树，阅读相关的图片，知道没有食物吃的痛苦
	2. 通过比较感知生活条件不同带来的差异，知道要珍惜粮食
	3. 尊重成人的劳动，爱惜农作物，愿意将自己学到的知识进行分享
健康领域 《粮食大作战》	1. 在情境中尝试采用匍匐爬行的方式爬过障碍物，提高匍匐爬的能力
	2. 在粮食大作战中体会团队合作的重要性
	3. 热爱体育活动，在活动过程中勇于探索，不轻言放弃
艺术领域 《秋天的果实》	1. 学习沿着轮廓线撕出各种秋天的水果，再粘贴果园背景图上
	2. 通过观察时间，加强撕纸、粘贴能力
	3. 喜欢美术活动，感受秋天水果丰收的喜悦

第三周：秋天的温度

第三周	课程目标
语言领域 《秋天天气凉》	1. 引导幼儿认识秋天的天气特征
	2. 感知、体验作品的语言美、意境美，尝试仿编儿歌
	3. 感受秋天的美丽，萌发对大自然的热爱之情
科学领域 《种子成长记》	1. 理解和认识 9 以内的单双数
	2. 通过游戏的形式让幼儿自由探索了解单数和双数
	3. 体验数学活动的乐趣，愿意参与数学活动
社会领域 《宝宝自己穿衣服》	1. 认识各种秋季服装，感受秋季服装的丰富性
	2. 通过感知秋天天气逐渐凉爽，知道天冷时多穿衣，同时练习穿脱厚一些的服装
	3. 欣赏秋季衣服的美，具有初步的审美情趣

续表

第三周	课程目标
健康领域《秋季运动会》	1.学习 10 米折返跑，掌握折返跑的正确姿势和动作要领
	2.通过游戏提高幼儿合作能力
	3.体验体育活动的乐趣，愿意参与体育活动
艺术领域《小树叶》	1.体会小树叶和大树妈妈的情感
	2.学习用连贯、舒缓和断顿、跳跃的歌声表达两段歌词的不同情感
	3.体验音乐活动的乐趣，大胆表现自己

第四周：抓住秋天的尾巴

第四周	课程目标
语言领域《抓住秋天的尾巴》	1.能用较连贯的语言表达自己对秋天大自然的感受
	2.引导幼儿感受秋天的变化，初步理解秋天明显的特征
	3.乐意在集体面前大胆的表述
科学领域《秋天的落叶》	1.理解和认识 10 以内的单双数
	2.通过游戏的形式让幼儿自由探索了解单数和双数
	3.体验数学活动的乐趣，愿意参与数学活动
社会领域《风筝找朋友》	1.在观察、体验中感受秋天的特征和美好
	2.能够主动交流自己的发现，勇敢大方地说出自己的见解
	3.在生活中遇到困难，知道如何请求成人的帮助
健康领域《踩尾巴》	1.练习快跑和躲闪的动作，提高幼儿身体协调性
	2.掌握踩尾巴的基本技能，探索更多的游戏方法
	3.热爱体育活动，在活动过程中勇于探索，不轻言放弃
艺术领域《绽放的菊花》	1.观察图片，了解菊花外形特征
	2.初步学习棉签画的基本方法，大胆创作，体现菊花盛开的情景
	3.喜欢美术活动，体验美术活动的乐趣

（二）幼儿园课程目标的结构

幼儿园课程目标的结构是对课程目标体系的横向分析。课程目标的结构主要包括以下三个维度。

1.课程内容结构

课程内容是课程标准最为实质的问题。无论是知识、情感还是动作技能，幼儿园课程目标都强调以核心素养为主轴，面对幼儿的发展提出指导性要求。除此之外，幼儿园课程内容的五大领域也是制定课程目标时必须考虑的因素，旨在激发幼儿学习机制，从而有效清理、归纳、整合教育活动内容，促进幼儿学习质量的增效和提质。

2.幼儿心理发展结构

美国著名教育心理学家布鲁姆等人的《教育目标分类学》一书以儿童的身心发展结构为框架，提出了目标分类学说，将教育目标分为认知、情感、动作技能三类，符合教育要促进幼儿身心全面和谐发展的总目标，同时也体现了对幼儿全面发展的关注。

其中认知领域主要包括知识的获得、编码、提取，以及认知能力的形成、发展等方面的目标。如：理解故事内容，感受故事中房子变化的趣味；学习和熟悉旋律，会用打击乐器。技能领域主要包括动作技能和行动等方面的目标。如：可以用小手抓握、投掷沙包；可以独立、平稳走过平衡木。情感领域主要包括价值观的形成与发展、幼儿的兴趣与习惯等方面的发展目标。如：喜欢和同伴一起参与活动；乐意在集体面前大胆表述自己的想法。

3.幼儿年龄水平结构

幼儿园课程目标结构要研究幼儿年龄水平结构，因为年龄是幼儿生活时间的标志。幼儿的生理发展和经验积累，都与生活时间相联系。幼儿心理的发展和这两个方面密不可分。在制定课程目标时，要考虑小班、中班、大班幼儿身心发展水平的差异，围绕不同年龄段幼儿制定适合的目标。

 案例角

小班 健康领域活动方案《我们来刷牙》

魏莹　长春市二道区格林·格顿蓝山分园

设计意图：

《3—6岁儿童学习与发展指南》中指出，3~4岁幼儿应每天早晚刷牙且能用比较正确的方法。对小班幼儿来说，很多孩子虽然知道应该保护牙齿，但对保护牙齿的意识也不够强，且很少能够使用正确的方法，基于此，我设计了这篇活动教案。

活动目标：

1.知识目标：了解保护牙齿对人体健康的重要性。

2.技能目标：通过教师引导，学会正确的刷牙方法。

3.情感目标：主动与人大胆交流，愿意表达自己的想法。

活动准备：

经验准备：了解故事《小熊不刷牙》。

物质准备：PPT动画《小熊不刷牙》、刷牙模具。

活动过程：

一、故事导入

播放PPT《小熊不刷牙》，通过提问，引出活动主题。

提问：小朋友们看这上面有什么？它是哪个故事？小熊没有牙齿了是一件好事吗？

小结：没有牙齿很难受，小熊什么都咬不动、什么都不能吃了。

二、基本部分

1.知道保护牙齿的几种方式。

师：为了不像小熊一样，我们应该怎样做，请小朋友们说一说。

小结：我们要少吃甜食，在运动中也要保护牙齿不受伤，还要每天早晚刷牙，最重要的是，要使用正确的方式。

2.教师引导幼儿回忆自己的刷牙方法，做出总结。

师：那么，正确的方式应该是什么怎样的？请小朋友说一说你在家是怎样刷牙的。

3.通过刷牙模具，介绍刷牙的正确方法。

师：小朋友们向我们表演了自己的方法，最正确的方法是怎样的呢？让我们来看一看。

（1）首先伸出我们的小手，做一个你最棒的手势。四指并拢，握住小牙刷。

（2）把牙刷轻轻地放在牙齿上，上下刷，不要来回刷。

（3）外面，里面，不要放弃每一个细节哦。

（4）注意不要太用力，如果牙齿感到疼，说明我们力气太大了。

（5）时间问题也要注意，每天什么时间刷牙？刷几次？

4.动手操作，体验刷牙的正确方法。

现在，每三个小朋友为一组，分别动手刷一次。

5.交流自己的想法。

三、结束部分

教师总结：今天我们知道了如果不刷牙会对牙齿产生很多不好的影响，也学习了如何正确刷牙，以后我们也要每天自己来刷牙，自己的事情自己做。

活动延伸：

将绘本投放到阅读区。

四、幼儿园课程目标的制定依据

幼儿园课程目标的制定要考虑多个方面的因素，主要包括对幼儿的研究、对当代生活的研究以及对学科知识的研究等三个方面。

1.对幼儿的研究

幼儿园课程能够支持幼儿的学习，促进幼儿身心全面和谐发展。因此，在课程编制过程中，要充分考虑幼儿身心发展规律及幼儿的兴趣与需要。全面促进幼儿素质和谐发展是幼儿教育的中心任务。发展包括身体和心理两个方面，二者必须协调发展。这种身心发展的规律性既是连续的，又是阶段性的。任何违背幼儿身心发展规律，提出过高、过难或过低、过易的教育要求，都不会达到发展潜能的目的。同时，也要及时关注"理想的发展"与"现实的发展"之间的实际距离，用有效地方式引领课程目标，促进幼儿全面发展。

2. 对当代生活的研究

幼儿园课程的基本职能之一是让幼儿在度过愉快而有意义的童年生活的同时，为适应未来社会做好准备。幼儿的成长不仅发生在幼儿园生活中，也发生在家庭与社会中，可以说，这是一个持续不断地社会化的过程。因此，确立幼儿园课程目标也必须关注社会生活及其发展需要。幼儿园课程应关注幼儿与他人之间的交往、合作等品质，使幼儿具有适应将来社会生活的能力，要将社会生活需要纳入幼儿园的课程目标。

3. 对学科知识的研究

学科知识是教师在教育学习和工作实践中积累起来的。教师在向幼儿传递知识的过程中，能够使幼儿从一个自然人成长为具有一定知识和经验的社会人。幼儿园教育作为学校教育的奠基阶段，决定了幼儿园课程注重的应该是学科知识的一般发展价值。因此，学科知识是确立课程目标必不可少的依据和来源。幼儿园课程目标在考虑学科知识时应更多地关注学科知识与幼儿身心发展的关系，关注学科知识能促进幼儿哪些能力的发展。

模块二　幼儿园课程的内容

幼儿园课程内容是实现幼儿园课程目标的手段，是帮助幼儿获得有益的学习经验，促进其身心全面和谐发展的各种活动的总和。课程内容的选择又称"课程选择"，主要解决的是"教什么"和"学什么"的问题。幼儿园课程内容与目标相符合的程度，是幼儿园课程编制者所持有的价值取向能否得以实现的直接体现。

一、幼儿园课程内容的取向

课程内容存在三种不同的取向，反映了教育者对课程内容的不同理解。在选择幼儿园课程内容时要考虑学科知识、社会、人三方面因素，这三个因素的侧重点不同，幼儿园课程内容的取向也不同。

1. 知识取向：课程内容即教材

知识取向注重基础知识和基本技能，将课程内容看作向幼儿传递知识，是一种以学科为中心的教育体现。知识取向以教材为依据，将课程内容与向幼儿传递知识联系在一起。

知识取向的代表人物是夸美纽斯、赫尔巴特和布鲁纳，这种取向认为课程内容就是教材，规定了教师应该教什么和幼儿应该学什么，其优势在于知识和技能的系统性和可操作性强，使教师在教育、教学过程中有据可依。

但是教材呈现的是前人总结的间接经验，是教材编制者规定幼儿接受的东西，但不一定是幼儿感兴趣和需要的东西，若简单地将教材知识移植给幼儿，很可能会使这些知识成为简单的记忆教条。所以，教材实质上是提供给课程实施者的一种方向和思路。一套教材并不能提供给我们适合于所有地域、所有幼儿相适应的内容。为了弥补这一弊端，教师应根据本地以及本园的实际情况，考虑到本班幼儿的兴趣与需求，依据自己对教学理念的理解，有针对性地选择教材，运用教材帮助幼儿学习。

2. 活动取向：课程内容即学习活动

活动取向将课程内容看成是学习活动，其关注点在于幼儿的活动，强调幼儿在学习中的主动性，注重课程与社会之间的密切联系。英国教育家怀海特说："教育只有一种教材，那就是生活的一切方面。"这明确道出该取向的本质。

活动取向的代表人物是杜威、怀海特，与知识取向相比，活动取向更注重幼儿动手操作能力的培养，认为幼儿应当通过社会生活获得知识，这样的学习才既有现实意义，又能激发儿童的主动性。在幼儿园课程编制中，活动取向多被人接受和采用，课程编制者通过设计和安排大量的活动，让幼儿在参与活动的过程中去探索和发现。

课程内容即学习活动的取向关注幼儿的活动，但往往是幼儿的外显活动。尽管幼儿在活动表面上可能很活跃，但几乎不会引起幼儿内在的、深层次的心理结构变化。因此，课程内容的活动取向，仍然存在一定缺陷，并没有从本质上使得幼儿的学习发生改变。

3. 经验取向：课程内容即学习经验

经验取向将幼儿在学习过程中所获得的经验作为选择和组织课程内容的出发点，认为幼儿的心理建构及其与环境之间的交互作用，才是真正意义上的学习。

经验取向的代表人物是泰勒、皮亚杰，这种取向对知识取向提出了挑战，认为知识取向只是告诉幼儿一些基本事实和方法，而不是关注幼儿在活动中积极地参与，这容易使课程内容过于泛化，忽视了学习过程中儿童的活动及学习体验。而经验取向认为，教育的基本手段是提供学习经验，使幼儿的学习行为与外部环境相互作用，而教师的主要任务，则是根据幼儿的兴趣及需要，提供适宜的情境，为幼儿提供有意义的经验。

尽管不同的课程取向对内容的关注点各不相同，甚至存在冲突与矛盾，但是在课程编制过程中可以根据不同的价值观相互兼容、取长补短，在学科知识、学习活动、学习经验之间取得平衡。

案例角

中班 艺术领域——音乐教学活动方案《宝宝爱整理》

中班教研组　长春市二道区格林·格顿蓝山分园

活动目标：

1.理解歌词内容，简单了解整理房间的方法。

2.掌握歌曲韵律，学唱歌曲《宝宝爱整理》。

3.培养良好的生活习惯，体会歌词表达出来的情感。

活动重难点：

1.通过动画及图片分析，引导幼儿进一步理解歌词大意并记忆歌词内容，能有节奏地进行学唱歌曲；初步熟悉歌曲的旋律、节奏，激发幼儿学唱歌曲的兴趣。

2.教师鼓励幼儿大胆表现歌曲内容，并用动作夸张地表现歌曲的歌词部分；通过学习歌曲，培养幼儿良好的生活习惯，简单知道怎样整理房间。

活动准备：

动画视频、教学课件、铃鼓及手摇铃、歌曲《我们是中班小朋友了》。

活动过程：

一、音乐导入

引导幼儿自己的事情自己做，培养良好的生活习惯。

小朋友们，我们已经是中班的小朋友了，你们高兴成为中班小朋友吗？升班就意味着我们长大了，让我们一起来回忆歌曲《我们是中班小朋友》来庆祝我们已经是中班的小朋友了！

1.小朋友在哪些地方能够看出来你们长大了呢？

2.你们能够做什么事情了？

3.你们是怎样做的，请举例说明。

教师小结：我们已经长大了。作为这家庭的一员，爸爸妈妈每天起早贪黑，不知疲倦地辛勤劳动着，爸爸妈妈付出了很多，我们的妈妈这么辛苦，那我们应该为家里做些力所能及的事情，比如自己的事情自己做。

二、基本部分

1.新授歌曲《宝宝爱整理》。

（1）小朋友们知道怎样收拾整理房间吗？

（2）知道怎样整理不同的房间吗？

2.今天我们将要学习一首关于整理的歌曲，让我们成为"卫生小达人"、一起整理房间吧！

（1）教师范唱，幼儿初步熟悉歌曲。

（2）请大家注意听老师唱这首新歌，小朋友们要告诉老师这首歌叫什么名字，里面都唱了些什么。

3.教师再次完整范唱，并运图卡帮助幼儿理解歌词内容并提示歌词。

（1）歌里到底唱了些什么呢？

（2）小朋友们再仔细听一次，这次要边看图边听。

4.通过提问引导幼儿按图序学歌词。

（1）宝宝最喜欢做什么事情？房间是什么样子的？

（2）整理房间的时候，玩具和垃圾要怎样处理呢？

（3）还有什么物品需要分类整理呢？

5.幼儿学唱歌曲。

（1）教师带领幼儿在音乐的伴奏下有节奏的朗诵歌词，熟悉音乐旋律。

（2）让我们来一起听伴奏，有节奏地说一遍歌词内容。

（3）幼儿较难掌握和易忽视的句子要单独练习。

三、结束部分

1.教师边弹边唱歌曲《宝宝爱整理》，幼儿自由边唱边做简单动作，表演歌曲歌词内容（配课教师可以带领幼儿用简单动作演唱歌曲、表现歌曲）。

2.教师分发乐器，请幼儿根据节拍有节奏地进行演奏（可分组进行）。

活动延伸：

今天学习的歌曲中，我们学到了很多知识，知道怎样整理房间，那么，老师希望小朋友回到家后，每天都能够帮助爸爸妈妈做一些力所能及的事情，成为家里的小帮手。

二、幼儿园课程内容的特点

1.幼儿园课程内容的基础性

幼儿教育是我国学制的第一阶段，是我国学前学校教育和终身教育的奠基阶段。幼儿期是幼儿心理发展的飞跃时期，具有抽象概括性和随意性特点。

幼儿园的课程需要帮助幼儿认识周围世界，建立一些良好的生活习惯和方式，在幼儿一生的教育中起先导作用。在此基础上，幼儿园课程应从幼儿的学习特点出发，开发形式多样、具有趣味性的活动，通过幼儿积极探索和发现、观察和互动，选择和组织教学活动，以保证课程内容的基础性。

2.幼儿园课程内容的整体性

如今成人的生活是碎片化的，生活的整体性很难维持，我们在不同的场景下就要遵守不同的逻辑，生活是断裂的。与成人的这种"碎片化"不同，学前儿童的生活世界却是整体的。在他们的世界中，会无场域、整体地解读事物，用自己的逻辑思维去感受这个世界，会全身心地投入自己的一方天地中。教育作为培养人的手段，应进一步对幼儿园课程进行整合，保证幼儿发展的全面性，培养幼儿健全的人格。

幼儿园课程的整合是幼儿园教育整合的主要表现，而课程内容的整合最终应落实到具体的教育活动之中，保证不同领域的内容产生有机联系。同时，幼儿园教育活动的组织要根据幼儿的实际需要合理安排，注重综合性和发展性，综合利用各种资源扩展幼儿的生活学习空间，这都体现了幼儿园课程的整合性特点。

3. 幼儿园课程内容的游戏性

游戏是幼儿最好的礼物，是儿童"名正言顺"的基本活动，对学前儿童的成长至关重要。游戏是幼儿学习未来生活技能、技巧的必要手段，它既能促进幼儿认知能力的发展，又能培养幼儿良好的品德，陶冶情操，增强体质，实现幼儿素质教育的目的。

在幼儿阶段，由于生理发展的限制，幼儿身心发展还不完善，思维以具体形象性为主要特点，情绪外露而冲动。这些幼稚心理，在现实生活中常会受到挫折，而在游戏中，这种幼稚心理却是理所当然的。从某种意义上说，学前儿童的生活世界就是游戏世界，他们尽情参加各种游戏，并在游戏中观察、模仿，通过游戏获得自己对周围世界的主观感受。在游戏中建立与周围环境、人与世界的联系，丰盈生命的趣味。通过游戏，使学前儿童的体质、认知、情感、社会性等都会得到一定的发展。

《3—6岁儿童学习与发展指南》中指出："幼儿的学习是以直接经验为基础，在游戏和日常生活中进行的。"因此，教师应充分挖掘和发挥游戏的独特价值并进行合理安排，最大限度地支持和满足幼儿的实际需要，禁止"揠苗助长"式的超前教育。

4. 幼儿园课程内容的情感性

学前儿童不按所谓科学客观的标准看待事物，也不按惯例或"理论框架"分析事物，而是根据自己的感受和需要表达对事物的偏好。这是学前儿童独特的情感性。杜威指出："兴趣是任何有目的的经验中各种事物的动力。"也就是说，儿童的发展不止包含客观规则，更重要的是儿童的情感与体验。

在学前儿童的眼中，生活里充满了无数的奇思妙想和天马行空，当这种主观意识附着于现实世界，这种逻辑就被赋予了充足的情感主义色彩。因此，儿童往往比成人更具"人"的特性。在他们的世界里，一切都是鲜活而富有灵性的，他们会和小花说话，会一本正经地邀请小动物跳舞，把小娃娃当成和自己一样具有生命的人。学前儿童的这种拟人化的心理，是天生的同情与关怀的起点，体现了人性美好的一面，呼唤人们构建充满爱的世界，这也是学前儿童课程情感性的体现。

三、幼儿园课程内容选择的原则

幼儿园课程内容是实现课程目标的重要媒介，在选择的过程中应考虑幼儿的发展特点和兴趣需要，具体包括以下几个方面的原则。

1. "以幼儿为本"原则

"以幼儿为本"是学前教育的核心理念，是指教师与幼儿积极互动，顺应幼儿的天性，让幼儿在轻松的情境中快乐成长，从而促进每个孩子不同程度的发展。

在选择课程内容时，教师要明确课程内容的价值取向，立足"以幼儿为本"，树立正确的儿童观和教育观，重视幼儿的天性和个性发展，拒绝标准化和一体化。同时要以关怀、接纳、尊重的态度与幼儿交往，在根本上提升课程的变革意识和能力。另外，教师结合幼儿园课程发展规划和政策要求，提高业务水平，清晰准确地树立课程理念和发展目标，对课程理念进行及时的改进和创新，从而更好地掌控和组织幼儿园课程有条不紊地开展。最后，要推广核心价值观，争取将理念落实于实践，让教育回归儿童的生活世界，将幼儿的发展目标与教师的个人理想结合起来，推动教育事业的发展。

📖 一点通

2022年2月，教育部发表了"儿童为本 过程导向 持续改进"的报告。该报告指出，对师幼互动质量的强调首先体现在儿童为本理念与原则的贯彻上，注重在观念层面引导教师树立科学保教理念：从关注自身的"教"转向关注幼儿的"学"；树立正确的儿童观，即"相信每一个幼儿都是积极主动、有能力的学习者"；树立正确的教育观，即"遵循幼儿身心发展规律和学前教育规律，尊重个体差异，坚持以游戏为基本活动，珍视生活和游戏的独特价值"，"充分尊重和保护幼儿的好奇心和探究兴趣，……最大限度地支持和满足幼儿通过直接感知、实际操作和亲身体验获取经验的需要"。

天津师范大学教育学部副教授　梁慧娟

2022年2月15日

2. 生活性原则

著名教育家陶行知先生提出："全部的课程包括全部的生活，一切课程都是生活，一切生活都是课程。"幼儿是生活在现实世界中的，幼儿的学习是以直接经验为基础的，因此幼儿园课程内容应取自幼儿的实际生活，避免课程与生活相脱节。

幼儿园的课程内容的选择要从幼儿的一日生活入手，考虑幼儿"做中学、玩中学、生活中学"的学习特点，充分挖掘和发挥其教育价值，按照教学计划有序开展教学活动。同时，教育工作者也要从制度上规范教育工作流程，保证教学计划符合幼儿身心发展规律，保证生活化课程的执行质量。园所方面，要建立规范的保教工作评估体系，进一步考核教师的业务能力，监控教学质量，提高教学质量和水平。

3. 整体性原则

幼儿园课程内容的整体性是指课程内容所涉及的领域要完整全面，各领域的课程内容之间的关系要紧密。教师在选择课程内容时要根据其整体性进行思考，切勿将其割裂而只取其一，如重智育而轻德育、重知识而轻能力等。

幼儿园课程将儿童发展划分为健康、语言、科学、社会、艺术等领域，只是一种相对意义上的划分，实际上，这些领域的内容是以某一领域的经验作为儿童活动的基点以促进儿童在相对应领域的发展。我们在选择课程内容时，必须立足于幼儿基本素质的全面发展，认真解决好知识与智力、知识与操作技能、知识与情感价值之间的关系，以达到它们之间最优化的整合，进而促进幼儿全面和谐地发展。

4. 兴趣性原则

兴趣是最好的老师，在选择课程内容时如果能与幼儿的兴趣相一致，就能使幼儿进入一种"情感性唤醒状态"，产生吸收信息、扩展自己的愿望，大大地促进课程内容的学习，也为观察、探索、追求和进行创造性努力提供可能性。《3—6岁儿童学习与发展指南》指出，幼儿的学习是综合的、整体的。在教育过程中应依据幼儿的兴趣与特点，综合地组织各项教育内容，使幼儿获得相对完整的经验。

因此，课程内容的选择必须要考虑幼儿的兴趣，可以从以下两个角度来考虑：一是从幼儿感兴趣的事物中选择教育价值大的内容，二是将必要的课程内容"转化"为幼儿的兴趣。

四、幼儿园课程内容的组织方式

课程内容的组织方式总是受特定的课程哲学观的支配，一般来说可以将课程分为学科中心课程、儿童中心课程和社会中心课程。在幼儿园课程中，较常见的为前两类课程。

1. 学科中心课程

学科中心课程突出不同学科门类之间的相对独立性，强调按照知识的内在性质及结构。学科中心课程理论认为，学科能够保证知识内部逻辑体系的完整性，能以最系统的方式向幼儿传递社会文化，帮助幼儿更好地认识自然、认识社会、认识自己。

在幼儿园课程中，分科教育是一种典型的学科中心课程。值得注意的是，学科知识的学习最应关注的是该学科领域与幼儿的身心发展的关系，使其不脱离幼儿的生活实际。因此，让幼儿学习各学科领域的知识不是让幼儿系统地掌握某一学科的知识与技能，而是结合幼儿实际生活中所遇到的生活现象和物品，学习简单的科学探究方法并初步体验科学的态度和精神。

2. 儿童中心课程

儿童中心课程受"儿童本位"课程观的影响，强调根据儿童的兴趣、需要和能力组织课程内容。儿童中心课程以儿童为中心，关注的是儿童的经验和需要，将知识技能的传授与儿童的日常生活经验相联系。

在幼儿园课程中，应着重关注三个方面的内容，分别是幼儿发展的可能水平、幼儿现有的发展状况以及幼儿的"最近发展区"。通过这三个方面的内容来确定课程目标及内容，利用"脚手架"帮幼儿搭建好到达可能水平的桥梁，能够有效促进幼儿的发展。

除了按照课程哲学观对课程内容的组织方式进行分类，还有许多种其他的分类方式，能为人们提供广阔的视野。例如，根据课程的表现形式可以分为显性课程和隐性课程。根据课程内容的结构化程度可以分为正式课程和非正式课程等。值得注意的是，在理论上，各种课程内容的组织方式可以进行严格的分类。但是在实践中，课程内容的组织方式并不是非此即彼，而是可以兼容的。

3. 社会中心课程

教育的基本职能之一是让幼儿积极适应未来，为未来的社会生活做准备，成为合格的社会成员，因此，社会中心课程主要围绕社会问题来组织，研究社会对幼儿成长的期望和要求，促进幼儿更快适应社会生活。

课程内容组织的方式是在理论层面进行的相对划分，在实践中我们可以将其综合起来加以利用，尽量发挥各种组织方式的优点，避免其缺陷。如某幼儿园为了增强幼儿的防哄骗意识，提高幼儿自我保护的能力，全园开展了主题为"防哄骗，安全常记"的安全教育活动。该课程目标与内容的选择就是基于对社会生活的研究，当下社会不安全的因素比较多，选择与幼儿生活密切相关的安全教育内容，能够帮助幼儿更好地适应社会。

五、选择幼儿园课程内容的注意事项

在选择与设计幼儿园课程内容时，常会出现一些被忽视的问题，具体包括以下几个方面。

与孩子一起过一种幸福完整的教育生活

1. 课程内容超载

随着社会竞争加剧，我们对人才的要求越来越高，社会上到处充斥着"从娃娃抓起"的声音，使一些课程内容不考虑儿童的年龄特征和发展规律，不加选择地进入幼儿园，导致课程内容不断被线性叠加，导致教育效果大打折扣，适得其反。

然而，学前儿童思维发展尚不成熟，过高的期望和要求往往会挫伤儿童学习的积极性，扼杀幼儿的学习兴趣。因此，在确定课程内容时，我们应遵循适宜性原则，不能贪多图新，要由易到难、从简单到复杂，提高儿童学习的积极性。其次，我们需强化对课程内容的筛选，综合听取多方意见，坚决杜绝幼儿园课程小学化倾向，为儿童设计有利于他们健康成长、全面发展的课程内容。

📖 知识窗

2018年7月，我国教育部办公厅颁布了关于开展幼儿园"小学化"专项治理工作的通知，对进一步推进幼儿园科学保教作出了明确要求，主要内容包括以下五个方面。

1. 严禁教授小学课程内容。对提前教授汉语拼音、识字、计算、英语等小学课程内容的，要坚决予以禁止。对幼儿园布置幼儿完成小学内容家庭作业、组织小学内容有关考试测验的，要坚决予以纠正。社会培训机构也不得以学前班、幼小衔接等名义提前教授小学内容，各地要结合校外培训机构治理予以规范。

2. 纠正"小学化"教育方式。针对幼儿园不能坚持以游戏为基本活动，脱离幼儿生活情景，以课堂集中授课方式为主组织安排一日活动；或以机械背诵、记忆、抄写、计算等方式进行知识技能性强化训练的行为，要坚决予以纠正。要引导幼儿园园长、教师及家长树立科学育儿观念，坚持以幼儿为本，尊重幼儿学习兴趣和需求，以游戏为基本活动，灵活运用集体、小组和个别活动等多种形式，合理安排和组织幼儿一日生活，促进幼儿在活动中通过亲身体验、直接感知、实践操作进行自主游戏和学习探究。

3. 整治"小学化"教育环境。对未按规定创设多种活动区域（区角），未提供充足的玩教具、游戏材料和图书，缺乏激发幼儿探究兴趣、强健体魄、自主游戏的教育环境的，要调整幼儿园活动区域设置，合理利用室内外环境，创设开放的、多样的区域活动空间，并配备必要的符合幼儿年龄特点的玩教具、游戏材料、图画书；要充分利用本地生活和自然资源，遴选、开发、设计一批适宜幼儿的游戏活动，丰富游戏资源，满足幼儿开展游戏活动的基本需要。

4. 解决教师资质能力不合格问题。对不具备幼儿园教师资格的，要督促其参加专业技能补偿培训并通过考试取得幼儿园教师资格证，仍不能取得教师资格的，要限期予以调整。对不适应科学保教需要，习惯于"小学化"教学，不善于按照幼儿身心发展规律和特点组织开展游戏活动的，要通过开展岗位适应性规范培训，提高幼儿园教师科学保教能力。

5. 小学坚持零起点教学。对小学起始年级未按国家课标规定实施零起点教学、压缩课时、超前超标教学，以及在招生入学中面向幼儿组织小学内容的知识能力测试，或以幼儿参加有关竞赛成绩及证书作为招生依据的，要坚决纠正，并视具体情节追究校长和有关教师的责任，纳入规范办学诚信记录。

教育部办公厅
2018 年 7 月 5 日

2. 课程内容远离幼儿生活

幼儿是生活的探究者，幼儿的思维是在一日活动中完成的。因此，幼儿园课程内容应使幼儿产生自发的兴趣，而不是教师努力去调动幼儿的兴趣。

在幼儿园教学活动中，教师要围绕主题课程网络、一日生活作息等细节选择课程内容，层层铺展活动。如以"春天"为主题的生活课程网络，包括春天的花朵、美丽的蝴蝶、池塘里的小青蛙、种子宝宝、桃花开了等活动，都与幼儿的生活紧密联系。也就是说，应先从幼儿的已有经验开始，引发幼儿的积极兴趣，再导入新经验，帮助幼儿搭建已有经验与新经验的"脚手架"，使幼儿更容易理解课程内容。

3. 课程资源不够完善

《幼儿园教育指导纲要（试行）》指出："城乡各类幼儿园都应从实际出发，因地制宜地实施素质教育。""幼儿园应与家庭、社区密切合作，与小学相互衔接，综合利用各种教育资源。"从这些表述中我们可以明显地看出，国家鼓励幼儿园利用自身独特的教育资源，开展教育实践，体现自己园所的价值。

事实上，每个幼儿园都有自己的文化、历史背景以及自己独特的内部和外部条件，开发园本课程首先要合理地挖掘自然资源，如带领幼儿走近大自然，感受周围环境的发展变化，从而使其获得丰富的体验。其次要充分利用社区资源，让幼儿感知家乡的风景特色，了解家乡的人文地理，引导幼儿关注生活，从而更好地融入社会。最后可以将当地传统的儿歌、故事、游戏等纳入幼儿园课程，从而使园本课程开发更具动态性及指向性。

4. 园本课程质量还需提升

园本课程相较于国家课程、地方课程而言，更关注幼儿的个体差异，也更加强调因材施教。因此，在园本课程开发中也对幼儿教师的专业素质提出了更高的要求。

园本课程的产生，使幼儿教师从课程的教授者变成研发者，角色上的转变必然要经过适应和调节。因此，幼儿园管理者要制定制度化的园本培训，提高教师的课程理论修养，引导教师进一步理解园本课程的内涵及价值，增强课程意识及资源开发意识。角色的拓展能够促进教师的专业发展，激发教师的内在潜能，在园本课程实施中的评价与反思，也能够进一步引导教师发现自身的不足、总结教学经验，从而促使幼儿教师夯实理论基础，提升专业发展，促进园本课程质量进一步提升。

模块三　幼儿园课程的实施

幼儿园课程实施是课程研制的重要环节，是在国家制定的幼儿教育相关政策的引导下，以幼儿身心发展规律及幼儿园实际资源条件为基础，将预设的计划付诸具体教育实践的过程。

幼儿园课程实施是教师以课程计划为依据组织幼儿开展各项活动的过程，关注的是幼儿在教育过程中的具体表现，具有动态的特点。因此，教师的教学计划是可以依据实际情境进行调整和改变的，这也能够体现出不同的课程实施取向。

一、幼儿园课程实施的取向

幼儿园课程实施的不同取向，反映了课程变革计划与课程实施本质之间的不同认识。美国课程专家富兰（M. Fullan）、波林（Bolin，F.）、新德尔（Snyder，J.）等人根据北美课程改革的实际情况，将课程实施归纳为以下三个方面，分别是忠实取向、相互调适取向以及课程创生取向。

1. 忠实取向

课程实施的忠实取向，指的是把课程实施的过程看作是忠实地执行课程计划的过程。忠实取向认为，想要衡量课程实施成功与否，关键在于是否忠实地落实原有的课程计划，将课程当作可完全预测的作品，认为课程实施是一项技术性工作。

这种观点强调的是计划的关键性与重要性，将课程计划与实施之间的关系，比作是建筑设计图纸与具体施工的关系。设计图纸要对如何施工做出非常具体的规定和详细的说明，而建筑工人则要忠实于图纸，严格按照图纸的规定或说明来施工。施工的质量是根据实际施工与设计图纸之间的吻合程度，即达到设计图纸的要求程度来考核的。认为在课程实施的过程中，教师也应扮演忠实地使用者角色，依据已有的教学活动计划，不折不扣地落实既定的教学计划。

课程实施的忠实取向关注的是预定课程方案的落实程度，不关注课程变革，教师在实际应用的过程中选择权不多，不鼓励教师在自己的教育活动中依据实际情境调整和改变课程内容。这一课程实施取向实际上控制了教师行为的弹性，消解了教师的专业自主权。

2. 相互适应取向

课程实施的相互调适取向，把课程实施过程看作课程计划与实施者之间在课程诸多方面相互调整、改变与适应的过程。相互调适取向强调，课程的实施过程应该依据实际情况，由实施者自己把握，关注的焦点在于课程既定的教育方案与教学实践的具体情境之间是如何相互适应的。

相互适应取向认为，教学实施并不只是一个"事件"，而是一个"做"的过程。可以将这种观点下的教学实施看作一场比赛的实战过程。课程计划是比赛的实施方案，这个方案应该由参赛队员与教练共同制定；课程实施是比赛的进程，在这个过程中要随时依据比分情况进行动态的调整。在课程实践过程中，教师所承担的角色是积极的"消费者"，对预定课程方案进行理智的改造，是课程实施成功的基本保证。而这种改造通常包括两个方面：一是课程计划为适应具体情况的调整；二是课程实际为适应课程计划发生的改变。

与忠实取向不同的是，课程实施的相互适应取向在课程本质、教师角色等方面有了新的变革。在研究方法上，更加重视"质性研究"，强调计划制定者与课程实施者之间的相互调试。事实上，所有的课程方案都需要依据实际情境做出调试，才能进一步关注参与者的兴趣与需要，促进学生的学习效能。

3. 课程创生取向

课程创生取向（enactment orientation）将课程的实施过程看作教师与学生联合创造教育经验的过程。这种取向认为，课程实施的本质是在具体教育情境中缔造出新的教育经验，而课程计划只是供这个经验创生过程选择的工具。

课程创生取向强调教师和学习者经验的互相融合，这种观点下的课程计划，可以被看作是一个乐谱，课程实施则是作品的演奏。同样的乐谱，每一个演奏家都有不同的体会，从而也有不同的演绎，实际演奏效果也大不相同。在课程实践中，教师和学习者不是知识的被动接受者，而是课程的主动开发者。教师与学生都是教育经验的主体，课程创生的过程是教师和学生持续成长的过程。

上述三种不同的价值取向，从不同角度、不同方面揭示了教育活动实施的本质，这三种取向之间没有清晰的边界，也各有其存在的价值。但是三个不同的取向在本质上是从反映了课程变革的发展方向，是从"技术理性"到"实践理性"，再到"解放理性"的延伸，每一次变革，都是后者对前者的超越，都反映了教育理念的一次提升，为我们指明了课程变革的发展方向。

活动名称：启蒙阅读《数字歌》

教材上设置的目标：

1. 阅读诗歌《数字歌》，能理解诗歌的内容，感受诗歌的诙谐。

2. 认读汉字数字六至十。

教师带领幼儿活动中，将教材上设置的目标调整为以下几点：

1. 喜欢阅读《数字歌》图画，能理解字精灵所做的事情。

2. 能够将阿拉伯数字和相应的汉字数字一一对应。

3. 积极参加集体活动，乐意与同伴交往。

你赞成这样的调整吗？为什么？说说你自己的观点和想法。

二、幼儿园课程实施的途径

幼儿园课程实施的途径较多，可以通过生活活动、游戏活动以及专门组织的教学活动等几个方面开展。传统的课程观认为，集体教育活动是实施课程的唯一手段，而实际上这三大方面都是幼儿园课程实施的有效途径。

1. 生活活动

生活活动是幼儿园一日生活中满足幼儿的基本生理需要的活动，也是课程实施的基本途径。幼儿的年龄特点和身心发展水平，使幼儿园生活活动占了最大的比重，其蕴含的教育价值也是非常丰富的。

我国著名教育家陶行知先生提出："全部的课程包括全部的生活，一切课程都是生活，一切生活都是课程。"幼儿与生活密不可分，幼儿在园的一日生活可以被看作是一个整体，在幼儿园的每个活动都赋有教育意义，生活就是教育，其中蕴含着取之不尽的教育资源。

例如幼儿生活能力的培养，包括生活自理能力、基本的文明卫生习惯、良好的生活习惯等，都是其成长发展的重要组成部分。虽然这些方面可以借助专门的教学活动加以培养，但更需要注意的是，通过日常生活的相关活动不断地进行学习和练习，才能转化为幼儿的自我服务能力。这种经验的积累应当是连续的，也就是说幼儿应该在一日生活中不断成长并获得新的经验。

 **案例角**

小班 语言领域活动方案《自己的事情自己做》

小班教研组　长春市二道区格林·格顿蓝山分园

活动目标：

1.知道自己的事情自己做，了解正确的叠衣服方法。

2.通过规范叠衣服的方法，学习儿歌。

3.愿意参加集体活动，培养生活的独立性。

活动重难点：

1.通过分享、讨论养成良好的生活习惯，知道自己的事情自己做。

2.提高观察能力和语言表达能力，激发自主劳动的意识。

活动准备：

小朋友的衣服若干、歌曲。

活动过程：

一、体验导入

体验叠衣服，分享体验的感受，引出主题——自己的事情自己做。

1.播放歌曲《不再麻烦好妈妈》请幼儿欣赏。

2.歌曲中小朋友是怎样做的？在生活中你是否能够自己的事情自己做呢？

3.体验《叠衣服》，请小朋友在老师规范的时间内完成叠衣服的任务，比一比谁最快。

小结：小朋友们都长大了，已经是中班的哥哥姐姐了，很多事情可以自己承担，要学会自己的事情自己做。

二、基本部分

1.我们小朋友都知道如何心疼自己的爸爸妈妈，那你自己能做什么事情来帮助自己和父母呢？

小结：自己的事情我们要自己做，不再麻烦父母，不用他们操心，这才是爱爸爸妈妈的表现。

2.在家里，除了这些自己的事情以外，还有哪些事情我们可以做呢？

3.下面老师来讲解叠衣服的步骤。

第一步：关小门，关小门（将两个前襟对好）。

第二步：抱抱肩，抱抱肩（将两个袖子叠整齐）。

第三步：低低头，低低头（将帽子叠在两个袖子上）。

第四步：弯弯腰，整整齐（将衣服下半部分叠在上半部分的上面）。

第五步：抓两边，放整齐（将叠好的衣服放在指定的位置）。

三、结束部分

教师总结：通过他们介绍这些事情的具体做法，你会了吗？希望小朋友们在家中能够尽自己的能力，做一些力所能及的事，减轻爸爸妈妈的负担。

活动延伸：

小朋友们，我们在家里要关心自己的家人，让他们也能感受到我们带给他们的温暖。

2. 游戏活动

游戏是实施课程的主要途径，它既能促进幼儿认知能力的发展，又能培养幼儿良好的品德，陶冶情操，增强体质，实现幼儿素质教育的目的。

与成人相比，游戏对学前儿童的意义尤为重要，是儿童"名正言顺"的基本活动，在一定程度上可以与睡眠、食物、安全等相提并论。可以说，游戏是幼儿学习未来生活技能、技巧的必要手段。在游戏中，幼儿逐步认识周围生活，掌握社会生活的要求和规范。在游戏世界里，幼儿就是这里的主人，他们不受任何外部指令的强迫与制约，任何"差错"都能够被接受。因此，游戏也被称为是幼儿幼稚心理的保护伞。这些幼稚心理，在现实生活中常会受到挫折，而在游戏中却是理所当然的。同时，游戏能够鼓励幼儿精神的释放与表达，使他们的成长变得丰富多彩。

作为幼儿游戏活动的支持者、合作者和引导者，教育者要强化游戏观念的认知，珍视游戏对幼儿发展的独特价值，将游戏活动与课程有机结合。只有掌握正确的游戏相关概念、树立良好的儿童观和游戏观，才能从根本上改变教育行为，使幼儿成为游戏活动真正的主人。

另外，教育者要明确幼儿在游戏中的角色和定位，及时对幼儿的游戏行为进行有效的观察、记录和指导。陶行知先生指出，老师应该成为孩子，和孩子们分享快乐。因此，在与幼儿的游戏中，教育者一方面应以平等的身份参与游戏，成为幼儿的游戏伙伴，另一方面要树立正确的评价观，综合运用多种评价方式，结合游戏进程的具体情境和问题、依据幼儿的情绪状态以及综合运用多种方式，达到最佳的评价效果。要能够听到孩子的声音，从根本上了解教师引导的游戏能否把握孩子的兴趣和身心发展需要。更重要的是，教育者要将游戏活动与课程有机结合，创设自由的游戏情境，投放适宜的游戏材料，使幼儿有充分的权力自行选择游戏内容，使儿童在游戏中得到全面的发展。

3. 教学活动

幼儿园教学活动通常指集体教学活动，是班级全体幼儿在同一时间内，按照教师的引导，有目的、有计划进行的教学活动。教学活动更多地强调老师的作用，强调教学的结果，承担着向幼儿传递人类和民族文化遗产的任务。

集体教学活动具有集中性和统一性的特征，因此具备高效率的优点。但是由于班级幼儿人数多，而幼儿之间存在个体差异，很难关注到全体幼儿的兴趣和需要，因此，集体教学活动需要更加游戏化和生活化，以此契合不同幼儿的身心发展需要。比如通过选取幼儿感兴趣的日常生活中的情境展开教学,以促进教学情境的生活化发展。或在教学内容中适当增添游戏环节,使教学活动更具综合化和操作化。

教学活动除了集体教学活动,还有分组活动,分组活动是以小组为单位展开的教育活动,可以是教师按照计划组织的,也可以是幼儿自发形成的活动。分组活动可以根据幼儿的经验水平来划分组别,也可以指向不同的活动内容,以利于幼儿之间的交流和教师的观察与指导。

我们要突破教学活动就是集体教学活动的思维模式,针对不同的课程内容,要增加分组的活动,课程实施方式要从对儿童进行间接经验的传授转向儿童获得直接经验的探索与发现,强调学习力的培养,也就是发现问题、分析问题、解决问题的能力与主动探索进取的学习态度。

三、幼儿园课程实施的原则

1. 生活化原则

幼儿园课程实施的生活化原则,首先是教育的生活化。在课程实施的过程中,必须与幼儿的生活经验相联系,在幼儿保育工作中牢牢抓住教育契机,围绕幼儿在园的生活和学习,实行"保教结合"的教育。

其次,教育管理者的观念和行为也直接决定了幼儿园课程实施的质量。在实际工作中,要不断更新教育观念,主动学习"一日生活皆教育"的相关知识,丰富专业素养,针对幼儿园教学活动开展过程中存在的问题,结合专业知识来做出合理判断,从而对幼儿园课程实施进行更加科学的管理。

儿童在环境中成长和发展,作为一种隐性课程,还应该以幼儿喜爱、能理解的方式对园所环境进行创设,努力使物质环境充分发挥其教育价值,同时也要创造和谐、健康的精神环境,将环境的教育价值最大程度地渗透到教学活动中。教育者要与时俱进,积极了解教育研究的最新方法,尝试利用教育研究的资源和手段,从学习和探究中形成科学的保教观,充分利用生活情境中的教育机会,对幼儿进行教育。

2. 活动化原则

学前儿童的思维发展具有直觉行动性,他们的智力发展通常由外部实践活动来推动。因此在课程实施的过程中,应以激发幼儿的心智活动为主要目标,以幼儿自发探究为主要内容,把互动式、个性化的学习方式融合在一起。同时,要重视幼儿活动的外部表现,更要重视幼儿的心理活动过程,引导幼儿在活动中体验、在活动中求知、在活动中益智。具体来说,可以从实践性及趣味性两个方面着手。

首先是重视幼儿活动的实践性。康德在《实践理性批判》(图2-3-1)中提到,人永远不能被任何人异化,甚至不能被上帝用作工具。也就是说,学前儿童作为独立的个体,其生活世界应该是他们的意义世界,在这个世界中可以打破时间和空间的围墙,体会自我存在,最终成为一个真正意义上的人。而教育作为培养人的工具和手段,应整合学前儿童发展的各个方面，为幼儿创造一个灵活开放式的教学环境，让幼儿尽情游戏、充分体验、自由创造，通过实践和活动来习得知识，利用学前儿童的内在活力，感受生活的充实与美好，最终实现"做中学"的状态。

图 2-3-1 《实践理性批判》

其次是重视幼儿活动的趣味性。在学前儿童的眼中，生活里充满了无数的奇思妙想和天马行空，当你仔细观察就会发现，孩子们沉浸在游戏中的那种酣畅淋漓、纯真快乐。在他们的世界里，一切都是鲜活而富有灵性的，他们会和小花说话，会一本正经地邀请小动物跳舞，把小娃娃当成和自己一样具有生命的人。席勒提到："只有当人是完全意义上的人，他才游戏；只有当人游戏时，他才完全是人。"对儿童来说，游戏使他们能够得到自己的栖息地，使他们充分获得作为"人"的自由和自我价值的实现。正因如此，教师在安排教学内容时，更要利用游戏形式让课程更加生动、有趣，寓教于乐，从幼儿的兴趣出发，以游戏活动实现课程对儿童发展的价值。

该书是德国哲学家伊曼努尔·康德创作的哲学著作，该书首次出版于1788年，是康德的哲学巨著三部曲中的第二部，第一部是1781年出版的《纯粹理性批判》，第三部是1790年出版的《判断力批判》。

该书是康德哲学思想的核心部分。在该书中，讨论了生活中的至善问题，康德认为人在绝对服从道德律令的情况下，不应该只是去寻找快乐，而应该去寻找上帝赐予人们的幸福。该书的重要理论意义在于，它把人的主体性问题突出出来，强调了人格的尊严与崇高，表现了强烈的人本主义精神。

3. 生成性原则

我国著名教育学家陶行知先生指出："没有生命气息的课堂是不具有生成性的，课堂教学应该关注成长中的人。"幼儿园课程不应该是封闭的、一成不变的，而应该是一个动态生成的过程，这也是新课程倡导的一个重要的教学理念。生成性原则倾向于建构主义学习的理论观点，强调教学活动的过程性，认为学生是认知的主体，是知识的主动建构者。

教师对教学意义的生成起促进和引导作用，教师应当保持一种开放的、互动的心态，不要抱着预设计划不放，要充分利用情境、讨论、头脑风暴等多种教学方式发挥幼儿的主动性、积极性和创新精神，突出教学的个性化建构。教学活动设计要由简到繁、由易到难、层层深入，保证幼儿对学习目标、内容和过程的基本选择权。

同时，对课程实施中的偶发事件，教育者要将其视作一种教育资源灵活应用，充分发挥其教育价值。对幼儿的变化也要积极回应，从而追求学生的生命成长，最终使幼儿有效地实现对当前所学知识的意义建构，让教学活动充满弹性和生命力。

> **📖 知识窗**
>
> 2024 年 1 月 11 日，全国教育工作会议在北京召开。会议以习近平新时代中国特色社会主义思想为指导，深入学习贯彻习近平总书记关于教育的重要论述，总结工作，分析形势，安排部署全年教育工作。会议强调，要深刻领悟"两个确立"的决定性意义，坚持稳中求进、以进促稳、先立后破，把组织实施教育强国建设规划纲要作为工作主线，把全面提高人才自主培养质量、支撑高水平科技自立自强作为主攻方向，把进一步全面深化改革作为根本动力，在教育的数字化、国际化、绿色化方向上开辟发展新空间，加快建设高质量教育体系，办好人民满意的教育，培养德智体美劳全面发展的社会主义建设者和接班人，为全面推进中华民族伟大复兴做出新的更大贡献。
>
> 同时，也要不断开辟教育数字化新赛道。坚持应用为王走集成化道路，以智能化赋能教育治理，拓展国际化新空间，引领教育变革创新。
>
> 教育部
2024 年 1 月 11 日

4. 主体性原则

儿童观与教育观的变革在实践中的最直接表现就是师幼关系的调整和转变。传统的师幼关系是单向的，在后现代哲学观的影响下，教师不再是单向发号施令者，而是教育活动的主体。作为学习活动的主人，课程目标设计、内容选择、实施过程等教育活动环节都要尊重幼儿的主体地位，充分发挥其主体性。

在这个过程中，教育者要树立学习正确的观念，避免"一言堂"现象的出现。同时要通过问题情境的设置，激发幼儿主动建构知识的积极性，激发幼儿的探索欲望；严格控制课程总量，坚决杜绝幼儿园"小学化"倾向；全面落实学科德育，更好地支持幼儿的个性化学习与发展。最后，教育者要及时优化教学环节，规范教学管理制度；注重活动的开放性，"授人以渔"，让幼儿掌握学习的方法，从而全面提高教学质量。

四、影响幼儿园课程实施的因素

幼儿园课程一般会受到诸多因素的影响，在实施过程中，对课程产生影响的因素主要包括以下四个方面。

在课程建构与实施中引导幼儿走向深度学习

1. 课程指导者

在课程实施的过程中，幼儿园园长作为课程领导的第一负责人，对课程起着指导的作用。园长的教育观念直接影响园所改革的整体方向和受重视程度，园长对课程质量的把关，是决定课程活动能否取得良好效果的重要因素，对园所的发展尤为重要。

首先，幼儿园的领导者要有独特的教育理念。虽然国家对学前教育总体目标作出了相关规定，但这样的总体要求并不完全满足各个幼儿园的要求，因此作为幼儿园领导者，园长要有自己独特的教育理念，整合自己园所的教育理念、发展特点、课程方向、教育资源，从多个维度进行规范和管理，充分发挥教育领导力，从根本上促进幼儿园保教质量的提升。例如，部分幼儿园注重环境教育，便会格外关注生活中的有效教育资源，积极为幼儿营造良好的学习环境；部分幼儿园重视生活化教育，变化敏锐捕捉教育契机，践行"生活即教育"的育人观。值得注意的是，在教育理念方面，我国的幼儿园还应避免"假大空"现象的出现，让幼儿园的课程开发真正具备自身的特色。

除此之外，园长作为幼儿园的主要领导者，还应树立动态的课程发展观，需要把自己的职能从指令者转变为引领者、组织者，通过参与课程实践，为教师发展提供指导与服务，也要通过组织教研活动，与教师们共同探讨实施课程的有效途径，真正参与到学前教育课程的实施中。

当前我国的幼儿园课程正发生着深刻的变革，在课程开发和实施上呈现出多元化的发展趋势。但无论如何变革，管理者始终要立足于本园实际，注重发挥幼儿园一日生活的教育意义，探索适合本园实际的教育教学改革方案。值得注意的是，制定的规划和方案不是一成不变的，而是要真正厘清传统课程管理观念和课程领导之间的界限，树立科学的课程观和教师观，根据结合本园的发展和教师的水平适时更新，及时调整课程开发中出现的问题。

2. 课程实施者

作为课程的直接实施者、课程改革推进的执行者，教师的教育理念对课程实施起着至关重要的影响，能够直接影响实施和改革的进程。教师作为影响课程实施的因素之一，在课程决策者与课程参与者中实现三重双向反馈，是幼儿园课程多个环节的重要联结者。

教师资源是幼儿进行个性化发展最重要的外部条件，受过良好教育的、高素质的师资队伍，能够促进幼儿个性化发展的深度、广度和效度。提高教师的专业素养，可以从以下两个方面着手。

一是构建个性化发展的支持系统，为教师搭建一个研修平台，对教师进行分段式培训，将促进幼儿个性化发展的理念渗透在培训中。首先，对入职前教师进行培训，引导教师了解园所文化、理念、现状与追求。其次，对见习期教师进行培训，通过综合培训、师徒带教等方式，着重进行教师基本素养、教学基本功的培训。再次，对中青年教师进行培训，培养中青年教师在教育改革实践中不断寻求创新与突破，形成教师的教学风格，积累教学特色和经验。最后，对资深教师进行培训，支持帮助资深教师凝练教育教学特色，从而更好地总结他们的教育成果和财富。二是为教师搭建各级各类切磋平台，让教师在教育实践与交流的过程中得到专业的持续发展，从而切实提高教师的教学质量。

3. 课程参与者

幼儿是幼儿园课程的主要实施对象，是一切课程设置和实施的基础与目标，对课程实施的参与度能够直接影响课程实施的效果。同时，幼儿也是最佳的课程设计者，他们的想象力、创造力、生成性与多变性是课程发展的重要源泉。

在传统教育中，儿童常常处于被动地位，更多强调家长和教师在教学过程中的主导作用，教师是教学过程的主体，而幼儿常常被当作知识传输的客体，其主体地位和主体性常常被忽略。在现代幼儿教育中，我们应鼓励从"教师中心"到"儿童中心"。所谓"儿童中心"，就是要从儿童的现实生活境遇出发，引导儿童热爱和参与生活，启发儿童的智慧，激发儿童潜能的全面发展，培养儿童的生活实践能力以应对外部环境的种种机遇、挑战、挫折等。

4. 课程支持者

布朗芬布伦纳的生态学理论认为，家庭是儿童成长学习的重要环境。家长作为幼儿园课程的支持者，其观念和要求也会影响幼儿园课程的实施。良好的家庭环境可以增强孩子的好奇心和独立性，幼儿园和家庭作为影响幼儿学习与发展的微系统，只有加强家园合作，保持家园共育的一致性，才能更好地促进学前儿童学习品质的发展。

长久以来，家长在幼儿园教育中一直扮演支持者、配合者的角色，而今教育工作者需要帮助家长转变这个观念。为了达到幼儿教育的一致性，可以定期召开家长会，组织家长学习相关理论和知识；积极与家长交流，通过沟通了解幼儿在家庭中的表现，让家长真正参与到幼儿园的课程实施中来。

还可以组织家长进行一日教学的观摩活动，使教师与家长之间能够分享新的理念。同时，教师要向家长分享一些实用的策略，广泛征集家长的意见和建议，结合实际来达成共识。也要鼓励家长创设温暖的家庭氛围，从而更好地培养幼儿学习品质的发展，充分发挥家园合作的效应。

模块四　幼儿园课程的评价

教育评价事关教育的发展方向，能够为新时代教育改革方向提供根本指导。学校应全面落实全国教育大会精神，坚决破除唯分数、唯升学的顽疾，完善学校管理和课程评价体系。

一、幼儿园课程评价的含义与目的

1. 含义

幼儿园课程评价有广义和狭义之分。广义的幼儿园课程评价是指教育评价，是根据一定的标准，通过系统地收集相关资料，对教育的价值做出科学的价值判断的过程。

狭义的幼儿园课程评价是评价课程的价值，特指对课程的诸多方面的价值作出判断的过程，包括对课程计划的评价、对课程目标达成度的评价、对课程标准的评价、对受教育者变化的评价以及对教材的评价等核心内容，以此判定课程设计的效果，并做出改进课程的决策。它的实施一般是由受过专门培训的评价人员、借助于专门的评价方法和技术而进行的。

2. 目的

幼儿园课程评价是幼儿园课程管理中的重要一环，开展课程评价，能够进一步了解课程的适宜性和有效性，通过后期的完善与改进，使课程更加全面化、过程化、科学化，从而为幼儿提供更适宜的教育机会和条件，促进课程改革。具体来说，幼儿园课程评价主要有以下三个方面的目的。

（1）促进课程的科学发展。

开展课程评价意味着摒弃对已有课程模式的单一实行，深入了解课程实施过程中存在的问题并加以分析，从而更好地挖掘课程的本质，促进本园课程的实施的有效性。

对设计课程方案前，调查社会及幼儿的需求，可以确保课程目标的准确性和有效性。在课程实施过程中，诊断课程、教学和学生的学习情况，可以及时发现问题并用来修正课程，从而尽可能完善课程。在课程实施后，通过与预定目标进行比照，可以判定课程目标的达成程度，了解课程的实施成效，从而进一步提高幼儿园的课程及教育质量，使幼儿园课程获得科学、可持续发展。

（2）利于幼儿的全面发展。

幼儿是课程实施的主体，幼儿园课程评价的最终目的在于促进幼儿的全面发展。美国心理学家奥苏伯尔认为，动机与学习的关系是相辅相成的，如果幼儿在学习过程中得到教师及时、积极的反馈，会获得很大的成就感和满足感。因此，在课程实施中要科学地展开课程评价，针对幼儿的兴趣需要及课程实施情况，及时完善和调整课程，从而激发幼儿园学习热情，增强学习动机。

课程评价作为幼儿园课程的重要组成部分，应充分考虑幼儿的主体地位，以幼儿为中心进行评价。相比教育结果，课程评价更应关注教育活动的整个过程，不过分追求评价的准确性和标准化，不过多关注显性层面的效果，而是注重为幼儿创设一个较为宽松自在的环境，使其充分发挥自己的才能。同时，过程性评价所使用的评价方法应具有灵活性与多元性，使学习质量的评价层次更加深入，使幼儿在教师的鼓励与评价中，获得解决问题的方法与经验，并通过实际操作将经验运用到实践过程中，从而获得解决问题的能力，促进幼儿的全面发展。

（3）支持教师的专业发展。

教师既是课程的重要参与者，也是课程实施的主要评价者。在实际工作中，要持续关注教师在教育过程中面临的问题和困难，使课程评价更具科学性和可操作性，帮助教师加强教育智慧，提高专业素质。

评价不只是一个结果，更是一个动态的过程。教师对自己的课程实施质量、水平进行自评，根据自评的结果对教学情况、难易程度、幼儿的接受情况等方面加以分析，可以改进和完善课程实施，使课程设计更具真实性和情境性，从而进一步提升自身的专业水平，促进自身的专业发展。

二、幼儿园课程评价的取向

不同的教育工作者在评价的过程中有不同的侧重点，因此会出现不同的价值取向。一般来说，幼儿园课程评价的取向分为目标取向、过程取向和主体取向。

1. 目标取向

目标取向认为课程评价是课程计划与预期目标相互对照的过程，其主要代表人物是泰勒及其学生布卢姆。目标取向采用量性研究方法，强调的是课程评价的科学性，常用行为目标的方式对预定目标进行陈述。这种观点认为，预定的教学目标是评价的唯一标准，其中评价者是在各个方面拥有主导权和话语权的主体，而被评价者是客体。这种评价取向简单易行，便于操作，但同时也忽略了人的主体性和创造性，将教育活动设计和实施的过程看成了一个简单化的、机械的过程。

2. 过程取向

过程取向强调课程计划和实施的全过程，将教师、学生在课程实施过程中的全部情况都纳入评价范围，认为评价过程本身具有重要的教育价值。过程取向将量性研究方法和质性研究方法相结合，突出评价者与被评价者的交互作用，主张将人在课程计划和实施过程中的表现作为主要内容，而不在意教育活动预定的目标是否达成。这种评价取向对人的主体性地位还欠尊重，评价过程的操作性有待进一步加强。

3. 主体取向

主体取向认为，课程评价是一种多元的价值判断的过程，是评价者与被评价者、教师与学生共同建构意义的过程。主体取向采用质性研究方法，追求人的自由和解放，认为评价者和被评价者是平等的主体。这种评价取向尊重差异，尊重价值多元，将个性解放置于重要的位置。但是也因其多元性、不确定性和随意性，使活动评价在操作上有较大难度。

> ### 📖 知识窗
>
> 2022年4月22日，《光明日报》针对教育部印发的《义务教育课程方案和课程标准（2022年版）》做出相关报告，报告中指出评价对推进改革的重要意义。
>
> 报告指出，"让核心素养落地"，是本次课程标准修订的工作重点。核心素养导向，既是课程标准研制工作的主线，也是课程标准文本的主旋律。课程目标的素养导向，有利于转变那种将知识、技能的获得等同于学生发展的目标取向，引领教学实践及教学评价从核心素养视角来促进和观察学生的全面发展。

"素养与知识不同，是知识、技能、态度的超越和统整，是人在真实情景中做出某种行为的能力或素质。当前世界范围内的核心素养热潮实质上是教育质量的升级运动，国民的核心素养决定一个国家的核心竞争力与国际地位。课程建设以核心素养为导向，是推进我国社会现代化和人的现代化的需要，也是贯彻党的教育方针、落实立德树人根本任务的具体体现。"国家督学、北京开放大学校长、北京师范大学基础教育质量协同创新中心首席专家褚宏启说。

光明日报

2022 年 4 月 22 日

三、幼儿园课程评价的类型

从缺席走向参与：重构幼儿与幼儿园课程评价的关系

基于不同的分类标准，幼儿园课程在评价时分为不同的类型。经常使用的课程评价类型主要包括以下几个方面。

1. 按照评价的参照点划分，可分为相对评价、绝对评价和个人发展评价

相对评价是指，选取一个或几个对象作为基准，将各个评价对象与基准进行比较的评价方法。绝对评价是根据教育目标达成度确定一个标准，评价时将评价对象与这个客观标准进行比较来进行的评价。个人发展评价是收集并分析被评价者的关键资料，形成对被评价者各种能力进行比较后做出的评价。

2. 按照评价的功能划分，可分为诊断性评价、形成性评价和总结性评价

诊断性评价主要指在某项教学活动开始之前对学生的现有水平进行的评价，通过这种评价可以使设计的教学方案满足不同学生，为实现因材施教提供依据。形成性评价是在教学发展过程中进行的，通过对幼儿的身心发展状况的测查，及时调整和改进课程方案，以此确保教学任务实施的效度。总结性评价是在课程实施之后进行的评价，关注的是课程计划的实行程度。

3. 按照课程评价的方法划分，可分为定性评价和定量评价

定性评价是指评价者用语言文字作为收集和分析评价资料，运用分析和综合、比较与分类、归纳和演绎等逻辑分析的方法，呈现评价结果的主要工具的评价方式。如教师为幼儿书写的各类评语就属于定性评价。定量评价是指评价者采用数量化指标，收集和处理数据资料，用来表示评价结果的评价方式。如在评价幼儿智力发展水平时，我们常采用智力测验，测验的结果常常用数量指标的形式，这种评价方法就属于定量评价。

4. 按照评价主体划分，可分为内部评价和外部评价

内部评价是指由直接从事课堂教学活动的教师者，按照课程评价标准，对课程实施状况与效果进行的自我评价。外部评价是指由课程编制者或实施者以外的人员实施的评价，如教育行政主管部门的人员及教师同行等对课程的实施情况进行的一种评价。在幼儿园课程评价

过程中，往往将这两种评价方式相结合，以发挥各自的优势。

四、幼儿园课程评价的方法

1. 观察法

观察法是在自然条件下，按照一定的研究目的，有计划地对观察对象进行考察、记录、分析，从而获得资料的一种方法。在幼儿园课程评价中，可以通过多种观察方式来收集材料，主要包括以下两个方面。

（1）日常观察。

日常观察是指在日常与幼儿的接触中，有意识地观察幼儿的动作、语言、表情等行为表现并加以记录，以此作为评估幼儿发展的依据。在记录的过程中，观察者通常使用描述性语言，从幼儿的实际情况着手，分析评价幼儿发展的情况。

（2）定期观察。

定期观察是指教师根据既定计划，以固定周期为基础，对幼儿发展的某些方面指标，分批分期加以观察，并记录观察结果。

2. 访谈法

访谈法是根据课程评价体系，将评价指标转化成访谈问题，同参与课程实施的相关人员进行谈话，来收集评价信息的一种方法。访谈的对象可以包括课程编制者、课程管理者、教师、幼儿及家长。通过这种方式全面了解教学工作的真实情况以及存在的具体问题。访谈还有一种形式是焦点团体访谈，这一形式可以在较短的时间内获得相对多的信息，有利于获得较全面的信息。

3. 问卷法

问卷法是根据评价指标体系，按照一定的编制要求，将能够用以评价课程的相关内容设计成问卷。研究者根据被调查者对问题的回答，进行统计分析，以了解课程运作的状况。这一方法具有高效的特点，但是在问卷设计时要保证问卷的信、效度。

4. 资料分析法

对被评价者提供的相关文字和实物资料进行分析判断，从而对课程进行评价的方法叫作资料分析法。这些资料分为以下几个部分。一是计划、总结类材料，包括教学计划、课程总结、园务总结等。二是制度类资料，包括教学制度课程规章制度、研讨会议记录等。三是业务资料类，包括家园联系手册、教学反思、班级随笔、幼儿发展报告书、区域观察记录等。另外还包括一些支持性材料，如基本情况统计表等。总的来说，可以通过这些资料的调阅和分析，评价幼儿园或班级课程实施的基本情况。

5. 成长档案袋

成长档案袋又称成长记录袋（图2-4-1），是一种新兴的质性评价方式。成长档案袋的主要内容是收集能够反应幼儿成长与发展的原始作品并做出相应记录。成长档案袋将幼儿作为评价的主体，注重幼儿参与的积极性。记录过程中，教师会引导幼儿自主选择自己认为最喜欢的作品并说出原因，引导幼儿进行自我评价，随后教师及时记录并与该作品一起放进档案。除此之外，教师还可以引导家长共同制作成长档案，共同关注幼儿的成长。

图 2-4-1　学生成长记录袋

6. 测量法

测量法是指根据制定的规则给测量对象的某些特性分配数值的研究方法，通常通过量表（表2-4-1）的形式体现出来。测量在课程实施过程中具有重要的作用，对一些不易观察的现象，教师可以通过情景，观测和记录幼儿行为表现，从而检查教育或教学目标达成情况，对幼儿的某些发展情况作出评判。通过进一步的调整和改进，激发幼儿的学习动机。值得注意的是，测量法的使用必须注重信度、效度的考察，保证测验的严格施测与客观评估，防止测量的乱编乱用，保证编制、实施等多个环节的科学性。

表 2-4-1　"形状与数概念理解能力"测试表

评价项目	测试内容	结果记录		
		能	不能	日期
按名称指出图形	圆形、正方形、三角形、长方形			
正确说出形状名称	圆形、正方形、三角形、长方形			
作出——对应反应	2 个物体，3~5 个物体，6~10 个物体，10 个以上物体			
口头数数	从 1 到 10，从 1 到 20，20 以上，50 以上			
理解概念	大小比较、长短比较、高矮比较、宽窄比较			
……	……			

五、幼儿园课程评价的过程

幼儿园课程评价是对课程的价值做出判断的过程，这是一项复杂的系统工程，从宏观层面看，幼儿园课程评价的过程大致分为以下五个阶段。

1. 确定目的

确定目的即把焦点集中在所要研究的课程现象上。课程评价人员首先要明确此次评价的客体，并由此决定如何设计评价方案。评价人员要详细说明评价原因、评价范围、评价依据、评价标准等。比如评价是在整个课程计划中进行，还是在某个课程领域中进行，以及如何安排评价的时间，要认定在实施评价后所达成的决策程度。

2. 收集信息

在这一阶段，课程评价人员要厘清评价所需要的信息来源，选择效度与信度高的评价工具，明确搜集这些信息的方法、途径和手段。

3. 整理材料

课程评价人员要对收集到的信息进行加工和整理，主要包括编码、分组、储存和提取等几个步骤，使之有效地运用于评价。

4. 分析材料

课程评价人员要选择和运用适当的分析技术，包括对数据信息进行统计处理和对非数据信息进行详细的解释。

5. 报告结果

课程评价人员要根据课程评价的初衷，给出合适的意见，提出课程改进的方向、解决的策略和方法，包括报告的阅读对象、形式以及有关报告的其他事项。

 案例角

中班 科学领域活动方案《趣味连连看》

中班教研组　长春市二道区格林·格顿蓝山分园

活动目标：

1. 根据物体的颜色、形状等共同特点进行分类。
2. 能够大胆讲述自己的操作过程和结果。
3. 提高的观察力，对科学探究感兴趣。

活动重难点：

1. 借助幼儿熟悉的物品，尝试以物体颜色、形状等特征进行分类，从而在幼儿自己动手操作过程中，练习如何按特征分类。同时，通过游戏本身培养幼儿的观察力，激发幼儿对活动的兴趣。

2.大胆讲述自己的操作过程和结果。活动将通过幼儿自己动手操作，让幼儿在操作过程中学会将形状或颜色相同的物体。

活动准备：

不同颜色或形状的卡片各3~4张（根据班级幼儿数量）、不同形状的图片若干（圆形、方形、三角形）、不同颜色衣服、裤子卡片若干（红色、黄色、蓝色）、大操作卡教具。

活动过程：

一、游戏导入

巩固复习，帮助幼儿发现生活中物体的共同特征，并尝试进行分类。

1.玩游戏《找朋友》，了解游戏规则。

教师：小朋友们，今天我们来玩找朋友的游戏好吗？老师来播放《找朋友》的音乐，游戏开始。看一看，想一想，我为什么找这个小朋友做好伙伴（教师找一个和自己颜色相同的小朋友做伙伴）。

2.幼儿玩游戏，找到朋友并说一说两人的共同特征。

（1）教师给每个幼儿发一张不同颜色及形状的卡片。

（2）我们来一边听音乐一边玩《找朋友》的游戏，当音乐结束后，你们要分别找到一个好朋友，并说出你和好朋友哪里一样。

教师小结：小朋友们在我们的日常生活中会出现很多颜色、形状、大小相同的物体，我们小朋友就可以把它们分类整理摆放。这就是根据他们共同特征进行分类的一种方法。

二、基本部分

解决问题，鼓励幼儿积极思考问题，观察并说出物体颜色、形状等特点，根据共同特征进行分类。

1.观察服装类图片进行颜色分类。

午睡后，小朋友们要起床穿衣服了，但是这里有很多衣服混在了一起，请小朋友帮助一起整理教室，把他们根据特点进行分类吧！

（1）出示不同的服装卡片请幼儿观察。

小朋友看一看这些衣服有什么不同的地方？哪些地方是相同的（颜色）？

（2）教师请幼儿代表，在黑板上进行分类操作。

小朋友们想一想可以怎么分呢？请你来操作一下。

教师小结：集体验证，教师总结，原来小朋友是根据服装卡不同的颜色进行分类的，服装分为红色、黄色和蓝色。

2.观察糕点类图卡进行形状分类。

（1）出示不同形状糕点的图卡。

小朋友，老师这里有许多卡片，看一看卡片上都有什么好吃的？

（2）引导幼儿观察糕点并说出相同之处（形状）。

（3）教师请幼儿代表，在黑板上进行分类操作。

小朋友们想一想可以怎么分呢？请你来操作一下。

教师小结：集体验证，教师总结，原来小朋友是根据糕点卡不同的形状进行分类的，糕点分为圆形、方形和三角形。

三、结束部分

幼儿自主操作学具，养成自主思考的习惯。

1.介绍操作内容与方法。

2.幼儿操作，教师巡回观察与指导。

3.师幼一起检查操作结果。

活动延伸：

益智区：提供本节课自己使用的教具图形，鼓励幼儿自己动手操作进行分类。

美工区：为幼儿提供颜色、形状、大小不同的珠子及串珠的绳子，请幼儿将有相同的绳子上，设计成一根美丽的项链。

亲子活动：在家里整理衣物时，家长可以请幼儿一起动手整理衣物，培养幼儿独立意识，自己的事情自己做，了解正确的叠衣服方法。

教案反思：

教学目标设计为通过观察根据物体颜色形状进行分类，大胆讲述操作过程。这一目标对中班幼儿来说难易程度适中，引导幼儿对生活中的常见物品根据物体颜色、形状进行分类有一定的趣味性，符合幼儿的生活实际。在教学过程的设计上，通过游戏《找朋友》说出了两个人的相同与不同、图片中的物品相同与不同，可以进一步增加幼儿参与的积极性，预设较为合理。

岗课赛融通

知识点

1.简述幼儿园课程目标的内涵与基本价值取向。

2.简述幼儿园课程目标的制定依据。

3.简述幼儿园课程内容选择的原则和组织的方式。

4.简述幼儿园课程实施的原则与途径。

5.说一说影响幼儿园课程实施的因素。

6.说一说幼儿园课程评价的方法与过程。

做中学

案例描述1：

在今天的语言活动中，我为大班设计的教学活动主题为《爷爷一定有办法》，活动目标有两个，一是通过排列毯子——纽扣的变化过程，使幼儿理解故事内容，初步形成废物可以再利用的意识，发展幼儿的思维推理能力。二是尝试进行变废为宝的操作，感受相互合作变废为宝的快乐，并懂得：对废旧物品，只要肯动脑筋，也能变废为宝。

依据这两个目标，请思考两个问题。

1. 你认为此次制定的教学活动目标怎么样？

2. 要准确而适宜地确立教学活动目标，需要关注哪些要素？

案例描述 2：

对幼儿园课程评价的功能，不同的人有不同的观点。有人认为评价就是给被评价者定个等级、划分好坏；有人认为评价主要是发现问题、提出改进对策；有人认为评价是一种激励和展示活动……

请结合幼儿园实践和所学习的相关知识，思考什么是幼儿园评价？如何理解幼儿园课程评价的功能？

项目三

西方经典的幼儿园课程方案择介

知识目标

1.了解西方经典幼儿园课程方案的基本要素。
2.掌握西方经典幼儿园课程方案的主要内容及优缺点。

技能目标

归纳总结西方经典幼儿园课程方案的主要特点。

素质目标

1.树立对待西方经典幼儿园课程方案的正确态度。
2.正确评价西方经典幼儿园课程方案，借鉴其成功经验并创造性地运用到实践中去。

知识图谱

19世纪，福禄贝尔创办了世界上第一所幼儿园，被誉为幼儿园之父，为近代学前教育理论与实践的发展奠定了基础。20世纪以后，一些著名的幼儿教育家进行了更为深入的探索与实践，学前教育获得快速发展，形成了一系列有影响力的课程方案，这些课程方案经过实践的检验流传至今，对我国幼儿园课程的发展产生了深远的影响。

问题1：你知道哪些西方经典的幼儿园课程方案吗？

问题2：你知道哪些西方经典幼儿园课程方案的主要内容吗？

问题3：你知道如何正确对待西方经典幼儿园课程方案吗？

学习、借鉴西方经典课程方案，不能不加思考地"拿来主义"，要"取其精华，去其糟粕"，仔细甄别和取舍，结合我国实际情况进行本土化改造，为我国幼儿园课程改革提供参考。

模块一　班克街早期教育方案

班克街早期教育方案起源于美国，又称为银行街模式，"发展—互动"模式。1916年，露西·米切尔（Lucy Sprague Mitchell）成立了教育实验局（Bureau of Educational Experiments，BEE），后来在此基础上成立了班克街教育学院（Bank Street College of Education）。1919年，约翰森成立了班克街儿童学校，这也成为班克街教育学院的实验学校。随着越来越多的人加入班克街早期教育方案理论与实践的研究，该模式获得了很大程度的发展。1965年，美国推行"开端计划"，银行街教育学院为支持此计划开展了众多工作，为处境不利儿童提供帮助，银行街教育研究部门成为美国国家的研究中心，银行街教育学院成为美国联邦政府支持下的单位之一。1971年，班克街早期教育方案正式重新命名为"发展—互动"模式（Developmental-interaction），该模式经历了长期的理论和实践发展，对美国和其他国家的幼儿教育产生了重要的影响。

LUCY SPRAGUE MITCHELL
（1878－1967年）和实地考察

一、理论基础

班克街早期教育方案受多种理论流派的影响，包括儿童发展理论、经验主义理论、心理动力学理论和社会建构主义理论等，这些理论为班克街早期教育方案的制定和实施提供了重要的指导和支持。

（一）心理动力学理论

受弗洛伊德及埃里克森等人观点的影响，班克街早期教育方案强调情绪、动机、自主性等方面的发展，要为幼儿提供能够激发其内在动力的环境。

（二）认知发展理论

班克街早期教育方案吸收了皮亚杰等人关于儿童认知发展的观点，一方面是为了对抗比较盛行的行为主义学派，因为相对于促进儿童智力发展来说，银行街教育学院的工作者们对单纯的学业取向课程是坚决抵制的；另一方面，认知发展理论也为发展—互动课程提供了新的论据，因为其作为传统的保育学校课程的代表，十分重视环境的创设来引发儿童的自由活动，皮亚杰理论对主体与客观环境相互作用的强调，与其基本主张不谋而合，并为其开创了一个看待环境创设问题的新视角[①]。

（三）进步主义教育理论

受进步主义运动的影响，约翰逊、米切尔等教育工作者吸收了杜威的思想，并以此为基础提出一些重要观点，这些观点也成为构建班克街早期教育方案的重要基础。

在上述理论的基础上，班克街早期教育方案强调儿童发展的六原则[②]。

（1）发展是由简单到复杂、由单一到多元或综合的变化过程。

（2）早期获得的经验不会消失，而会被整合到以后的系统中去。

（3）发展过程中包含稳定性和不稳定性，教育者的任务是要在帮助儿童巩固新知识和提供有益发展的挑战之间取得平衡。

（4）在成长过程中，儿童逐渐地以多种方式主动探索世界。

（5）儿童的自我概念来自与他人或其他事物交互作用所获取的经验，知识是在交互作用过程中反复地感知和自我省察而形成的。

（6）冲突对发展是不可或缺的，冲突解决的方式取决于儿童生活和社会文化等诸多有意义的因素。

二、课程目标

班克街早期教育方案注重"发展—互动"，其中发展指儿童身心的自然成长规律，互动指儿童与周围环境的互动，以及认知与情感的互动。班克街早期教育方案希望培养"完整的儿童"，认为儿童是有智力、有情感的社会人。坚决反对只注重智力和学业的发展，侧重培养儿童的综合能力，着眼于儿童的终身发展。一些教育家和心理学家将班克街早期教育方案

---

① 孙贺群.嬗变与走向：美国学前课程发展变革的历史研究 [D]. 东北师范大学,2011.

② 高敬.幼儿园课程 [M]. 杭州：浙江教育出版社,2016：244.

的目标归纳为以下五个较为宽泛的方面[①]。

第一，提升能力。在班克街早期教育方案中"能力"的含义，既包含客观性的知识技能，同时也包含了主观性内涵，如自尊、自信、自我效能感、卓越的表现、表达能力、沟通能力等。

第二，独特个性。这个目标强调儿童对自己独特性的了解，自己对自己在生活中所扮演的不同角色知觉与分辨，同时根据对自己能力的认识及他人对自己的印象建立自我价值感。

第三，实现社会化。使儿童学会自我控制以保证课堂中的社会秩序，处理好自己与他人的关系，调整自己的行为使其形成一种内化的规则。

第四，培养创造力。创造力表现在各种表达、情感、构想、逻辑、直觉等各个方面。创造力的表达形式很多，包括律动、绘画、雕塑、旋律、数学与科学的构想等方式。

第五，具有整合能力。包括儿童对内心世界与外在世界的整合、思想与情感的整合以及对以上三个目标中提到的各种能力的整合等。这个整合的过程被认为对创造性和最大限度的参与学习来说是至关重要的。

三、课程内容

班克街早期教育方案强调儿童对生活经验的积累，以及和周围环境的互动，其课程内容围绕"社会学习"展开，学习内容包括以下七个方面[②]。

（1）人类与周围的自然环境。

（2）人与家庭、社区以及更广阔的外在世界的关系。

（3）代际之间的联系与沟通。

（4）通过神话、宗教、科学、艺术来了解生命的意义。

（5）受某种价值观支配的个体和集体的行为。

（6）将变化视为生活的常态。

（7）学会如何解决问题。

班克街早期教育方案以这七个方面为主题，整合音乐、美术、数学、科学、阅读、书写等各种经验，以综合的方式促进儿童认知、情感和社会性等方面的共同发展。

四、课程实施

班克街早期教育方案（图3-1-1）借助主题网和课程轮实施课程，课程轮的中央是所选的主题，轮辐间的空间是教师设计的各项活动，内容丰富、多元，可以根据需要进行更改、增加或删除。

[①] 简楚英. 学前教育课程模式 [M]. 上海：华东师范大学出版社，2005：62

[②] M. C .Day & R. K. Parker（Eds.），The preschool in action: Exploring early childhood programs（2nd Edition）. Boston: Allyn & Bacon. 1972: 432.

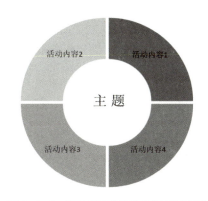

图 3-1-1   班克街早期教育方案课程轮

课程的实施通常按照以下七个步骤进行，如图3-1-2所示。

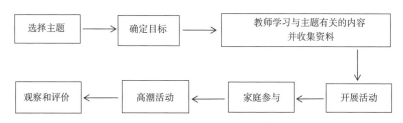

图 3-1-2   班克街早期教育方案实施步骤

五、课程评价

评价是班克街早期教育方案中的重要组成部分，强调真实性评价，主张用宽泛的评价方式了解儿童的学习和成长。教师需遵从教育主管部门颁布的教育测试和评估规定，严格依据对儿童的观察记录进行评价，例如教师可以收集对儿童阅读、操作材料、与他人的互动等表现的观察记录，以及儿童的档案袋、实验报告、单元作业、儿童的作品等资料，进行分析和总结，进一步了解儿童的特点和需求，为以后的课程计划打下基础。班克街课程评价如表3-1-1所示。

表 3-1-1   班克街课程评价表 [1]

评价取向	形成性评价取向
评价方法	评价方法较为宽泛，通过观察儿童的活动，为儿童提供一系列表达的机会表达自己的理解，老师进行评价
评价内容	基本技能和学科知识 儿童与环境互动时的态度和个性特征

---

[1] 杨晓萍.《幼儿园课程理论与实践》[M]. 重庆：西南大学出版社，2021：190.

续表

评价取向	形成性评价取向
评价依据	幼儿的作品 在社会学习过程中的观察记录 个人评价资料

班克街早期教育方案对美国学前教育课程的发展产生了较大的影响,其培养"完整儿童"的教育目标,以儿童为中心,着眼于儿童的终身发展,强调让儿童进行有意义的学习。课程内容围绕"社会学习"展开,综合各领域知识,丰富、完整,帮助儿童获得整合的经验,促进儿童的全面发展。但与其他课程相比,儿童的认知发展和学业知识不具有明显优势,并且对教师提出了较高要求。

银行街教育学院[①]

银行街教育学院是美国纽约市的一所私立院校,其前身为1916年由露西·斯普拉格·米切尔创办的教育实验局(Bureau of Educational Experiments),是进步主义教育者践行其教育理念的幼教实验机构。目前,银行街教育学院已发展为融儿童教育、研究生教育和继续教育为一体的综合性教育机构。其中,银行街教育学院的教育研究生院主要负责硕士层次的职前教师及其他教育领域工作者的培养,提供包括普通/特殊教师教育、教育领导等一系列教师教育专业。

班克(Bank)街学院早期教育方案目睹记(节选)[②]

我选择了参观班克街学院附属幼儿园在研究早期教育方案时,经常看到有关班克街学院早期教育方案的材料,很想亲眼看看依据这种教育方案理念运作的幼儿教育实践活动。然而,在考察过程中,班克街学院附属幼儿园硬是规定,只能接待考察团的一半成员。团长让大家在参观蒙台梭利式学校或班克街学院附属幼儿园两者之间做一选择,我毫不犹豫地选择了后者。

班克街学院坐落在纽约市北部。穿过学院的大门和大厅,就是其附属幼儿园。由于

---

① 李政云,李建兰.深度学习视域下美国职前教师教育创新实践——以银行街教育学院普通儿童教育专业为例[J].比较教育研究,2021,43(4):11–18.

② 朱家雄.班克(Bank)街学院早期教育方案目睹记[J].幼儿教育,2001,(10):22–23.

年代较久，幼儿园园舍显得有些陈旧，活动室和厅廊的布局也似乎不很规则……场地本来就不大，在三边高楼的包围下，更显得狭小，还有点阴暗。我们感慨不已，在当今世界上那么有影响的幼儿园，其"硬件"也只是如此而已。

一进幼儿园的门，园长就向我们提出了观摩的一系列规则：每个班只能进两位参观者，一段时间后互相交换；在活动室里，观摩者必须坐在固定的位置上，不得走动，以免影响孩子；孩子活动时不得拍照，不能议论等。

轻轻地走进活动室，看到孩子们正在各个活动区内活动，每个活动区的材料很丰富。有的孩子在木工区里锯木头，那是真的木头和锯子，锯木头的孩子锯下了一块厚厚的木板，又开始锯另一块木板；三个孩子在美术区里画画，他们用的材料不同，画的画也不一样；积木角里有两个孩子发生了争执，教师没有马上前去协调，不一会，他俩又和好了……

…………

班克街学院教授谈课程

在幼儿园的地下室里，学院的一位教授应约与我们进行了一个小时的交谈。谈话涉及的话题很多，我最感兴趣的问题，除了托幼机构的师资培训外，自然是早期教育方案的课程。教授告诉我们，附属幼儿园的教师们并没有将课程看作一系列活动的"菜单"，而是将课程看成帮助儿童获得加深对世界的认识和理解经验的机会。换言之，课程是这些经验的总和，它是通过富有想象的计划和决策的过程而创造的。

教授特别介绍了方案中综合性课程的研究。由于方案强调儿童社会性的发展，该研究以"社会研究"的问题为综合性课程的主题，教师为儿童获取有关技能经验提供机会。"社会研究"的主题可以从对家庭的研究到对河流的研究，这主要取决于儿童的年龄和兴趣，也取决于儿童的生活经验和社会要求儿童掌握的知识、技能。在任何一个研究中，重要的因素是儿童在美术、音乐、数学、科学、语言、运动、搭建积木等活动中已有的经验，以综合的方式整合这些经验，能帮助儿童对他们自己的世界加深理解。教师们相信，对儿童而言，最有意义的经验是那些相互联系，而不是相互割裂的经验；是那些能引导儿童进一步学习，并有益于获取新知的经验。他们也相信，对儿童而言，认识世界的最有效方法是允许他们以自己的方式作用于这些经验。这就是说，儿童首先需要获取经验，然后他们会通过再创造，从已获得的经验去理解这些经验的真正意义，这个再创造的过程包括讨论、想象、建构等。

听了教授的一席话后，我对在活动室里所看到的一切似乎有了进一步的认识。说实话，观摩一两个小时的活动是难以看明白一些什么的，但是，明确了方案的理念和课程设计思想，我似乎懂得了在活动室里，为什么教师在阅读角里放了那么多关于车辆的书籍和图片；为什么一个教师向三个儿童出示了画有几辆车的旅游卡，并问他们曾经看见过哪些车；为什么两个孩子正在画几天前他们出游的旅游图，画中，他们坐的车辆截然不同……

家庭、社区对幼儿园教育的参与

在与教授谈话时，在离我们不远的地方，有十几个人正在埋头制作一些什么东西。我们问教授，教授说，这些都是家长志愿者，为了让孩子们享受感恩节的快乐，他们自发地聚合在一起，用家里带来的材料，为孩子制作礼物。

我在一些材料中了解到班克街学院早期教育方案对家庭和社区教育的重视，这次虽然没有来得及到早期教育方案的组成部分——家庭辅导中心参观，但是已经从家长对幼儿园活动的参与、幼儿园给家庭发放的材料、幼儿园环境布置等许多方面体会到了这一点。家庭、邻居和社区被方案的制定者认为是儿童学习的重要场所，是"正规"教育环境的外部环境。有时候，在有价值的学习和期待儿童形成适当的行为习惯等方面，家庭和托幼机构是特别紧密地联系在一起的。在多元文化的美国，家庭和托幼机构在文化理念上常有冲突，但方案的制定者认为，教师必须紧密地联系儿童的世界，既要懂得儿童的经验，能向家庭和社会解释教育方案和教育目标，又要充分运用幼儿园的外部资源，让教师以外的其他成人积极地参与对儿童的教育。

模块二　蒙台梭利课程

蒙台梭利课程由意大利著名教育家、医学家玛丽亚·蒙台梭利（1870—1952）（图3-2-1）创建。蒙台梭利是意大利历史上第一位学医的女性和第一位女医学博士，连续三年获得诺贝尔和平奖提名。1896年于罗马大学医学系毕业后，蒙台梭利进入精神病院担任临床助理医生，开始了针对智障儿童的研究和治疗。她认为儿童心理缺陷和精神病患主要是教育问题，而不是医学问题，教育训练比医疗更为有效。在工作中逐渐形成一系列训练方法，取得了良好的效果。后来，蒙台梭利将她在观察智障儿童基础上形成的教育理论和方法应用于正常儿童，于1907年在罗马的贫民窟创办"儿童之家"，在此进行教育实验和研究，提出独具特色的教育理论，推进了学前教育的发展。1913年，蒙台梭利开办蒙台梭利师资培训班，在世界范围内推广她的教育理念和方法，积极进行师资培训，其代表作有《童年的秘密》《蒙台梭利教学法》《有吸收力的心灵》等，至今仍在影响学前教育的改革与发展。

图 3-2-1　玛丽亚·蒙台梭利

一、理论基础

蒙台梭利的教育思想在很大程度上受卢梭、培斯泰洛奇和福禄贝尔等人的影响，在教育实践过程中逐渐形成了自己独特的儿童观和教育观。

（一）儿童观

1.吸收性心智

蒙台梭利认为，儿童存在与生俱来的"内在生命力"，或称为"内在潜力"，或把它总括为"人类的潜能"。她在《童年的秘密》中写道："存在一种神秘的力量，它给新生儿孤弱的躯体一种活力，使他能够生长，教他说话，进而使他完善……。"[①]她认为正是这种内在的冲动力，促使儿童不断的发展。因此，蒙台梭利在《有吸收力的心智》一书中指出，这种内在冲动力表现为儿童在6岁之前就具有一种吸收知识的自然力，即所谓的"吸收性心智"。借助于这种"吸收性心智"，儿童通过与周围环境的相互作用，获得生命力和个性的进一步发展，其中0~3岁为无意识吸收阶段，3~6岁为有意识吸收阶段。

无意识吸收阶段主要出现在0~3岁，儿童处于一种无意识的学习状态，他们并不清楚自己正在吸收什么，就像一张白纸一样接受周围环境的影响。在这个阶段，儿童的大脑像海绵一样吸收周围环境中的信息和经验，这些经验和信息会成为他们内在的一部分，影响他们的行为和思考方式。

有意识吸收阶段出现在3~6岁，此时儿童开始有意识地进行学习，他们能够主动地探索周围环境，并从中获取知识和经验。在这个阶段，儿童开始意识到自己的存在和自我价值，开始有自己的思考和判断能力，不再只是被动地接受周围环境的影响。

2.敏感期

蒙台梭利受荷兰植物学家德弗里斯观点的影响，认为儿童心理的发展也存在各种"敏感期"。她在《童年的秘密》中指出儿童的敏感期是跟成长紧密相关的现象，并和一定的年龄相适应，它只持续一段短暂的时期，只要消失就永远不可能重新出现。[②]儿童会在某一敏感期内表现出对某种事物或活动产生特殊的兴趣和爱好，学习也特别容易而迅速，是教育的最好时机。经过大量的观察和实验，蒙台梭利揭示了儿童在0~6岁期间存在多个敏感期，包括以下几点：

感官敏感期：在0~5岁期间，儿童通过各种感官来认识世界，如听觉、视觉、触觉等，不断地探索和感知周围的环境。

动作敏感期：包括大动作和精细动作的敏感期。大动作敏感期主要在1~2岁，此时儿童

---

① 蒙台梭利.童年的秘密[M].乌荣根，译，人民教育出版社，1990：30。

② 霍力岩.试论蒙台梭利的儿童观[J].比较教育研究，2000，（6）：51-56.

开始学会走路、跑步等；精细动作敏感期主要在1.5~3岁，此时儿童开始学会捏、握、拍等小动作。

语言敏感期：0~6岁是儿童语言发展的敏感期，从0岁开始，儿童对语言特别敏感，能够快速地吸收和掌握语言。

对细微事物感兴趣的敏感期：通常为1.5~4岁。在这个阶段，儿童会对细微的事物特别感兴趣，如小昆虫、小树叶等。

秩序敏感期：儿童在0~4岁期间会经历秩序敏感期，他们需要按照一定的顺序和规律来安排事物，以满足自己的安全感。

除了以上几个主要的敏感期外，蒙台梭利教育理念还认为0~6岁儿童会经历其他一些敏感期，如书写和阅读敏感期、数字和数学敏感期等。

一点通

一天，一个出生大约6个月的小女孩待在一个房间里，碰巧一位妇女走了进去，并把阳伞放在了桌子上，于是，这个孩子变得不安起来。他之所以如此，并不是因为那位妇女，而且由于那把伞的缘故。小女孩对着那把伞看了好一会儿，然后开始哭起来。那位妇女以为她要那把伞，就拿起它，微笑着送到她面前。但小女孩把伞推到了一边并继续哭喊。那位妇女安抚她，但毫无用处，反而让她更加焦躁不安。怎样才能使她不再哭闹呢？正当小孩不安之时，她那富有心理洞察力的母亲把伞从桌子上拿走，并把伞放到了另一间屋子里，小女孩立即就安静了下来。使她不安的原因是那位妇女把伞放在了桌子上。一件东西放错了地方，就严重打乱了这个小孩物放有序的记忆方式。

这一例子表明儿童对秩序的敏感，在许多情况下，孩子发脾气很可能都是由于这种敏感。[①]

（二）教育观

1. 自由教育

蒙台梭利认为"教育的基本任务就是使每一个儿童的潜能能在一个有准备的环境中都能得到自我发展的自由"。自由是儿童发展的前提，教育要遵循儿童成长的内在秩序，让儿童能够根据自己的内在需求和意愿进行活动，自由发展，自由成长。

蒙台梭利所提出的自由不是放任自流，而是一种有限制的自由，是在有纪律的环境中进行的，一个孩子真正的自由不是做自己想做的事，而是选择做正确的事。儿童需要了解并遵守一些基本规则和纪律，以确保他们能够与其他人和平共处。教师需要引导儿童理解这些规则和纪律，而不是强制他们遵守。

---

① 蒙台梭利. 蒙台梭利教育法 [M]. 李浩然，译，中国商业出版社，2009：61–62。

2. 有准备的环境

蒙台梭利认为，一个有准备的环境是儿童发展的重要条件，这个环境应当是自由发展的，儿童可以自由地探索和发展自己的潜力，不受过多的限制和干预；是有秩序的，环境中的物品和设施的摆放应该有序，以便儿童能够建立起对秩序的感知和尊重；是生气勃勃的，应该充满活力和生命力，能够激发儿童的好奇心和探索欲望。是愉快的，环境应该营造出愉快和轻松的氛围，让儿童在其中感到舒适和自在。此外，蒙台梭利的有准备的环境还应该包括自然和开放的结构、秩序和规律、自由和自我纠正的机会以及教师的支持和指导作用。这些要素共同为儿童提供了一个有利于他们学习和发展的环境。

二、课程目标

蒙台梭利课程的目标包括两个方面，其一是帮助所有儿童形成健全人格，即培养新人类。为了让儿童得到良好的发展，教育者的头脑中应该先有一个具有健全人格的儿童形象作为教育的目标，然后引导儿童的"内在生命力"朝着这一目标发展。在蒙台梭利看来，具有健全人格的儿童就是通过"有吸收力的大脑"吸取"养分"并得到正常发展的儿童，即她所谓的"正常化"的儿童；其二是通过培养具有健全人格的一代"新人"建设理想的和平社会，即建设新社会，来实现真正的世界和平。[①]

三、课程内容

为了实现课程目标，蒙台梭利设计了多个领域的课程内容，涉及日常生活练习、感官训练、肌肉训练和初步的知识学习。

1. 日常生活练习

蒙台梭利认为，日常生活练习对儿童发展十分重要，它是以满足幼儿内在发展、锻炼运动能力、促进独立性、理解力、注意力、意志力、秩序感、责任感等方面的发展为目的，旨在培养儿童的独立自主能力和精神。日常生活练习的内容包括自我照顾的活动，如穿脱衣服、刷牙、洗脸等；照料环境的活动，如整理房间、扫地、拖地等；还包括生活技能活动和动作发展活动等。

2. 感官训练

蒙台梭利认为，感官教育是一切教育的基础，是促进儿童智力、艺术、人格、心理等发展的重要保障。感官教育的主要目的是通过训练幼儿的注意、比较和判断的能力，使幼儿拥有敏捷、准确、精练的感受力。蒙台梭利围绕训练儿童视觉、听觉、嗅觉、味觉、触觉五大感官，设计了16套感官教具（图3-2-2），每套感官教具有不同的训练内容和练习方式。

---

① 霍力岩，胡文娟. 略论蒙台梭利教育法之精要 [J]. 幼儿教育，2008，（5）：4-7.

棕色梯 　　　　　　　　　　色板

二项式 　　　　　　　　　听觉筒

图 3-2-2　感官训练教具

3. 肌肉训练

肌肉训练既可以促进儿童身体发育和健康发展，又有助于儿童动作的灵活性和协调性，还能够磨练儿童的意志，培养其合作精神。为此，蒙台梭利设计了有音乐伴奏的走步、跑、跳和徒手操，以及玩球、推车等自由游戏，通过多种活动锻炼肌肉。

4. 初步的知识学习

初步的知识学习包括儿童可以学会的阅读、书写和算术。在阅读和书写方面，书写的练习常常先于阅读的练习，蒙台梭利设计了结合视觉、触觉、听觉训练和发音训练的字母教具，通过练习可以阅读单词和理解短句。在算数方面，蒙台梭利设计了一套算术教学工具，如数棒、纺锤棒、数字卡片等，帮助儿童进行算术练习。

 **知识窗**

蒙台梭利小教室

—— *Let the child be the guide*

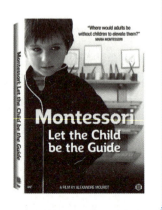

该纪录片真实记录了2015年的法国蒙台梭利教室里，孩子们如何在蒙台梭利的教育理念下实现 autonomy, selfdicipline, selfmotivated（自治与自我管理，自我驱动），以及在混龄的环境下如何进行 peer education（同伴教育）。这部纪录片2017年在法国大剧院首映，2021年5月16日，央视CCTV-9播放了该纪录片，这令幼教人欢欣鼓舞，并引发了国内关于蒙台梭利课程的热议。

四、课程实施

1. 提供有准备的环境

蒙台梭利课程的实施以环境为基础，任何教育活动的进行首先需要提供安全、舒适的环境。适合儿童的"有准备的环境"需具备以下几个条件：适合儿童的发展水平和节奏；能够使儿童自由操作各种活动材料；活动材料的多寡适度；有秩序；与成人环境有关联；能够保护儿童并让儿童有安全感；对儿童具有吸引力。具体而言，"有准备的环境"是专门为儿童设置的、符合其年龄和发展特点的一种自由、有秩序、愉快且生机勃勃的环境。

2. 工作法则

在蒙台梭利课程中，儿童的各种感官练习及日常生活练习等活动被称为"工作"。蒙台梭利通过观察发现，儿童最主要、最喜爱的活动不是游戏而是工作，只有工作才能促进儿童的全面发展。儿童在工作中遵循五个自然法则，包括：秩序法则，儿童在工作中有一种对秩序的爱好与追求；独立法则，排斥成人给予过多的帮助；自由法则，要求自由地选择工作材料、自由地确定工作时间；专心法则，儿童在工作中非常投入、专心致志；重复练习法则，儿童对能够满足其内心需要的工作，都能一遍又一遍地反复进行，直至完成工作周期。

父母不是孩子的创造者，只是监护人

这些法则反映了儿童在成长过程中的特点和需求，对儿童的发展具有重要的意义。

 **案例角**

幼儿园常见蒙氏游戏

杜洁琼 季俏　吉林省省直机关第一幼儿园

1. 串珠子。

方法：根据小、中、大班幼儿年龄特点，提供孔洞大小不一的珠子，以及软硬程度不同的绳子，以此调整游戏难度。幼儿年龄越小需要珠子的孔洞越大，绳子的硬度越强。

学习：提升幼儿专注力，以及手眼协调能力，获得成就感。

2. 舀豆子。

方法：用勺子把豆子从一个碗舀到另一个碗中。根据幼儿年龄，可提供不同种类、大小的物品，或练习筷子的使用。

学习：练习勺子或筷子的使用，增强手眼协调能力，提升专注力。

3. 给绿植浇水。

方法：将班级的绿植放在幼儿看得见、够得着的地方，每周用喷壶浇水一次。

学习：开展生活实践，学会照顾环境，使用喷水壶。

4. 惊喜口袋。

方法：在口袋中放入不同材质的物品，如玩具小车、石头、珠子、小球、笔等，幼儿蒙眼摸物，并用语言描述摸到的物品，猜测摸到的物品是什么。

学习：增强幼儿手指对物品材质和形状的敏感度，锻炼幼儿记忆力与口语表达能力。

五、课程评价

蒙台梭利课程对当今世界各国学前教育的改革和发展产生了重要的影响，至今仍被广泛应用。蒙台梭利课程提供了丰富的教具，能够帮助儿童进行有意义的训练和学习，促进其认知、情感和社交发展。强调儿童的自由和独立，通过自我探索和学习来激发儿童的学习兴趣和动力。同时，重视环境的作用，强调为儿童提供"有准备的环境"，认为环境应该适合儿童的成长和发展，这种环境创设能够为儿童提供足够的探索和学习机会。

然而受时代的局限，蒙台梭利课程也存在一定不足，如课程中教具的使用比较刻板、固定，有时候难以满足儿童的所有兴趣和需要，忽视了儿童创造力的发展，并且课程实施需要大量教具和设施的投入，成本较高。课程内容过多重视读写算等方面知识的学习，忽视儿童实际生活经验的获取，缺乏与社会互动和发展语言的机会等。

一点通

蒙台梭利感官教育批评之回顾、反思及启示[①]（节选）

三、对当前我国幼教理论研究和实践创新的启示

（一）把握蒙台梭利感官教育的"深层语法"

对蒙台梭利开创儿童之家以及作为一名教师的功绩，她在中西方教育历史上都赢得了高度评价，但对其感官教育的态度则否定居多。原因如学者丁道勇所言："蒙台梭利教育成也教具，败也教具。"蒙氏感官教具因其简单易操作，易于实现对家长承诺的读写算方面的目标，因而迅速受到追捧，但同时这些特质也会掩盖它的观念基础……对蒙台梭利感官教育只看其表、不知其里的情况，从而导致机械化操作，伤害儿童主动性的情况恐怕在今日依然普遍存在。另外，由于蒙台梭利的感官教育与教具捆绑，而教具又价格不菲，故很容易将其与商业利益挂钩，这往往为学者所不齿，这样一来便也冷落了其感官教育的思想。出于经济的考虑，我们可以不用其物，但要"师其意"，一旦领会蒙台梭利感官教育的"深层语法"，具体方法就会源源不断地出现，便能开展创造性实践。

（二）以"有准备的环境"透视当前幼教实践中的环境创设

环境创设在当前幼教改革实践中得到了充分的重视，这与国家相关教育政策文件中的引领有关。但同时环境创设也是让教师感到比较困难的一项实践工作。如何追随孩子的兴趣、需要、发展，这其实很难捕捉……为了体现"以儿童为中心"的理念，当前在环境创设中涌现了如"让儿童参与环境创设"以及"环境体现儿童学习痕迹"等操作建议，出发点是让环境更具有"儿童视角"，似乎无可厚非。但若不对这些观点作更深入的探讨，则容易让人望文生义，做出与根本理念背道而驰的行为。

① 张永英.蒙台梭利感官教育批评之回顾、反思及启示[J].学前教育研究，2023，（10）：14-25.

……环境作为幼儿发展中的第三位老师，从隐性课程的角度来说，当然需要是美的、能传递优秀的文化价值观的，但有准备的环境更强调的是能提供支持儿童主动学习的环境，因而材料要能吸引儿童且能让儿童达到自我训练的效果。比如，当教师给儿童提供玩水材料时，就不能光考虑材料的丰富性，更要在材料"质"和"量"的限制上多加考虑。从"质"的角度考虑，即材料本身可提供的探究目的有哪些，比如水的运动轨迹和高度落差之间的关系、不同材料在水中沉浮的现象等。从量的角度考虑，要关注幼儿对材料专注探究的时间，从而及时调整材料，回应幼儿发展需要。

（三）从"教师的准备工作"透视当前的教师观察

教师对观察重要意义的领会是和幼儿园课程改革的进展紧密关联的。如果幼儿园的课程实施是"照日程表办事""照教材教"，儿童作为被动接受者，并没有多少自由可言，那教师的工作就不需要依赖对儿童的观察，观察儿童就变成了一项外加的无意义的任务，教师自然也就会采取敷衍的态度来应对。

…………

教师的观察能力不是通过听讲或阅读就能提高的，而是在观察的实务训练中逐步形成的。教师要被训练得谦逊有耐心，对面前的"自然之书"保持敬畏，同时要像科学家那样有充分的知识准备。

因此，对提升教师观察能力的培训应该和幼儿园课程改革同步。教师的观察不仅仅是"睁大眼睛"，同时也是"竖起耳朵"，更是调动全身所有接收信息的"雷达"，然后结合自己的专业储备对信息进行综合分析和决策，目的是支持每一位儿童的主动学习。理解了观察的意义，就不必纠结于"一对一倾听"的字面意思，教师要在意的是在一段时间内能不能关注到每个孩子，了解孩子的个体差异，能否确保每个孩子都能得到配享的支持。这一切的实现也有赖于幼儿园为教师提供时间的保障和专业能力提升的平台。

模块三　高宽课程

高宽课程始于1962年，是美国高瞻佩里学前课程的一部分，又译为高瞻课程、海因斯科普课程。20世纪60年代初，美国密歇根州公立学校负责特别事务的韦卡特发现该市高中生中，来自低收入家庭的学生在学业成绩上处于劣势，究其原因是这些学生在小学时没有为将来的学习奠定基础。韦卡特等人成立特别委员会和三名小学的校长开始研究以帮助低收入家庭的学生学习。1962年，韦卡特在密歇根州政府的经费支持下，成立了佩里学前教育方案，这一方案主要针对3~4岁的儿童，强调儿童在社会和情绪方面的发展，帮助低收入家庭学业成就不足的儿童做好入学准备。1970年，韦卡特离开公立学校，成立高瞻教育研究基金会，继续研究和探索学前课程，相继出版了《活动中的幼儿》《幼儿教育》等著作，高宽课程模式至今仍在美国和其他国家运用。

一、理论基础

高宽课程主要是在皮亚杰的儿童发展理论的基础上发展起来的，强调儿童的认知发展以及儿童对知识的主动建构。同时吸取了现代教育学与心理学的研究成果，成为一种颇具特色的幼儿认知发展课程。[1]高宽课程对认知发展理论的吸收和借鉴主要经历了以下三个阶段[2]。

阶段一：课程编制者将其关注点放在对儿童进入小学做好准备的知识和技能方面，教师有明确的教学目标，这些目标都出自对课程内容的相当传统的看法。课程编制者在前数学、前科学和前阅读等方面制订了有序的计划，鼓励儿童按程序进行学习。

阶段二：课程编制者接受了儿童处于不同发展阶段的观点，尝试把那些代表该发展阶段水平的技能教给儿童。开始运用皮亚杰理论组织课程的进程，从原先强调对儿童前业技能的训练，转变为强调根据每一个儿童的发展水平促进其发展。但是，在这一阶段，课程编制者运用的是皮亚杰式的任务的方法，通过提问那些已知答案的问题进行教学，儿童还没有获得真正意义上的主动。

阶段三：儿童作为知识建构者的思想在课程中得到了体现，也就是说，强调教师通过直接和表征的经验，以适合儿童发展水平的方式帮助儿童增强认知能力，而不是通过教皮亚杰式的技能去加速儿童的发展。以那时起，课程编制者将儿童看成是主动学习者，认定儿童能在其自己计划、进行和反应的活动中获得较好的学习。

二、课程目标

高宽课程致力于为儿童顺利进入小学做好准备，前期目标的制定强调"皮亚杰式技能"的学习，培养儿童认知发展的关键经验。后期的发展过程中，增加主动学习的部分，强调主动学习是儿童发展过程的核心，同时考虑了儿童社会情感方面的目标。

三、课程内容

高宽课程的内容是由能够促进儿童认知发展的"关键经验"决定的。所谓关键经验，是韦卡特等人根据皮亚杰的认知建构理论和其所论述的学前期儿童最为重要的认知特征而提出来的。关键经验从不同领域提出儿童学习的

关键经验的基本内涵与主要特征

---

① 刘文华.美国几种幼教课程模式之比较[J].山东教育学院学报，2009，24（2）：1-3.

② 朱家雄.幼儿园课程[M].上海：华东师范大学出版社，2022：243.

内容，包括：学习品质；社会性和情感发展；身体发育和健康；语言、读写、交流；创造性艺术；数学；科学技术；社会学习。其中每一领域又进一步被划分为各种类型的学习经验，这八大领域共包含了49条具体的关键经验，到1995年，高宽课程方案已扩展为10大领域58条关键经验，儿童可以通过适合自己的多种活动去获得这些关键经验。

 知识窗

高宽课程 58 条关键性发展指标

领域	关键经验
学习品质	主动性
	计划性
	专注性
	问题解决
	资源利用
	反思
社会性和情感发展	自我认同
	胜任感
	情感
	同理心
	集体
	建立关系
	合作游戏
	道德发展
	冲突解决
身体发育和健康	大肌肉动作发展
	小肌肉动作发展
	身体意识
	自我照顾
	健康行为

领域	关键经验
语言、读写、交流	理解
	表达
	词汇
	语音意识
	字母意识
	阅读
	印刷品概念
	图书知识
	书写
	英语语言学习
创造性艺术	视觉艺术
	音乐
	律动
	假装游戏
	艺术欣赏
数学	数词和符号
	点数
	部分—整体关系
	形状
	空间意识
	测量
	单位
	模式
	数据分析

续表

领域	关键经验
科学和技术	观察
	分类
	实验
	预测
	得出结论
	交流想法
	自然和物质世界
	工具和技术
社会学习	多样性
	社会角色
	决策
	地理
	历史
	生态

书籍推荐：

四、课程实施

高宽课程在实施过程中没有固定教学大纲，而是用程序化的流程引领儿童主动学习，高宽课程将一日活动划分为几个时段。

1. 计划—工作—回顾时间

计划—工作—回顾这三个环节是高宽课程实施最重要的部分。在"计划"时间，需要儿童想好自己一天活动的计划，并与教师讨论，教师向儿童提问有关计划的具体内容以及如何实施计划等问题，给儿童提出合理建议，使计划更加清晰，目标更明确，避免盲目性。在"工作"时间，儿童开始实施计划，不断进行各种尝试和探索，与同伴交流互动。教师在这一过程中需要对儿童活动进行观察，适时给予帮助，创设问题情景，提高儿童解决问题的能力或者巩固儿童已经获得的经验；在"回顾"时间，让儿童聚集在一起，进行分享、讨论之前做过的工作。教师可以启发儿童回顾已经做了什么，是如何做的，在这过程中遇到了哪些困难，又是怎么解决的。回顾采用多种方式，儿童可以用语言也可以用图画来表达。回顾有助于儿童将计划、行动和行动的后果联系起来，更清楚自己的计划和行动，使思维得到锻炼。

2. 集体活动时间

集体活动有助于儿童养成团体意识。儿童和教师共同进行唱歌、讲故事等活动，增进儿童与同伴、教师的社会性交往。

3. 小组活动时间

教师可以以儿童年龄、兴趣、游戏材料等为基础，开展小组活动。小组一般由10名以内儿童组成，活动时间通常在15~20分钟，儿童通过小组内的交流、合作获取新的经验。

除计划—工作—回顾时间和集体活动时间、小组活动时间外，高宽课程还包括户外活动时间、环节转换时间、午餐与休息时间等。

 案例角

"种植生命树学校"典型的一日生活 [1]

这一天从"问候时间"开始。当教师开始进行一个著名的动物表演游戏时，儿童们聚集在一起，并且立即参与进来。然后，教师建议儿童围成一个可移动的圆圈。两个儿童不想成为动物，教师建议他们可以成为"观众"。他们坐在椅子上进行观看。儿童们建议模仿大象、熊、美洲鳄鱼等动物。儿童们假装成动物在观众前列队行进，并且伴随着音乐进行前进。在问候时间结束时，教师建议，当他们转移到下一项活动——小组活动时，儿童选择一种动物进行模仿。在小组活动期间，儿童使用教师已经带进教室的能被反复利用的材料，还有他们前一天采集到的松果，来实现他们活动选择上的"创新"。

---

[1] [美]莫里森著，王全志等译. 当今美国儿童早期教育（第八版）[M]. 北京：北京大学出版社，2004：148

当完成小组活动之后，制订计划的时间开始了。在这段时间里，教师让更加年幼的儿童，通过他们在自己的游戏中将要使用的材料，来引导他们做出计划。她让年龄大一些的儿童去画出或者摹写代表他们打算去游戏的区域的符号或者字母（每一个游戏区域都标上含有一个说明本区域的简单图画标记与单词的标志）。为了说明自己的计划，3岁的查理拿着一块小的空心木块，把它带到教师面前。"我想要制造一辆火车，就这么多。"他说道。4岁的阿佳（Aja）带着一件衣服与一卷带子，"我想到游戏室中成为妈咪，然后我想到艺术区用带子制作东西。"她解释道。5岁的阿什丽向教师展示她画出的桌子，以及她在桌子上盛米饭的勺子。

在"手工工作"期间，教师参与到儿童的游戏之中。开着查理的火车，一个教师向塔莎展示如何使用数字3到5来制作火车票；一个教师加入两个玩棋盘游戏的儿童之中，并且在阿佳解释她如何用带子与盒子制作洋娃娃床的时候认真倾听；一个教师帮助尼古拉斯与查理通过谈判来解决一块木块的纠纷，鼓励他们倾听与提出问题，直到他们同意其中的一个解决方法。儿童在游戏时，他们积极地参与到解决问题的过程之中，积极地参加到很多"高瞻"的"关键经验"之中。教师使用"关键经验"作为指导，以此来理解发展、计划活动、描述思想和参与儿童的游戏活动。

在"回顾总结"的时间里，儿童聚集在一起围成一个圆圈组成一个小组，成员还是他们在制订计划时组成小组的那些人。查理叙述他们使用木块制造火车的经验；尼古拉斯描述了他在游戏中所使用的特殊"棍棒"；阿佳展示她的洋娃娃床，塔莎描述她的"车票"。小吃之后，儿童们穿上外套，开始讨论他们将在室外要从事的活动："让我们收集更多的松果。我们能够把它作为美洲鳄鱼的食物"；"让我们去荡秋千。我刚刚学会如何摆"；"让我们看一看我们能不能在岩石底下找到更多的小虫。它们在那儿过冬。"教师做出反应，"我愿意帮助你去寻找小虫。"

五、课程评价

高瞻课程的评价方式是以观察记录为主，每天教师利用幼儿午睡的时间交换观察心得，分析记录所蕴涵的信息。评价的目的不是给幼儿打分，而是了解他们的发展水平，并以此为依据指导下一步的工作。高瞻课程强调真实性评价，基于课程的真实场景，采用高瞻课程编制的儿童评估工具——儿童观察记录表，进行持续、系统的观察，做出科学的评估。在高瞻课程中，教师、保育员、家长、课程专家等都可以对儿童进行评估。除此之外，高瞻课程还编制了《项目质量评估量表》，用于评估早期教育质量和确定教师培训需要的工具。

高宽课程是一种以儿童为中心的课程模式，强调儿童的主动学习和直接经验的获取，有利于培养儿童的创造性和问题解决的能力，重视儿童与同伴和教师的互动，有利于提高儿童的社会性，同时高宽课程的效果在众多长期追踪研究中获得了肯定，对各国学前教育课程改革起到了重要的作用。但高宽课程在实施过程中并不十分容易，对教师的要求较高，需要教师具备良好的专业素养，要能够进行细致的观察与适时的指导，才能取得良好的效果。

 一点通

美国学前教育项目质量评价：内容、特点与启示（节选）①

············

三、项目质量评价对我国学前教育机构质量评价的启示

（一）开发以改进质量为目标的科学评价工具

······

借鉴项目质量评价工具的评价理念与实践，未来应更多关注以质量提升和教师发展为中心的学前教育机构质量的评价，将评价的落脚点定位于服务和改善，突破主观经验限制，开发科学、适宜的本土化评价工具，使评价成为学前教育机构引导教师进行自评的常态化工具，凸显幼儿园教育质量评价的发展性功能，从根本上落实《国务院关于当前发展学前教育的若干意见》提出的"建立幼儿园保教质量评估监管体系"的要求。

（二）鼓励教师、家长等多主体参与评价

受项目质量评价工具启发，根据《纲要》精神："管理人员、教师、幼儿及家长均是幼儿园教育评价工作的参与者，评价过程是各方共同参与、相互支持与合作的过程。"在评价过程中要贯彻多主体参与的原则，只有将教师、家长、幼儿等多主体的意见、观点加以综合，评价才能称为全面、开放，也能体现第四代评价观中主张的他人评价与自我评价相结合的原则……当然，要让教师和家长能够作为评价主体参与到质量评价过程中，要求评价工具通俗易懂、可操作，要求评价指标便于观察和理解。同时，如 PQA 培训评价人员一样，对各类评价主体要进行专门的培训，由专业人士引领他们按照规定的学时与内容进行学习。这种由多主体参与的评价才能真正科学、有效地实施。

（三）设计以过程性质量为主的综合性评价内容

参考 PQA 的做法，未来我国学前教育机构质量评价标准的制定应关注评价内容指标的结构，调整过去不合理的静态结构，增加师幼互动、环境创设、一日常规、课程计划与评价等过程性质量维度内容，设计连续的打分指标，建构合理的综合性评价指标体系。

---

① 霍力岩，房阳洋，孙蔷蔷. 美国学前教育项目质量评价：内容、特点与启示 [J]. 教育理论与实践，2016, 36（13）：20-24.

（四）重视观察和访谈相结合、量化和质性相结合的多样化评价方法

受项目质量评价工具的启发，我国可以在制定幼儿园质量评价标准体系时，针对不同的评价内容，设计运用观察、访谈、成长档案袋等多样化的评价工具，在客观真实的场景中收集评价信息。

模块四　瑞吉欧课程体系

瑞吉欧·艾米利亚是意大利东北部的一座城市，第二次世界大战后，马拉古兹等人开始在瑞吉欧进行教育尝试，经过三十多年的发展，逐渐形成了一套完整的教育体系，人们称之为瑞吉欧课程体系。1981年，瑞吉欧在瑞典举办名为"如果眼睛能跃过围墙"的展览，介绍瑞吉欧教育的工作成果，取得巨大成功。1987年，瑞吉欧将在美国纽约进行的展览改名为"儿童的一百种语言"，向人们展示了一种全新的儿童观和教育观。20世纪90年代，美国《新闻周刊》把瑞吉欧儿童学校评为世界十大最佳学校之一，被视为欧洲教育改革的典范，其教育理念和经验引发了全世界学前教育者的关注和学习。

一、理论基础

瑞吉欧课程体系的形成受多种理论的影响，其中最为主要的是进步主义教育思潮，皮亚杰和维果斯基的建构主义理论以及战后意大利民主改革思想。

（一）进步主义教育思潮

欧美进步主义教育思想对瑞吉欧课程体系的形成有重要的影响。进步主义教育思想强调以儿童为中心，注重儿童的主体性。杜威"教育即生活，教育即生长，教育即经验的不断改造"的主张；做中学的教育方法；反对传统教育中教就是"灌输"、"学"就是"被动地接受"，认为教育是主动的、建设性的，是通过"共同活动"来进行的；以及克伯屈的"设计教学法"等思想在瑞吉欧课程体系中都有所体现。

（二）皮亚杰和维果斯基的建构主义理论

建构主义理论强调认知发展过程中的同化和顺应作用，以及"最近发展区"的概念。马拉古兹认为，皮亚杰是第一位基于长期对儿童进行观察，通过对儿童的深入分析而赋予儿童地位的学者。他赞同皮亚杰关于学习的基本观念，认为学习是主动建构的过程，瑞吉欧课程中的儿童创造性表现与表达，正是基于皮亚杰的认知建构思想。瑞吉欧教育实践中，教师和

儿童之间的互动、儿童与儿童之间的互动，都源于"最近发展区"的思想，即儿童在独立完成任务和在更有经验的成人和同伴帮助下完成任务之间的范围。

（三）战后意大利民主改革思想

意大利非常重视幼儿教育，19世纪末出现了著名的蒙台梭利课程，使幼儿教育获得快速发展。二战后，意大利的政治民主思想推动了瑞吉欧幼儿教育的产生与发展。人们在摆脱法西斯专制统治和残酷的战争后，希望社会发生根本性的变化，力求创造一个和平的、民主的、公正的世界。在战后重建过程中，教育成为人们关注的重点，人们积极着手建立学校，希望新建立的学校能使孩子学会批判性思考，学会互助合作。

瑞吉欧教育体系中的"儿童形象"

二、课程目标

瑞吉欧课程体系所追求的目的是儿童愉快、幸福、健康的成长，其中，主动性、创造性被视为愉快、幸福、健康的前提与核心。瑞吉欧教育颇具人文主义特色的课程目标，也许用他们所描述的今天儿童的内在特征来表述更为合适，这就是：让儿童"更健康、更聪明、更具潜力、更愿学习、更好奇、更敏感、更具随机应变的适应能力，对象征语言更感兴趣、更能反省自己、更渴望友谊"。[1]

 一点通

《不，一百种是在那里》

—— 马拉古兹

孩子，是由一百种组成的。

孩子有一百种语言，一百只手，一百个想法，

一百种思考、游戏、说话的方式。

一百种，总是一百种倾听、惊奇和爱的方式，

一百种歌唱与了解的喜悦。

一百种世界，等着孩子们去发掘；

一百种世界，等着孩子们去创造；

一百种世界，等着孩子们去梦想。

孩子有一百种语言，但是他们偷走了九十九种。

学校和文化，把脑袋与身体分开。

他们告诉孩子：不要用双手去想，不要用脑袋去做，

只要倾听不要说话，了解但毫无喜悦，

---

① 冯晓霞. 幼儿园课程 [M]. 北京：北京师范大学出版社，2000：194-195.

只有在复活节与圣诞节的时候，才去爱和惊喜。

他们告诉孩子：去发现早已存在的世界，

而一百种当中，他们偷走了九十九种。

他们告诉孩子：

工作与游戏、

真实与幻想、

科学与想象、

天空与大地、

自由与梦想，

不是同一国的。

因此他们告诉孩子，一百种并不在那里。

孩子们说：

不，一百种是在那里。

三、课程内容

瑞吉欧课程体系没有固定的教材，课程内容没有明确的规定，教师也没有明确的活动计划，课程内容往往来源于周围环境，来源于儿童日常生活中感兴趣的事物、现象和问题。日常生活是取之不尽的课程内容的资源。瑞吉欧的课程实践表明，并非经验的新颖或奇异决定儿童的兴趣和学习的意义；恰恰相反，充分地揭示日常生活的意义对幼儿更具深刻的价值和趣味。广场上的狮子雕像、城市中的雨和雨中的城市、人群、影子……都是儿童探索的好题目。

四、课程实施

瑞吉欧课程的实施主要借助方案教学的形式开展，所谓方案教学，是指一个或一群儿童针对某个主题所做出的一系列探索活动。方案教学并不是瑞吉欧课程体系独有的，但却是其最有特色的一部分。

瑞吉欧的方案教学大致可以分为以下两种情况：一是活动是由儿童主动发起的，这类活动通常是儿童感兴趣的，或是儿童观察到的事物、周围环境的变化、环境中的人物，或是意外发生的事情；二是由教师引导所提出问题，或是准备的教材、共同生活中的事情、社会、社区、学校及家庭倡导的价值观念，或是法律法规规定的教学目标等。

在瑞吉欧的教学过程中，活动时间并没有固定的要求与限制，教师会根据每一次方案活动的具体内容，来确定活动的时长，短则两三周，长则几个月，甚至一年半载的方案教学也存在。瑞吉欧教育体系强调儿童在幼儿阶段的学习形式是螺旋式上升的，因此必须在时间上给予充分的保障，给儿童尽可能多的时间，保证其将习得的经验充分内化吸收。

瑞吉欧课程体系中方案活动的特点具体包括以下几个方面。

（1）创造性表现和表达是知识建构的基本要素。

在马拉古兹看来，只要成人能够为儿童安排促进其创造性发展的环境，儿童就有可能运用多种符号系统（即儿童的一百种语言）表现和表达自己。因此在课程实施环节，应为儿童提供机会，让他们去探索自己的和别人的想法，去作用于材料，并有所发现和发明。

（2）共同建构在方案活动中有重要的地位。

瑞吉欧课程体系强调儿童学习与发展过程中社会交往的重要性，因此方案活动多以小组方式进行，儿童可以自由选择，儿童自身的发展水平和兴趣，以及儿童与他人的合作、分享、交流和协商具有很高价值。

（3）记录既是学习的过程，又是学习的结果。

运用文字，特别是运用录像和照片等视觉材料，称为"记录"。教师在儿童活动过程中记录真实情景，并赋予教育意义。在活动完成后，教师将记录材料张贴在教室的墙面，教师与儿童、家长共同重温活动过程，这有利于增进教师和家长对儿童的理解，有利于教师专业水平的提高。

 案例角

"小鸟的乐园"

这个方案最初的构想来自校园里的一池清水。在校园里放置一池清水，原意是给栖息的小鸟解渴，孩子们认为如果小鸟会口渴，也一定会肚子饿，如果它们又饿又渴的话，也许会疲惫不堪的。于是，有的孩子建议在树上搭建鸟巢，还有小鸟玩的秋千、老鸟搭乘的电梯。也有的孩子建议安置一个音乐旋转木马；还有的孩子建议给小鸟准备滑水用的小木片，让它们滑水；更有的孩子提议做个喷泉，是又大又真实的，能把水喷得高高的那一种喷泉。于是，一个具有想象力同时也鼓舞人心的主题出现了：为小鸟建造一座真正的乐园。接着就是一个漫长的探索与实验过程，孩子们遇到了各种各样的难题。为了建一个喷泉，孩子们各自谈了自己的构思。

有一个名叫菲利普的孩子说："这是天使喷泉，我认为在这里应该有输送水的管子。水管里的水来自水道，当水流到倾斜处和进入喷泉时，水流的速度开始加快。喷水池底有一些水，也许它每年更换一次。"

一个名叫爱莉莎的女孩子认为："水来自天上，那就是雨，它从山上流下来，流入山的小洞里，最后流入山脚下的湖中，然后又有条往下倾斜的水道将水先带入另一个湖，再带入水道中。地下的通路有很多条，老鼠会喝掉一些水，但喝得很少，其余的水就流入喷泉，从喷泉的石块中往上喷出，而石块就像滑滑梯一样，让水滑下来。"

另有一个名叫西蒙尼的孩子也谈了自己的创意："我真想有一个很大的装满水的储水槽，看到没有？我们做了两个，一边一个，上方有一座天平告诉你水槽中是否有水。

比如：如果天平平衡，表明水槽中有水，喷泉可以喷水；如果天平倾斜，就代表水不多了，你就得按开关处的按钮，让水槽装满水。"

经过实验，孩子们为小鸟做成了水车和喷泉，还为小鸟乐园举行了开幕式。

资料来源：T CASARINI，A GAMBETTI，G PIAZZA.The fountains："Let's make an amusement park for the birds" [M].Reggio Emilia：Reggio Children，1995.

五、课程评价

在瑞吉欧课程体系中，儿童的艺术作品是进行课程评价的重要依据，教师将儿童的作品张贴在墙上，以此为依据来评价儿童，同时也为儿童和教师提供自我评价的机会。教师也以轶事记录的方式记录儿童的活动，并以此为依据开展活动，促进儿童发展。

美国著名教育心理学家布鲁纳在评价瑞吉欧教育体系时，将它称为发生在"一个小城里的奇迹"。瑞吉欧课程体系重视环境的作用，将其称之为"第三位教师"，强调没有一处无用的环境，注重为儿童营造温暖、愉悦的气氛。关注师生关系，强调幼儿在自由宽松的环境氛围中，在教师的合理指导下，在自己的主动探索中积极获取知识、建构知识。幼儿不是被动的接受知识，而是按照自己的方式、步调建构知识。关注儿童的创造性和实践性，能够为儿童未来的发展打下坚实的基础。

然而，瑞吉欧教育体系也存在一些挑战和限制，例如对教师的要求较高，需要教师具备专业素养和实践经验；同时，瑞吉欧教育体系的实施也需要相应的社会和文化背景的支持。

岗课赛融通

知识点

1. 简述班克街早期教育方案的实施步骤。

2. 简述蒙台梭利课程的特点。

3. 简述蒙台梭利课程的内容。

4. 理解高宽课程中的"关键性发展指标"。

5. 简述高宽课程的实施要点。

6. 简述瑞吉欧课程体系的特点和给予我们的启示。

7. 简述瑞吉欧课程体系的主要内容。

做中学

1. 下列选项中不符合蒙台梭利教育观念的是（　　）。

A. 儿童存在与生俱来的"内在生命力"

B. 教育应让儿童获得自然的和自由的发展

C. 幼儿教师是揭示儿童内心世界的观察者

D. 自由游戏是儿童的主要学习方式

2. 题目：

儿童的一百种语言；不，一百种是在那里；孩子是由一百种组成的；孩子有一百种语言；一百双手；一百个念头；还有一百种思考、游戏、说话的方式；有一百种快乐，去歌唱去理解；一百种歌唱与了解的喜悦；一百种世界去探索去发现；一百种世界去发明；一百种世界去梦想。

（1）你能从诗中读到幼儿心理发展具有哪些特点？

（2）依据这些特点，你认为教师应怎样对待幼儿？

项目四

我国经典的幼儿园课程方案择介

知识目标

1. 了解我国经典幼儿园课程方案的基本要素。
2. 掌握我国经典幼儿园课程方案的主要内容及优缺点。

技能目标

归纳总结我国经典幼儿园课程方案的主要特点。

素质目标

1. 树立对待我国经典幼儿园课程方案的正确态度。
2. 正确评价各类型幼儿园课程方案，借鉴其成功经验并创造性地运用到实践中去。

知识图谱

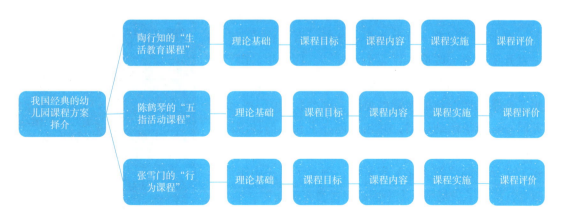

📖 **话题导入**

自 1903 年，我国建立了第一所真正意义上的公立幼儿教育机构——湖北幼稚园，后改名为"武昌蒙养院"开始直至现在，我国幼儿课程发展的历程就是不断向西方发达国家学习和本土化探索的过程。向发达国家学习优秀的课程经验并结合我国国情进行调整与改革是快速发展幼儿教育的重要途径。在这一过程中，我国许多教育家都进行了深入的尝试与探索，形成了许多经典的幼儿园课程思想和课程方案。

问题 1：你知道哪些我国经典的幼儿园课程方案吗？

问题 2：你知道哪些我国经典幼儿园课程方案的主要内容吗？

问题 3：你知道如何正确对待我国经典幼儿园课程方案吗？

对我国经典幼儿园课程方案的关注，并不是要判断哪种课程方案是最好的，而是要学习教育家们宝贵的探索精神，了解课程内容，把握其科学内核，从各种课程方案中获得启发和提示，为今后幼儿园课程的设计提供借鉴，为我们今天的课程改革提供智慧的支持。

模块一　陶行知的"生活教育课程"

陶行知（1891—1946年），原名陶文睿，安徽歙县人，我国近代伟大的教育家、思想家，提倡平民教育、乡村教育，是我国乡村幼儿教育的开拓者、实验者。陶行知先后在南京汇文书院、金陵大学、美国伊里诺伊大学和哥伦比亚大学求学，主修教育。1917年，陶行知留学回国，当时国家贫困，全国有两亿文盲，七千万儿童无法接受教育。陶行知深知这个国家病根在教育，这个国家的出路也在教育，从而确立起毕生努力的方向。

1926年12月，陶行知发表《中国乡村教育改造宣言书》，表示要"招募一百万基金，征集一百万位同志，创办一百万个学校，改造一百万个乡村"。1927年，陶行知移居南京近郊，创办了晓庄试验乡村师范。从此，陶行知走出了一条彻底改造旧教育的道路，创办我国第一个乡村幼儿园——燕子矶幼稚园，并相继创办了和平门幼稚园、新安幼稚园等，撰写了《中国教育改造》《教学做合一讨论集》《幼稚园之新大陆》等著作，创立了属于中国的新式教育，推动了一场席卷全中国的乡村教育运动。

一、理论基础

1914年，陶行知毕业后赴美留学，师从杜威、孟禄、克伯屈等美国教育家研究教育，这一时期正是杜威在先后发表了《明日的学校》和《民主主义与教育》两部教育论著后在教育理论上最辉煌的时期，杜威的教育思想对他产生了直接而深刻的影响。杜威认为"教育即生长"，并由此得出"教育即生活""学校即社会"的论断。陶行知在接受杜威思想主张的基础上创新而成生活教育理论，主张"生活即教育""社会即学校"。杜威认为，教学过程要以儿童为中心，强调"做中学"，这个教育原则也启发了陶行知"教学做合一"的理论。

陶行知生活教育理论的基本观点包括"生活即教育""社会即学校""教学做合一"三大教育原理，这三大教育原理是生活教育理论的"三大基石"。"生活教育"就是"给生活以教育，用生活来教育，为生活向前向上的需要而教育"，生活教育是活的教育"。

（一）生活即教育

生活本身就是教育，陶行知认为"教育的根本意义是生活之变化。生活无时不变，即生活无时不含有教育的意义。因此，可以说"生活即教育"生活决定教育，是教育的中心，教育来源于生活，正如陶行知所说，过什么样的生活便受什么样的教育，生活决定教育，教育来自生活。同样，教育也可以促进和改造生活，有生活就有教育，生活和教育共始终。

（二）社会即学校

既然生活与教育为一体，"生活即教育"表明"到处是生活"，即到处是教育，整个的社会是生活场所，亦即教育之场所。因此，我们又可以说"社会即学校"。[①] 一方面，强调生活教育的范围应包含整个社会生活和学校生活，而不只在学校发生；另一方面强调教育与社会有必然的联系，强调教育对象是整个社会中的人。

（三）教学做合一

教学做合一是生活教育理论的方法论，是关于教学方法的说明，即"教的法子根据学的法子；学的法子根据做的法子。事怎样做便怎样学，怎样学便怎样教。教与学都以做为中心"[②]，强调教育要以生活为前提，不能脱离生活实际。

二、课程目标

陶行知在为广东大浦县百候中学所作的校歌里写到"千教万教，教人求真；千学万学，学做真人"。陶行知认为，真正的教育目标是让人成为"真人"，培养学生健全的人格。同时他还认为，要"读活书，活读书，读书活"，要让学生成为一个"活人"，而不是像传统

---

① 华中师范学院教育科学研究所：陶行知全集. 第2卷 [M]. 长沙：湖南教育出版社，1984：633–634。

② 华中师范学院教育科学研究所：陶行知全集. 第2卷 [M]. 长沙：湖南教育出版社，1984：289。

教育一样培养"书呆子"。教育应立足于生活，含有生活的意义，由此教育应该培养的是立足于生活的"真人"，即富含创造力，拥有终身学习能力的、具有健全人格的人。①

三、课程内容

陶行知：行是知之
始 知是行之成

陶行知主张"生活即教育"，课程内容来源于生活，以生活为中心，与生活相联系。强调人类生活中的全部都可以作为课程内容，主张将自然现象、社会现象、儿童故事等纳入课程内容，认为生活中儿童感兴趣的一切事物，如石头、小溪、松果、木头等都可以成为幼儿园课程的素材。

同时，陶行知在课程内容的设置上注重学生德智体美的全面发展，注重培养学生的创造力及健全的人格。提出课程设置既要包含科学知识的学习，也需要包含学生艺术兴趣培养和身体的锻炼。为了能够更好地培养学生的生活力与创造力，陶行知提出了著名的"六大解放"②，即：解放孩子的头脑，使孩子们敢想、敢做；解放孩子的双手，使他们能干力所能及的活儿，让孩子自己去做，父母不要包办；解放孩子的眼睛，使他们能看、多看有益的书报，多观察周围的新鲜事物；解放孩子的嘴，使他们敢于发表自己的看法，敢于提问，以发展他们的想象力与创造力；解放孩子的答问，不要束缚孩子们的天性，要让他们到大自然中去学习，去开阔视野；解放孩子的时间，不要让孩子们把所有的时间浪费在功课的学习上，要给孩子一些空闲时间消化学问，干他们自己感兴趣的事，绝不能让孩子失去学习人生的机会。

 一点通

《小孩不小歌》

——陶行知

人人都说小孩小，
谁知人小心不小。
你若小看小孩子，
便比小孩还要小。

四、课程实施

"生活教育课程"的实施采用"教学做合一"的方式进行，强调教、学、做是一件事而不是三件事，倡导在课程实施中将理论和实践相联系，使课程与具体的生活相结合，教师要

---

①② 申国昌，王瑶.陈鹤琴与陶行知课程观比较[J].南京晓庄学院学报，2017，33（1）：1-5+124.

充分考虑学生的经验，重视学生的学习兴趣，关注社会的现实。在做中教，在做中学，事怎样做，就怎么学，就怎么教。强调在"劳力上劳心""手脑并用"。正如陶行知曾说："比如种田，是要在田间做的，必须在田里学，在田里教……做是学的中心，也就是教的中心。不在做上用工夫，教固不成教，学也不成学。"

 **案例角**

四糖的故事

陶行知在担任校长时，一次，他看到一名学生用泥块砸同学，当即制止，让他放学后到校长室。

陶行知来到校长室时，这名同学已等在门口准备挨训了。没想到陶行知却给了他一颗糖，并说："这是奖给你的，因为你很准时，我却迟到了。"他惊疑地瞪大了眼睛。陶行知又掏出第二颗糖对他说："这第二颗糖也是奖给你的，因为我不让你再打人时，你立即就停止了。"

陶行知又掏出了第三颗糖："我调查过了，你砸的那些男生，是因为他们不遵守游戏规则，欺负女生；你砸他们，说明你很正直善良，且有跟坏人作斗争的勇气，应该奖励你！"这名同学感动极了，哭着说："陶校长，你打我两下吧！我错了，我砸的不是坏人，是自己的同学……"

陶行知这时笑了，马上掏出第四颗糖："因为你正确地认识错误，我再奖励你一颗糖……我的糖分完了，我们的谈话也结束了。"

五、课程评价

陶行知反对传统旧教育，反对为考试而教、为考试而学的做法。主张课程评价应关注学生创新能力和实践能力的培养，主张"不逼迫他赶考，不和家长联合起来在功课上夹攻，要给他一些空闲时间，消化所学，并且学一点他自己渴望要学的学问，干一点他自己高兴干的事情。"，课程评价的目的是培养学生的生活能力和实践能力，培养学生的创造能力。

陶行知"生活教育课程"打破了传统教育"死读书"的弊端，关注儿童的主体地位，把儿童作为教育的中心，将课程内容与日常生活相联系，从生活出发，解放儿童，培养健全完整的儿童，注重儿童实践能力的培养，既吸收了当时先进的国外学前教育思想，又进行了本土化研究，体现了本民族的特色，对我国建设既有中国特色的幼儿园课程体系具有重要的意义。

陶行知生活教育理论在学前美育中的实践研究（节选）①

......

三、生活教育理论在学前美育中的实践

生活教育理论在学前美育中的实践，可以通过环境来实现。环境，既有来自家庭、社会的环境，也有来自人文、自然、学校的环境。环境对培养幼儿敏锐的感受力、独特的创造力、广阔的知识结构、高尚的审美情感、理想的道德情操的形成具有不可或缺的作用。主要表现在以下四个方面。

（一）通过幼儿园生活环境来实施学前美育

教育工作者不能只关注丰富多彩的活动角、绚丽多姿的装饰墙、多样化的游戏设备这些硬性物质环境条件，还应注重软性精神环境方面的建设，如幼儿同伴关系、师幼互动关系、整体的氛围关系等，让幼儿切实能感受到真诚友善、相互合作、礼貌待人、热情蓬勃的融洽氛围，并且在自己的受教活动中展现这种审美价值观。

（二）通过家庭生活环境来实施学前美育

家庭美育的实现均融合在家庭衣食住行的"生活化"中，家长在多元"生活化"的环境中，应坚持以"生活化"为中心的原则，处理好家庭美育与生活的关系，要深刻认识到，家庭美育并不是单纯给孩子灌输美育知识，有很多个人美育能力、人格品质塑造是其他环境不能给予的。比如，要求孩子参与一些简单的家务劳动，锻炼其吃苦耐劳的优良品质；节假日陪伴孩子观看画展，观摩高雅艺术，游历美术馆、博物馆等，家庭美育可以从简单的审美对象开始逐步增加深度、广度影响孩子，使孩子从幼儿开始即获得审美能力的培养和发展。

（三）通过自然生活环境来实施学前美育

大自然是实施幼儿美育最广阔的环境，瀑布流水、奇峰怪石、蓝天白云、青山绿水、飞禽走兽为幼儿美育提供了素材，自然界中万事万物吸引着幼儿的注意力、观察力、模仿力。教师应该针对不同的自然环境合理地运用美育知识以及陶行知"生活化"的教育理论，让幼儿回归大自然的怀抱，在自然生活中发现生活的乐趣，接触花草树木、日月星辰，探索神秘的世界，从而获得直观的视觉审美效果，进而身心愉悦，促进认知、情感、思想、品质、观察能力的提高，感受体验生活美的真谛，在童年生活中获得相应的宝贵经验，这与陶行知先生提出的"儿童六大解放"的理念是一致的。

（四）通过社会生活环境来实施学前美育

社会生活环境涵盖了中国传统的优秀文化特色和审美心理，它是幼儿生活的大环境。社会人文环境通过戏曲、文学、舞蹈、园林、雕塑、建筑、民间工艺等社会传播形式，

① 陶亚萍，徐卉，吴瑞睿，等.陶行知生活教育理论在学前美育中的实践研究 [J].南京晓庄学院学报，2022，38（5）：8-12+122.

形成庞大的社会环境，为新时代的幼儿创设了一个颇具社会主义核心价值观的新环境，从小做起，对其进行多渠道、多角度、多线索的渗透，影响幼儿对美的感知，提高幼儿的精神审美境界，塑造美好心灵。

模块二　陈鹤琴的"五指活动课程"

陈鹤琴（1892—1982年），浙江上虞人，我国近现代著名幼儿教育学家和儿童心理学家，我国幼教事业的创始人和奠基人，被誉为"中国幼教之父"。20世纪40年代，我国幼教界有"南陈北张"的说法，其中南陈指的就是陈鹤琴。

1914年，陈鹤琴获公费留学资格赴美留学。陈鹤琴先后就读于霍普金斯大学和哥伦比亚大学，在哥伦比亚大学学习教育学和心理学，受教于杜威、克伯屈、孟禄、桑代克等人。1918年获教育社会学硕士学位。1919年夏回国，受聘于南高师任教授，后任国立东南大学教授。1923年，陈鹤琴创建了中国第一个幼稚教育实验基地——南京鼓楼幼稚园。中华人民共和国成立后，先后担任南京大学师范学院院长、南京师范学院首任院长，并建立中国第一个幼儿教育系——南京师范学院幼儿教育系，兼系主任。

在"活教育"课程理论基础上，陈鹤琴提出"五指活动课程"的思想，用五根手指来比喻幼儿园五大领域，对我国学前教育课程的发展产生了深远的影响。

南京鼓楼幼儿园

南京市鼓楼幼儿园（亦称陈鹤琴幼儿园）是我国著名儿童教育家、儿童心理学家陈鹤琴先生于1923年创办的实验园，是中国历史上第一个幼儿教育实验研究中心，以探索适合中国国情的幼教道路为办园宗旨。

单元课程将"活教育"作为文化之根，坚持"幼童本位"的儿童立场，以"做人、做中国人、做现代中国人，大自然、大社会都是活教材，做中学、做中教、做中求进步"为目标，研究探索出"走出校园，生活在前""经验先行，探究在前""分层指导，儿童在前"的主动学习教育策略，让教育过程成为儿童自发生成、自愿参与、主动探索、自主建构的过程，体现了"活"的教育思想和改革精神，探索出一条中国化、科学化、大众化的幼儿教育之路。

资料来源：南京市鼓楼幼儿园官网

一、理论基础

陈鹤琴主动学习西方教育理论，结合我国国情，提出了"活教育"的主张。该主张对我国传统幼儿教育的改革提供了新的方法与路径，也是"五指活动课程"的重要理论来源。

（一）活教育的目的论

1947年，陈鹤琴以英文发表《活教育》，把活教育的目的定为"做人，做中国人，做现代中国人"。1948年，他又发表《活教育目的论》，丰富了活教育的目的，把其定位为"做人，做中国人，做世界人"。他认为要成为这样的人，需满足以下五个方面的要求：一是"要有健全的身体"，二是"要有建设的能力"，三是"要有创造的能力"，四是"要有合作的态度"，五是"要有服务的精神"。

（二）活教育的课程论

陈鹤琴批判旧教育中过于强调书本的作用，将书本看作绝对权威的现象，认为学生应该将书本作为一种"参考研究的资料"，不要把课本作为唯一的教学工具，要让学生去接触社会与自然。他认为不管时令变化，只是一节课一节课地教，这样的教育只能培养出"书呆子"。他提出"大自然、大社会是活的教材"观点，倡导课程内容应取自大自然、大社会，让学生在大自然、大社会中学习，通过亲身感知获得直接经验，从而学习新知。

（三）活教育的方法论

活教育的教学方法遵循"做中教、做中学、做中求进步"的原则，认为课程的实施应该来自学生在大自然、大社会中自己的体验与感悟，也就是说"活教育"课程的实施要"着重于室外的活动，着重于生活的体验，以实物做研究的对象，以书籍作辅佐的参考"[1]注重儿童直接经验的获取，而非间接知识的传授。陈鹤琴把"活教育"的教学过程分为四个步骤，即实验观察、阅读参考、发表创作与批评研讨。

---

[1] 陈鹤琴.陈鹤琴全集·第5卷[M].南京：江苏教育出版社，1990：52.

（四）活教育的教学原则

陈鹤琴根据儿童心理学的学说和自己的教学经验，提出了活教育的17条教学原则，使教师和家长都能读懂并应用。

（1）凡儿童自己能够做的，应当让他自己做；

（2）凡是儿童自己能够想的，应当让他自己想；

（3）你要儿童怎样做，就应当教儿童怎样学；

（4）鼓励儿童去发现他自己的世界；

（5）积极的鼓励，胜于消极的制裁；

（6）大自然大社会是我们的活教材；

（7）比较教学法；

（8）用比赛的方法来增进教学的效率；

（9）积极的暗示，胜于消极的命令；

（10）替代教学法；

（11）注意环境，利用环境；

（12）分组学习，共同研究；

（13）教学游戏化；

（14）教学故事化；

（15）教师教教师；

（16）儿童教儿童；

（17）精密观察。

陈鹤琴"活教育"
的四个步骤

二、课程目标

陈鹤琴以"活教育"的目的论为基础，从做人、身体、智力、情绪四个方面提出了"五指活动课程"的目标。

做人：培养合作精神，同情心和服务精神。

身体：培养健康的体格，养成卫生习惯，有相当的运动技能。

智力：丰富儿童的直接经验，让儿童充分接触自然和社会。

情绪：养成儿童乐于欣赏、快乐等积极情绪，帮助儿童克服发脾气、惧怕等不良情绪。

三、课程内容

陈鹤琴强调"大自然、大社会是活教材"，打破了传统课程模式，以大自然、大社会为中心选择和组织课程内容，以人的五根手指做比喻，提出了"五指活动课程"。

健康活动：饮食、睡眠、早操、游戏、户外活动、散步等；

社会活动：朝夕会、周会、纪念日、集会、每天的谈话、政治常识等；

科学活动：栽培植物、饲养动物、研究自然、认识环境等；

艺术活动：音乐（唱歌、节奏、欣赏）、图画、手工等；

语文活动：故事、儿歌、谜语、读法等。

五指活动课程各有侧重，分别关注儿童发展的不同方面，例如，陈鹤琴认为幼稚园课程应特别重视音乐，因为音乐可以陶冶儿童的性情，鼓励儿童进取，发展儿童欣赏美和创造美的能力。语言是人际沟通的工具，也是儿童学习的工具，所以也应给予重视。陈鹤琴认为，虽然健康、社会、科学、艺术、语文这五种活动是相对分离的，但是它们就像人的五根手指一样，构成了具有整体功能的手掌，幼稚园课程的全部内容都被包括在这五种活动之中。

四、课程实施

（一）关于课程的编制，陈鹤琴先生提出了三种方法[①]

（1）圆周法："就是各班预定的单元相同，研究的事物也相同，不过取材内容随着儿童年龄的不同而分别予以适当的教材和分量。"亦即各班课题相同而要求由浅入深。

（2）直进法："就是将儿童生活中可能接触到的事物，依照事物的性质和内容的深浅而分布在各个不同年龄的班级里，如小班研究猫和狗，中班研究羊和牛，大班研究马和虎。"亦即各班课题和要求均不相同。

（3）混合法："就是在编制课程的时候，以上二法均须采用。"亦即课题和要求有相同或不同。在编制课程时，通常运用混合法。

（二）在课程的实施方面，陈鹤琴强调

（1）采用游戏式教学方法。游戏是儿童生来喜欢的，儿童以游戏为生活。幼儿园应当采用游戏式的教学方法去教导儿童，要以主动代替被动。使儿童在游戏中、在活动中学习，往往会收到事半功倍的效果。

（2）采用小团体式教学法。由于幼儿的年龄参差不齐，智力各不相同，兴趣又不一致，因此在教学时应采用小团体式，区别对待，分组实施，使处于不同发展水平的幼儿都有所长进。

（3）通过环境的创设和材料的提供引起幼儿的学习动机。陈鹤琴先生强调，教师要希望儿童做某种活动，或使儿童明了某种观念，就需要布置环境，投放材料以刺激儿童，而且在环境创设时要依据教育的内容变化。材料的摆放要适合儿童，高度以一米的视线为标准。除此外，陈鹤琴先生还提出了比较法、替代法、观察法等，通过多样化的方法，生动、形象、具体地向幼儿进行教育。同时，教学中都以"做"为出发点，在做的过程中去学，在做的过程去教，在做的过程中去求进步。

---

① 唐淑 . 中国学前教育史 [M]. 北京：人民教育出版社，1993：280。

 **案例角**

《儿童心理之研究》

儿童期是发展个人的最好机会。——陈鹤琴

陈鹤琴以自己的儿子为研究对象，从儿子降生那一刻，他就开始用文字和照片，纪录孩子的每一点细微变化——孩子什么时候出生，出生后哭了多久，什么时候停止不哭，什么时候第一次打哈欠……陈鹤琴对其儿子的身体发育、动作发展、感觉、情绪模仿、暗示感受性、好奇心、惧怕、美感等心理活动以及言语、学习、游戏、绘画等各方面进行了为期808天的系统研究，从中总结得出儿童心理的特点与规律，形成《儿童心理之研究》，被誉为"中国儿童心理学研究奠基之作"。

五、课程评价

陈鹤琴是现代著名教育家，是我国现代化、科学化幼儿教育的奠基人。他立足于我国的国情和优秀传统文化，在幼儿教育理论和实践领域进行探究。五指活动课程并非当时在西方进步主义教育影响下的西方幼儿园课程的翻版，而是他在对科学、儿童与教育理解的基础上，在对进步主义教育批判性借鉴的基础上，为我国幼稚园教育创编的幼稚园课程。陈鹤琴的"活教育"的思想精华是"培养现代中国人"，而课程内容、方法则借鉴了一些西方进步主义教育的理论和实践。 陈鹤琴的五指活动课程，不仅在20世纪50年代前对幼稚园教育产生过重大的影响，而且对20世纪80年代甚至今天的幼儿园课程变革也具有重要的影响。

模块三 张雪门的"行为课程"

张雪门（1891—1973年），原名显烈，字承哉、尘艻，我国著名的学前教育专家。他在青年时期就对幼儿教育有很大的兴趣，通过到沪宁一带参观，目睹当时一些日本式的蒙养园或教会办的幼稚园对幼儿的不良影响，深感痛心，遂立志投身幼教，和陈鹤琴一起被称为"南陈北张"。1918年，张雪门创立了当地第一所中国人自办的幼稚园——星荫幼稚园，并任园长。1930年，在香山办北平幼稚师范学校。曾翻译《福禄贝尔母亲游戏辑要》和《蒙台梭利及其教育》等学前教育领域著作，纂写了《幼稚教育概论》《增订幼稚园行为课程》等书籍。张雪门作为我国20世纪20—30年代幼稚园课程理论和实践本土化的探索者，其创立的幼稚园行为课程极具中国特点，他的幼稚园课程思想在当时产生了极大的影响。

一、理论基础

张雪门的"行为课程"思想主要受杜威实用主义教育哲学观点和行为主义心理学思想的影响，同时也吸收借鉴了福禄贝尔、蒙台梭利以及陶行知的教育思想。

（一）杜威实用主义教育思想

1919—1921年，杜威曾多次来中国讲学，其实用主义教育思想获得了广泛传播。杜威从实用主义哲学出发，以"经验"为教育的核心概念之一，认为"教育就是经验的改造或改组。这种改造或改组，既能增加经验的意义，又能提高指导后来经验进程的能力。""经验的改造可能是个人的，也可能是社会的"。[①]张雪门受此思想的影响，提出自己的课程观点，认为课程是经验，是人生的经验，用最经济的手段，按有组织的调制，凭各种的方法，以引起儿童的反应和活动。其目的在于满足儿童身心的需求，养成"扩充经验的方法与习惯"。因此，我们不仅要在儿童自己的环境里搜集材料，还应顾到社会生活的需要。[②]此外，实用主义中的"设计教学法"也是行为课程中重要的教学方法。

（二）福禄贝尔、蒙台梭利的教育思想

张雪门在研究幼儿教育的过程中，十分重视对福禄贝尔、蒙台梭利教育思想的学习。他认为，福禄贝尔创造的恩物具有重要的价值，并对其进行了选择性的应用，吸收了从儿童出发重视游戏的观点。蒙台梭利的自由思想和感官教具也让张雪门受到很大启发。例如他认为在设计游戏活动时，教师要留心观察儿童，及时捕捉他们的动机，从动机入手并结合教育目

① ［美］杜威.民主主义与教育[M].王承绪，译.北京：人民教育出版社，1990：82-84.

② 戴自俺.张雪门幼儿教育文集[M].北京：北京少年儿童出版社，1994：126-127.

标开展主题游戏，这样既满足了儿童游戏的欲望，又达到了教育的目的等。值得注意的是，张雪门对福禄贝尔和蒙台梭利教育思想的学习并没有"拿来主义"，而是在行为课程中进行了合理的改造。

（三）陶行知的教育思想

张雪门从陶行知"生活即教育""社会即学校""教学做合一"的主张中获得启发，将其思想改为"做学教合一"，认为"做"是一切的根基，事情怎样做就怎样学，怎样学就怎样教。除此之外，陶行知的乡村教育思想也激励张雪门进行乡村教育实践，在乡村教育实验区，张雪门办托儿所、小学妇女班、成人班等民众教育设施，实施以抗日救亡为中心的生活教育。

在吸收借鉴上述理论的基础上，张雪门提出"行为课程"思想，他认为"生活即是教育，五六岁的孩子们在幼稚园生活的实践，就是行为课程"。行为课程"完全根据生活，它从生活而来，从生活而开展，也从生活而结果，不像一般完全限于教材的活动。幼稚园实施的行为课程应注意幼儿实际行为，举凡扫地、抹桌、养鸡、养蚕、种植花草蔬果等，只要幼儿能自己做的，都应该给幼儿机会去做。唯有从行动中所得的认识，才是真实的知识；从行动中所发生的困难，才是真实的问题；从行动中获得的胜利，才是真正制驭环境的能力"。[1]

 **知识窗**

关于见习和实习

张雪门的幼稚师范教育思想的特点之一，就是他非常注意实践，强调"骑马者应从马背上学"，幼师教育要将"实践"融入学习过程。

他提出的实习计划与传统师范学校的实习有所不同：一是在空间上，把幼师生的实习场所从幼稚园扩大到婴儿园和小学，从校内扩大到校外，从城市扩大到农村；二是在时间上，从只集中在三年中的最后一学期，增加到三年六个学期中均有实习；三是内容上，从仅仅实习幼儿教育扩展到婴儿保育、小学教育，从只实习教育和教学扩展到实习行政管理以及缝纫、炊事等。张雪门还编写了《实习三年》一书，进一步说明幼师生的实习流程应包括参观、见习、试教、辅导这几个部分。

二、课程目标

张雪门在《幼稚教育概论》中指出："现在，我们研究幼稚教育不但要认清教育的意义，更当辩明教育的目的。究竟教育的目的，是为儿童身心的发展还是为完成将来生活的准

---

① 戴自俺.张雪门幼儿教育文集（下卷）[M].北京：少年儿童出版社，1994：1088.

备？是注重个人的发展，还是注重社会的效率？"①在具体分析儿童身心发展与环境、个人与社会的关系后，张雪门提出行为课程的目标，即要满足儿童身心的需求，养成儿童"扩充经验的方法"与习惯，培养其生活的能力与意识，从而使儿童的身心得到全面的发展。②

三、课程内容

张雪门认为，"行为课程"的课程内容应来源于儿童生活，他将行为课程的内容表述为"教材"，这一"教材"与书本不同。他认为，"幼稚园教材是一般在幼稚园的时候儿童生活的经验"。③"教材的范围很大，并不限于一首歌曲、一件手工，凡儿童从家到校、又从校到家，在家庭、道路、幼稚园所受的刺激，能够引起儿童生活的要求，扩充儿童生活的经验，潜移儿童生活的意识的都是"。④

行为课程教材经验既来源于儿童本身个体发展，又来源于儿童和环境（自然环境、社会环境）的接触。张雪门把行为课程的内容划分为以下几点。

（1）儿童自发的诸般活动，即儿童自身发展中所进行的一些活动；

（2）儿童的自然环境，即儿童周围生活中一切有关自然界的事物与知识，如植物、动物、旅行，儿童对各种自然现象的活动；

（3）儿童的社会环境，即与儿童现在生活与未来生活有关的社会生活知识，如家庭、邻里、临近的地方、各种职业活动等。

从科目角度来看，行为课程包括手工、美术、言语、常识、故事、音乐、游戏等。

四、课程实施

张雪门认为，幼稚园课程应联系儿童的生活经验，适合儿童发展，为此他确定了幼稚园课程编制的三个原则。

（一）整体性原则

张雪门认为，幼稚园课程不能像小学以至大学一样，分成国文、数学、地理、生活等学科，各有各的时间，各有各有各的统属，而应打破学科的界限，让各种科目都变成幼儿整体生活的一面，构成一种具体的整个活动。

---

① 戴自俺.张雪门幼儿教育文集（下卷）[M].北京：少年儿童出版社，1994：333.

② 王春燕.张雪门幼稚园行为课程及其现代意义 [J]. 华东师范大学学报（教育科学版），2008, 26 (4): 73–78. DOI:10.16382/j.cnki.1000–5560.2008.04.012

③ 戴自俺.张雪门幼儿教育文集（下卷）[M].北京：少年儿童出版社，1994：394.

④ 戴自俺.张雪门幼儿教育文集（下卷）[M].北京：少年儿童出版社，1994：404.

（二）偏重直接经验原则

张雪门认为，直接经验具有生动、切实的特点，与间接经验相比，显得零碎和低层次。中小学课程多偏重于间接经验的传递，而幼稚园课程应以直接经验为主。

张雪门教育思想对幼儿园课程游戏化的启示

（三）偏重个体发展原则

张雪门认为，教育既要适合儿童身心发展的需要，也要培养儿童成为符合社会需要的人，而在幼稚园阶段，教育则应偏重个体发展。

在课程的实施方面，张雪门强调儿童从"做中学"，认为"行为"一词与"活动"和"做"是同义的。曾提出"我们所提倡的幼稚园课程，首先应注意的是实际行为，凡扫地、抹桌、熬糖、炒米花以及养鸡、养蚕，能够实在行动的，都应让他们实际去行动"。"事怎样做必怎样学，怎样学必怎样做，做学教打成一片，才能完成行为课程"的重要观点。

为了进一步保证课程实施的效果，张雪门引进了美国的设计教学法，并经过多年的实验研究及不断改进，确立了运用设计教学法来拟订行为课程计划，并采用单元教学来实施课程，打破学科界限，以幼儿的实际行为为中心，强调通过实际行为使幼儿获得直接经验。这种教学法将教育和生活紧密结合，注重从周围生活环境中获取课程内容，强调课程与生活的联系，使各科教材自然地融化在儿童的实际生活中。具体包括动机、目的、活动、活动过程、工具及材料这五个组成部分[①]，并且在实施的过程中教师需要对儿童提供指导和帮助。

案例角

中心题——运动会

一、动机

可由谈话引起。

二、目的

1.在行动中使儿童们常有有目的、计划、行动、检讨的反复练习的机会。

2.在知能上使儿童们明白运动会的意义及应守的规则；并使之精神活泼，举止敏捷而有秩序，服从公益与合作。

三、计划

布置会场，拟订比赛项目，赛前练习，推选大会主席、裁判、服务员、招待员等，准备奖品，开展体育游艺比赛活动。

四、实行

1.收集有关运动会的出版物加以选读。

---

① 王春燕.张雪门幼稚园行为课程及其现代意义 [J]. 华东师范大学学报（教育科学版），2008, 26 (4): 73–78. DOI:10.16382/j.cnki.1000–5560.2008.04.012

2. 根据现有人力物力财力编定计划。

3. 约定参加团体，共同征求奖品。

4. 指导儿童练习体育游艺项目。

5. 会后做整个活动的检讨。

五、检讨

每日检讨教学上成功与失败之处，并注意儿童体育游艺，加以建设性地批评，会后估量儿童所得的成果。

逐日指导方法要点

第一天：

在自由活动时，教师从运动器具谈到比赛，更从比赛谈到运动会，这是极自然的引起动机的方法。在儿童已有这种需要尚没有具体进行办法的时候，可以提议运动会先需要运动场，运动场应如何布置，更要紧的是布置的东西。如果大家决议先做国旗，接着就可以讨论做国旗的工具材料。等到国旗完成以后，应有一次大整洁活动，以养成儿童的习惯。之后，讨论运动会应有何种项目，最好除旧有的项目外，另行增加两三种，并且吸纳儿童的意见，项目定后开始练习。

第二天：

老师提议："我们班的运动会要不要和别班的小朋友联合举行？如果要，应如何联络？要不要书面通知？"决议后，立刻就可执行。检讨昨日运动游艺表演的成绩，还应加强练习，加以个别的指导。

第三天：

上课后早会时提议："运动会奖品如何筹集？如何征求？"大家讨论，计划定后，可于课后执行之。可用故事的方式讲到运动不守规则的害处，接着再练习游艺、批评。

第四天：

上课时别班参加的代表也来出席，共同拟定开会节目、秩序单、会场工作分配，以及征求奖品等事项。讨论时，千万不要疏忽小朋友的报告，如游艺的筹备及奖品的分配等事项。接着讨论明日会场的布置，以及工作人员的选出。游艺未熟练的节目仍应继续练习、批评。

第五天：

布置会场，对已推定的小主席、招待员、裁判等应另加训练。随之预演，由评判员批评。

第六天：

运动会按照节目单逐步演出，每一节目完后发给奖品，不必像一般运动会须待会后再发，以提高儿童兴趣，但会后必须举行一次大扫除、大整洁。

说明一：实施这种课程，对于材料，不必像一般的普遍预定。材料的有无，以儿童的需要做去留标准。

　　说明二：时间对于儿童固然重要，但在这种课程中除上课下课进食餐点必须按照固定时间外，其余可看儿童的兴趣与需要，得伸缩转变。

　　说明三：运动会课程虽预定期限是一周，但需要延长时间时仍得延长。

资料来源：张雪门《幼稚园行为课程》

五、课程评价

　　张雪门认为，在课程实施过程中，教师应对儿童的行为进行观察记录，一方面可以作为儿童发展的参考，判断儿童现有水平与发展状况，另一方面也可以发现教师自身教学的成功与失败。在课程实施后，教师应对幼儿行为进行检讨，判断行为好坏及原因，总结经验，使儿童更好地进行下一次的活动。

　　张雪门以杜威、福禄贝尔、蒙台梭利等人的教育思想为基础，创编了行为课程，对我国幼儿园课程的改革与发展起到了重要的推动作用。行为课程重视生活的教育价值，把教育与儿童生活相联系；同时也兼顾了社会需求与儿童个体的发展，强调课程必须为社会的进步和文化的发展服务，只有这样，课程的社会价值才能实现；强调行动在儿童发展中的积极导向价值，以行动为中心，采用单元教学法实施课程，对当前的幼儿园课程改革仍具有一定的借鉴价值与启发。

岗课赛融通

知识点

1. 简述陶行知"生活教育课程"的特点。
2. 简述陶行知"生活教育课程"的目标与内容。
3. 简述陈鹤琴"五指活动"课程的主要内容。
4. 理解陈鹤琴"五指活动"课程的理论基础。
5. 简述张雪门"行为课程"的内涵。
6. 简述张雪门"行为课程"的特点。

做中学

陶行知说"捧着一颗心来，不带半根草去"，你是怎样理解这句话的？

项目五

幼儿园主要活动课程择介

知识图谱

话题导入

　　小李同学是一名在读的高职学前教育专业大二学生，她在参加学校组织的认识实习过程中，第一次以一名准幼儿教师的身份来到幼儿园，既兴奋又紧张。经过了两天的实习实践，小李反馈说幼儿园的教育活动丰富多彩，幼儿的一日生活充实有趣，感觉作为一名幼儿园教师虽然辛苦却意义非凡。但同时也向老师说了自己的困惑：在幼儿园的"课表"里提前计划好了每一天的学习内容和活动安排，既有和领域相关的教学活动，又包含区域活动和游戏活动，同时幼儿园在"五一"劳动节前夕，还安排了与"认识各种职业"相关的一系列主题活动。这些活动看起来没有什么联系，但是又同时穿插在幼儿园的教学内容中。幼儿园的教学内容以五大领域为主，那为什么区域活动和游戏活动也要专门写进"课表"里呢？主题活动和这几种教育活动之间又有什么关系呢？

　　小李同学的困惑，正是大多数刚刚参加幼儿园实习实践的同学们所集中反馈的问题。其实，上述的几种活动作为幼儿学习与发展的主要途径，也是我国幼儿园目前主要开展的课程类型。他们不仅是单纯的教育活动，而是有计划、有组织，以促进幼儿身心全面发展为目的的课程体系。

模块一　幼儿园领域活动课程

一、领域活动课程的内涵

我国幼儿园课程随着社会经济、政治、文化等方面的发展经历了一个不断更迭的过程，在这一过程中，我的幼儿教育工作者们一直在积极探寻适应我国社会发展、具有中国特色的幼儿园课程体系。伴随我国幼儿教育和幼儿园课程改革的逐渐深化，幼儿园领域活动课程在新的形势下以促进幼儿的身心全面发展为目标，以幼儿的认知规律和生活经验为出发点，逐步取代了以往的幼儿园学科课程，在幼儿园课程理论与实践探索的过程中凸显出不可替代的位置，构成了我国幼儿园课程体系中的重要组成部分。

（一）领域活动课程的历史沿革

自20世纪50年代起，我国学前教育深受苏联教育理念和教育经验的影响。1952年3月，我国教育部颁布并实施了《幼儿园暂行规程（草案）》，将幼儿园课程内容主要划分为六科：体育、语言、认识环境、图画手工、音乐、计算，启动了以六科为基础的学科课程，各学科按照一定的知识体系单独进行教学，其逻辑性和系统性比较强。自此确立了我国以学科课程为主体的幼儿园课程。随着教育理念的充实和实践探索的推进，学科课程所存在的弊端渐渐显现，其内容体系高度结构化、知识化，教学过程中强调知识体系和技能方法的掌握，割裂了知识学习与幼儿的情绪情感、社会性发展、生活体验及思维品质等方面的内在联系，忽视了幼儿的经验、兴趣和内在需求，进而在一定程度上限制了幼儿的身心全面发展。

基于学科课程所存在的问题，20世纪80年代开始，我国越来越多的学者开始对幼儿园学科课程体系进行反思，不断融合发展新的幼儿教育和幼儿园课程理念，探索更加适应我国幼儿全面发展的课程理论和实践。1981年10月，《幼儿园教育纲要（试行草案）》颁布，规定了幼儿园以生活卫生习惯、体育活动、思想品德、语言、常识、计算、音乐、美术八个方面为主要内容开展幼儿教育。2001年7月，《幼儿园教育指导纲要（试行）》颁布实施，将幼儿园课程内容按照幼儿发展规律和发展经验相对划分为五大领域：健康、语言、社会、科学、艺术，由此确立了领域学习在幼儿园课程体系中的核心地位。2012年10月，教育部正式颁布《3—6岁儿童学习与发展指南》，指南中按照五大领域详细地描述了幼儿期的学习发展特点、目标以及内容，为促进幼儿的全面发展提供了规范性地指导。

（二）领域活动课程的含义

领域活动，是指根据幼儿发展的关键经验和学习内容划分若干区域或范围，幼儿在相应的区域内开展的一切教育和生活行为。领域活动课程，就是将幼儿园的课程内容划分为若干个领域或模块，并以领域为单位进行教学设计和组织实施的幼儿园课程。

幼儿园领域活动课程按照《纲要》和《指南》中对幼儿学习内容的划分，遵从幼儿学习活动的范畴，将幼儿园课程划分为健康、语言、社会、科学、艺术五大领域，并在幼儿园日常教学中按照领域内容和目标要求组织幼儿的学习活动。这五个方面的内容构成了幼儿学习与发展过程中最核心、最基础的领域范畴，较为全面地涵盖了幼儿发展的各个维度。五大领域的活动课程内容经过科学的设计组织和合理的教学安排，为幼儿身体动作、语言交流、社会性发展、科学认知和美感体验等方面的发展奠定了基础。

知识窗

《幼儿园教育指导纲要（试行）》关于幼儿园教育内容和要求中提到：幼儿园的教育内容是全面的、启蒙性的，可以相对划分为健康、语言、社会、科学、艺术等五个领域，也可作其他不同的划分。各领域的内容相互渗透，从不同的角度促进幼儿情感、态度、能力、知识、技能等方面的发展。

《3—6岁儿童学习与发展指南》从健康、语言、社会、科学、艺术五个领域描述幼儿的学习与发展。每个领域按照幼儿学习与发展最基本、最重要的内容划分为若干方面。每个方面由学习与发展目标和教育建议两部分组成。

（三）领域活动课程的特点

幼儿园领域活动课程以幼儿的自身发展为基点，将相关领域内容整合到幼儿的日常生活中，以此从多个维度来拓展和深化幼儿的经验框架和认知体系，促进幼儿获得全方面的发展。因此，幼儿园领域活动课程在教学过程中体现出较强的"前学科"性、经验性和整合性的特点。

1. 从知识体系的角度出发，领域活动课程具有"前学科"性

相较于学科课程，幼儿园领域活动课程中所涉及的学习内容并非按照严格的学科内在逻辑进行设置，每个领域所涵盖的知识体系和内容逻辑相对较为松散，并不凸显学科概念的理论性和逻辑性。在内容编排上，领域活动课程虽然也需要从所属学科的角度进行系统考量，但更重要的是要符合和突出幼儿的认知经验及认知规律，而非注重学科知识的结构化堆砌；在活动组织上，领域活动课程需要从幼儿生活中的人、事、物、景入手，将领域内的相关知识划归到一个相对较大的范畴之内，通过符合幼儿认知特点和兴趣的教学方式来组织教学活动；在目标设定上，领域活动课程以幼儿无序化、多样化、零散化的个体经验为基础，通过活动的安排和组织将幼儿生活中自然获得的领域内经验秩序化、图示化，从而充实幼儿的生

活体验，推动他们在认知、情感与社会性等多方面实现协调均衡发展。因此，幼儿园领域活动课程以幼儿领域经验的获得为目标，反应幼儿活动的真实世界，为今后系统学科知识的获取和体系的搭建奠定基础，体现出一种系统化的"前学科"特点。

2. 从幼儿生活的角度出发，领域活动课程具有经验性

幼儿园领域活动课程的"前学科"性决定了在进行领域教学的过程中，必须要立足于幼儿的真实生活，以幼儿的直接经验为基础，符合幼儿的生活经验和认知经验。在领域学习的过程中，幼儿基于已有的经验来感受周围世界、理解身边事物，并迸发出对新知识、新事物的兴趣和探究欲望，获得领域内更为丰富的知识体验和活动经验，进而逐步搭建起自己的认知图谱。因此，在选择领域教学内容时，要贴近幼儿的日常生活，感知幼儿的学习体验；要符合幼儿的最近发展区，善于观察和发现幼儿的兴趣点，并综合考虑个体的差异化需求。此外，领域活动课程还需要在基于幼儿生活和学习经验的同时，帮助和支持幼儿将已有经验进行整理和提升，形成一些初步的、基础性的概念，并激发幼儿进一步探究的欲望，从而构建系统化的"前学科"知识体系。

3. 从结构系统的角度出发，领域活动课程具有整合性

幼儿园领域活动课程将幼儿的学习内容相对划分为五大领域，即健康、语言、社会、科学和艺术，旨在全面覆盖幼儿成长的各个方面，确保幼儿在身体、认知、情感和社会性等多个层面得到均衡发展。对每一个领域内所指向的核心发展目标来说，都蕴含着相关及相近学科知识体系中的内容要点和目标要求。以科学领域为例，《纲要》中对科学领域的学习内容与要求中提到：引导幼儿对周围环境中的数、量、形、时间和空间等现象产生兴趣，建构初步的数量概念；引导幼儿感受科学技术对生活的影响，培养他们对科学的兴趣和对科学家的崇敬；帮助幼儿了解自然、环境与人类生活的关系，培养初步的环保意识和行为。由此不难看出，科学领域内容中不仅涵盖了基本的科学知识、科学方法和科学精神，同时还囊括了基础的数学概念、数量思维、自然常识、环保意识等方面的内容。这在一定程度上体现了对学科知识的融合和统整，是对幼儿知识经验和学习经验在真实生活基础之上的一种整合。与此同时，领域活动课程中对不同领域所涉及的内容，既彼此独立，又相互关联，从根本上考虑到了所涉及不同学科和领域范畴的差异化属性，反映出学习经验的纵向层次性和横向整合性。

📖 一点通

在一年一度春节快要到来的时候，生活中到处充满了节日的氛围。挂灯笼、放鞭炮、贴春联、包饺子、穿新衣、戴新帽，这些与节日相关的活动、知识和习俗是发生在幼儿生活当中的，同时这些事件和活动对幼儿来说又是新奇、零散、无关联的。为了让幼儿将这些经验与春节的节日习俗和节日活动联系起来，教师可以组织开展艺术领域活动，引导幼儿通过绘画、剪纸等活动感受春节愉悦热烈的节日氛围。教师还可以开展社会领域相关活动，引导幼儿了解春节习俗和交往活动，初步形成关于春节的基础概念。此外，

教师在帮助幼儿了解春节习俗的同时，可以引入《元日》，在语言领域活动中结合诗的意境，理解诗的内容，把诗的语言融入节日常识，进而促进幼儿语言的发展。

《元日》
爆竹声中一岁除，春风送暖入屠苏。
千门万户曈曈日，总把新桃换旧符。

二、幼儿园领域活动的设计

幼儿园领域活动有比较悠久的历史，随着时代精神的变迁，幼儿园领域活动也表现出了许多不同特质，领域活动设计也随之发生了一些变化。一般情况下，领域活动设计主要包含以下几个方面的内容。

（一）幼儿园领域活动目标的拟定

在拟定幼儿园领域活动目标时，应该考虑社会发展需要、儿童成长需要、领域活动的目标及幼儿年龄阶段目标的相关要求。

首先，国家进行人才强国发展战略，社会健康和谐发展，都离不开教育。《中国儿童发展纲要》指出："儿童是人类的未来，是社会可持续发展的重要资源。"因此，社会为幼儿教育提供支持的同时，领域教育也受到社会因素的影响和制约，幼儿园领域活动的设计应适应社会发展的要求，使其不脱离现实，进一步适应幼儿的发展。

其次，幼儿园教育活动的宗旨是通过组织各种丰富的、适宜的活动，让幼儿在活动中获得应有的经验、知识、概念、能力，陶冶美好的情感和情操，为成为"完整的人"奠定坚实的基础。因此，幼儿园领域活动的目标应能够体现出幼儿在各个层面的发展。这就需要教育者谨慎判断幼儿发展的两个水平，一个是现有发展水平，另一个是将要达到的发展水平。两个水平的达到都需要教育者研究幼儿的发展情况，了解幼儿的学习特点，熟悉幼儿的身心发展规律，通过细致的观察通透地了解幼儿的独特气质与个性。当下，幼儿园教师不仅要秉持尊重幼儿发展规律、尊重幼儿学习特点的合理期待，更要对这些期待有客观、正确、科学的认识和理解。基于此，活动设计要有一定的均衡性及层次性，关注活动之间的内在联系，为幼儿后期发展奠定基础。

最后，《幼儿园教育指导纲要（试行）》及《3—6岁儿童学习与发展指南》中明确规定了领域活动的总体要求及各年龄段幼儿发展的要求，在进行活动设计时，要综合考虑不同领域的目标要求及幼儿的年龄特点，可以预先设置一个与领域相关的问题，引导幼儿结合自身已有经验，围绕这一问题进行讨论。依据讨论中出现的关键词，初步确定适合本班幼儿的领域教育目标。

（二）幼儿园领域活动内容的选择

幼儿园领域活动内容是依据幼儿园领域活动目标选定的，通过一定形式组织的基本知识、基本技能、基本态度的总和。对幼儿来说，掌握有关客观世界的基本知识是必要的，因为它不仅可以帮助幼儿认识自己生活的环境，还可以通过这种认识影响幼儿的行为。

基本知识是构成人类智慧的最根本的因素，包括：开展生命活动必需的知识、帮助幼儿解决基本生活的知识、引导幼儿认识周围生活环境的知识以及为今后学习系统的学科知识打基础的知识。基本技能是指人们进一步掌握知识、技术的能力。幼儿的基本活动从大体上看，可分为自我服务、交流、表达、观察、探索等，教师设计的活动应包含上述的这些内容，通过领域教学活动，引导幼儿发展自己的自理能力、与他人沟通与合作能力以及发现问题，解决问题的能力。幼儿时期是积淀习惯、锻造品性的关键时期。基本态度是伴随着活动过程而产生的体验，类似的体验积累得多了，就形成了比较稳定的倾向性，并潜移默化地影响人的决策、行动等。积极正向的态度能够激励个体以乐观、健康的状态面对学习活动，持续提升个人的综合能力，并在适宜的情境下展现出得体的行为举止。在幼儿阶段，重点应放在培养其探究欲、自信心、责任感、自我价值感、归属意识，以及对他人的关心、友善、尊重、同情和理解等情感态度上。这些核心的情感态度可通过幼儿园教育活动中的显性课程（即正式的课程安排）或隐性课程（如日常互动、环境创设）等形式，有机地融入幼儿的学习与生活中。

 案例角

小班 艺术领域——美术教学活动方案《果蔬拓印画》

杜洁琼 季俏　吉林省省直机关第一幼儿园

设计意图

通过观察，发现班级的孩子在间餐时对不同的水果形状和颜色十分感兴趣，会一边吃一边拿着水果玩，还会用简单的话来形容水果的味道。鉴于小班幼儿对常见水果、蔬菜的颜色、味道比较熟悉，符合其生活经验，但果蔬经过切分后的样态可能超出了小班幼儿的认知领域。为了让小班幼儿多角度发现水果、蔬菜的特性，满足其在这一阶段对生活中常见水果和蔬菜的进一步认知需求，特此设计了本次教学活动。旨在通过切分、拓印的过程中，引导幼儿感知常见水果和蔬菜在不同材质、切面、形状和硬度上所产生的不同美感。

活动目标

1. 在切分与拓印过程中，感知切分方式与切面形态的关系；
2. 运用不同果蔬及颜色进行创意印画；
3. 体验并欣赏形状、线条与颜色交织的美感。

活动准备

1.物质准备：苹果、橙子、萝卜、芹菜、白菜等常见果蔬，丙烯颜料，平头笔刷，颜料盘，白纸，抹布。

2.经验准备：认识并简单了解常见的蔬菜水果，对色彩和形状有初步认知。

活动过程

一、导入活动

话题引入：师幼共谈水果蔬菜，激发幼儿兴趣。

幼儿分享：请幼儿介绍一种熟知的水果或蔬菜的颜色、形状、味道，鼓励自由表述。

二、基本活动

1.印画想象与尝试。

教师引导：介绍活动材料，启发幼儿思考如何用果蔬进行印画。

幼儿实践：鼓励幼儿自由表述印画想法，并尝试用自己的方式进行印画，以实现目标1。

2.切分与拓印体验。

切分探索：教师引导幼儿想象切分后的果蔬拓印效果，鼓励表述切分方法。

实践操作：教师帮助切分果蔬，幼儿进行拓印操作，感受线条变化，实现目标2、目标3。

多样尝试：鼓励幼儿尝试不同的切分方法，探索多样的拓印效果。

3.自主印画与作品欣赏。

自主创作：幼儿自主选择材料进行印画，教师巡回指导，提醒清理洒出的颜料。

作品展示：幼儿展示画作，清晰表述创作过程，教师引导幼儿大胆想象画面内容。

三、结束部分

教师总结：水果、蔬菜经过不同的切分方式，会出现不同的切面，也就拓印出了各种各样美丽的图案。拓印时，轻轻地印和重重地印，多蘸取颜料和少蘸取颜料，产生的效果也各不相同。小朋友可以在以后的活动再次尝试。

活动延伸

1.将材料投放到美工区，幼儿进行深入探索。

2.如材料发生腐败，可与科学区联动，探秘微生物。

案例解析

教师引导幼儿用发现的眼睛、创造的头脑去寻找生活中蕴含的无数美的元素。本次活动教师通过观察发现了幼儿对水果的兴趣，以此作为活动设计的内容来源和切入点，以常见的水果、蔬菜为艺术创作的材料，进一步拓展了对水果和蔬菜的认知领域，课程内容的选择符合幼儿学习的"最近发展区"。幼儿在拓印的过程中，感受到不同表征工具展现出的美的色彩，进而激发其对生活中其他事物的探知兴趣。

（三）幼儿园领域活动资源的利用

幼儿期是儿童身心发展非常迅速的时期，及时对幼儿开展资源丰富、形式多样的教育是极为重要的。在设计教育活动的过程中，要充分考虑不同领域的特点，使幼儿园自身的资源得到充分利用，同时也要考虑家庭和社区资源的有效利用。

幼儿园是幼儿教师教育活动的后盾，应在课程资源开发利用方面发挥其应有的作用。一方面要重视幼儿园物质环境的利用，结合各领域的教育要求，将适合幼儿身心健康发展的要素，纳入领域活动中来。另一方面要关注幼儿园精神环境的开发，根据各个领域的目标要求，在幼儿的知识水平、学习态度、行为习惯等方面作出适当调整，使领域教学活动更具生成性。

家庭资源是指幼儿家庭能够为幼儿园教育提供的多方面资源，包括社会、文化及经济三个层面，是幼儿园教育活动中的一个重要资源。随着社区建设的日益完善，其教育功能受到了广泛关注。对社区资源进行合理的选择和利用，能够充分延伸幼儿园课程资源。

（四）幼儿园领域活动设计应注意的问题

（1）加强各个领域知识的纵横联系和各种教育手段的综合运用，有效地提高对幼儿整体教育的效益。

（2）积极引导幼儿主动参与。教学中要正确处理以教师为主导和以幼儿为主体的两者的关系，改变以教师为中心的倾向，真正把幼儿置于学习与自我教育的主体地位，充分发挥幼儿的积极性、主动性、独立自主性和创造性。

（3）改变"重智轻德""重课轻娱"的倾向。明确游戏是幼儿活动的基本方式，教学应充分发挥游戏的教育作用，寓教于乐，促进幼儿体、智、德、美全面发展。

三、幼儿园领域活动的实施

幼儿园教育活动具有全面性、启蒙性等特点，可以相对划分为健康、语言、社会、科学、艺术五个领域。五个领域的课程内容既各有侧重，又互相渗透，对幼儿的全面、协调发展有重要的作用。在领域活动实施的过程中，教师要准确掌握各领域活动的特点与主要任务，同时注重五大领域活动的整合，使其产生更大的教育效果。

（一）把握领域活动预设与生成之间的关系

预设课程是教师根据幼儿已有经验和兴趣，对教育活动进行有计划、有安排的课程，强调课程组织者事先设计好教育计划并组织实施。生成课程是指教师在开展活动的过程中，根据幼儿兴趣和需要，随时对活动的过程进行调整，发挥幼儿的自主性，促进幼儿有效学习。在我国幼儿教育中，预设课程长期占有着主导地位，教师在实施领域活动时，"忠实地"按照事先设计好的教案开展教学活动，严格把控着课程的走向，以保证课程计划的完成，忽视了课程实施的动态性。在领域活动实施过程中，教师要根据儿童活动的具体情况和需求及时进行调整，关注"生成课程"，把握领域活动预设与生成之间的关系，最大程度满足幼儿兴趣需要，促进儿童发展。

（二）发挥领域活动优势，增强活动效果

领域活动课程明确了各领域幼儿学习与发展最基本、最重要的方面，是各领域核心价值的体现。由于各领域活动的内容、性质和特点的不同，各领域的教育功能也存在一定的差别。如，健康领域强调幼儿身心状况与动作发展，语言领域强调幼儿的倾听与表达，社会领域强调幼儿的人际交往与社会适应等。并且，在各领域的活动中，也关注到了不同年龄阶段幼儿的学习与发展水平，具有一定的系统性。因此，在实施领域活动时，教师应重点关注各领域活动的特点与优势，选择适宜的教学方法与活动方式，根据幼儿的兴趣与实际需求开展活动，最大限度发挥各领域活动的教育价值与效果。

（三）注重各领域活动之间的相互渗透与整合

《幼儿园教育指导纲要（试行）》指出："幼儿园教育内容是全面的、启蒙性的，可以相对划分为健康、语言、社会、科学、艺术五个领域，也可作其他不同的划分。各领域内容相互渗透，从不同角度促进幼儿情感、态度、能力、知识、技能等方面的发展。"在幼儿园中，虽然教师常将教育活动定位为语言领域活动、健康领域活动等单一的领域课程，但从课程内容的层面来看，往往包含其他领域的相关内容，并不是绝对独立的单独科目，只是基于突出课程重点的目的，将其领域进行划分。因此，在实施领域活动时，要从儿童发展的角度，整体性把握活动内容，要注重不同领域之间的彼此渗透，实现教育的全面性与整体性。

"做中学"开启绘本阅读奇妙之旅

大班 语言领域活动方案《汉字的奇妙之旅》

张瑞雪 吉林省省直机关第一幼儿园

设计意图

汉字作为中华文化的瑰宝，蕴含着深厚的历史与文化底蕴。针对大班幼儿强烈的好奇心和探索欲，本次活动旨在让幼儿初步探索汉字的起源与特征，点燃他们对汉字文化的兴趣之火。通过象形字这一直观、形象的汉字形式，引导幼儿细致观察，发挥想象，促进他们从具象思维向抽象思维的自然过渡。此外，通过身体动作诠释汉字，不仅锻炼幼儿的身体协调性，还提升他们的表达与创造能力，全面培养幼儿的综合素养。

活动目标

1.了解汉字的起源和演变过程，知道汉字是由象形字演变而来的；

2.能够大胆尝试用身体动作表现汉字的形状或意义；

3.通过观察和游戏感受汉字的多样性和趣味性。

活动准备

1.物质准备：PPT课件故事《仓颉造字》、象形字图片、汉字演变过程的动画；卡片若干（上面写有常见的象形字和对应的现代汉字）。

2.经验准备：对汉字有一定的初步印象，了解汉字是由笔画组成的。

活动过程

一、导入活动

教师：小朋友们，你们知道我们每天学习的汉字是怎么来的吗？开动脑筋，大胆猜一猜吧！

随后，播放《仓颉造字》的故事短片，简要介绍汉字的起源，并进行提问："现在你们知道是谁创造了汉字吗？"

二、基本活动

1.象形字探索。

教师播放PPT课件，展示"日""月""山""水"等象形字图片，引导幼儿观察并猜测："这些图片看起来像什么字呢？"

鼓励幼儿积极发言，分享自己的发现。

2.汉字演变揭秘。

展示汉字演变过程的动画。

教师小结：原来，这些字最早的时候就像一幅幅画，后来慢慢变得简洁，就成了我们现在写的汉字。

3.卡片配对游戏。

出示象形字与现代汉字对应的卡片，引导幼儿逐一认读并找出它们之间的相似之处。

随后，分组进行卡片配对游戏，每组幼儿需将象形字卡片与现代汉字卡片正确匹配，教师巡回指导，适时提问以促进幼儿思考。

三、结束部分

1.身体汉字秀。

教师示范用身体动作表现"大"字（如张开双臂），激发幼儿兴趣后。

教师：那"小"字可以怎么表示呢？

鼓励幼儿大胆想象，用身体动作表现其他汉字，如"高""低""飞"等。

2.互动猜字。

幼儿两两一组，一人用动作表示汉字，另一人猜测并说出汉字名称。游戏过程中，教师观察幼儿表现，适时给予鼓励和引导。

3.活动总结。

教师总结：今天，我们一起探索了汉字的奇妙世界，知道了汉字的起源和演变，还用身体动作表现了汉字，真是太棒了！希望你们回家后，能和爸爸妈妈一起继续寻找生活中有趣的汉字哦！

活动延伸

在区角活动中，投放更多与汉字相关的材料，如汉字拼图、积木拼字等，供幼儿进一步探索和学习；定期组织"汉字小达人"活动，鼓励幼儿分享自己新认识的汉字和有趣的汉字故事，激发他们对汉字文化的兴趣和热爱。

案例解析

《3—6岁儿童学习与发展指南》语言领域中明确指出："应激发幼儿对图书和生活情境中文字符号的兴趣，培养前阅读和前书写技能。"这对大班幼儿进行幼小衔接尤为重要。鉴于汉字作为中华文化精髓，其复杂性对幼儿构成挑战。此活动以直观生动的方式，引导大班幼儿初步探索汉字的起源与演变，契合其年龄特征与发展需求，促进其对文字认知与理解能力的提升。

模块二　幼儿园主题活动课程

一、主题活动课程的内涵

在我国幼儿教育工作者们积极探寻适应我国社会发展、具有中国特色的幼儿园课程体系的过程中，伴随着我国幼儿教育和幼儿园课程改革的逐渐深化，幼儿园主题活动课程因其贴近幼儿生活、契合幼儿发展规律和发展需要已经成为幼儿园普遍采用的课程模式。周淑惠指出："主题课程是当代幼儿课程的主流，也是最能反映未来纪元所需的幼儿课程。"尽管主题课程对幼儿的学习与发展非常重要，但幼儿园教师对主题活动课程的理解和实践还存在很多误区，以至于出现按了主题活动课程异化、师幼主体关系错位等问题。为此有必要重新审视幼儿园主题活动课程的内涵与实践，将主题活动课程的价值真正落实到促进幼儿的有效发展上来。

（一）主题活动课程的历史沿革

主题活动课程的历史发展可以追溯至20世纪。20世纪20年代，陈鹤琴的活教育理论推崇让自然、社会、儿童生活和学校教育内容形成一个有机联系的整体，儿童的知识和经验是在其亲身参与自然、社会中形成的，学习的内容要围绕某一自然或者社会的中心议题安排教育内容。陈鹤琴通过其教育实验总结出传统的幼稚园的学科分类、内容的选择和组织是"是不符合教学原理的，是四分五裂的，是违反儿童生活的，是违反儿童心理的"。他认为，课程编制应考虑到儿童的学习兴趣、符合儿童的心理特点，以活动单元为中心，开始称为"整个教学法"，后来改为"单元教学法"。此后陈鹤琴又提出了"五指活动"，它反映了儿童完整的理想生活：此"五指活动正像一只手的五个手指头，各个指头相互联系构成一个整体"，注重儿童与自然、社会亲密相关的实际经验。

自20世纪50年代起，我国学前教育深受苏联教育理念和教育经验的影响，注重学科内容体系结构化、知识化，教学强调知识体系和技能方法的掌握，对主题活动课程的重视程度较低。

自20世纪80年代开始，我国开始不断融合发展新的幼儿教育和幼儿园课程理念，探索更加适应我国幼儿全面发展的课程理论和实践。随着国际学术交流的加强，西方的学前教育理论和课程模式开始不断涌入，瑞吉欧方案教学等都对我国幼儿园主题活动课程实践带来了一定的影响。由于瑞吉欧课程的动态性、灵活性和开放性、由师幼共同构建、以"项目活动"为课程的主要形式，强调在实际生活中解决问题和进行专题研究的特点，最为接近我国幼儿园主题活动的课程模式。

2001年7月，《幼儿园教育指导纲要（试行）》颁布实施，关于幼儿园教育内容和要求中提到：教育活动内容的组织应充分考虑幼儿的学习特点和认识规律，各领域的内容要有机联系，相互渗透，注重综合性、趣味性、活动性，寓教育于生活、游戏之中。2012年10月，教育部正式颁布《3—6岁儿童学习与发展指南》，指南中提到：关注幼儿学习与发展的整体性。儿童的发展是一个整体，要注重领域之间、目标之间的相互渗透和整合，促进幼儿身心全面协调发展，而不应片面追求某一方面或几个方面的发展。

（二）主题活动课程的含义

在幼儿园课程领域中，主题是指课程中某一模块或时段内集中探讨的核心话题，通过深入讨论这些话题中所包含的问题、现象和事件等，引导幼儿探索和学习，从而帮助他们构建全新的、综合的、相互关联的知识与经验体系。主题活动，是指将学习内容综合到一个网络状的主题之中，围绕主题而展开的活动结构。幼儿园主题活动课程中的主题是某一时间或者某一单元索讨讨论的中心话题，通过对这些话题的探索，对话题中蕴含的问题、现象、实质等的探究，使幼儿获得新的、整体性的经验。主题活动课程旨在通过主题整合各种学习和生活活动，以促进幼儿全面发展。在主题活动课程中，主题的展开围绕着中心话题所蕴含的基本事件、事实和现象进行。因此，由主题引发的活动可能各有侧重，有些侧重于情感体验，有些则偏重于认知发展，但这些活动并非孤立存在，而是相互融合交织，形成一个整体。主题导向的活动可能与某一特定领域紧密相关，但更多情况下，它们会跨越多个领域，展现跨学科的综合特性。在同一主题下，各项活动皆以主题为核心，彼此间保持着内在的联系，体现了主题活动的系统性和统一性。

📖 知识窗

《幼儿园教育指导纲要（试行）》关于幼儿园教育内容和要求中提到：教育活动内容的组织应充分考虑幼儿的学习特点和认识规律，各领域的内容要有机联系、相互渗透，注重综合性、趣味性、活动性，寓教育于生活、游戏之中。

《3—6 岁儿童学习与发展指南》提到：关注幼儿学习与发展的整体性。儿童的发展是一个整体，要注重领域之间、目标之间的相互渗透和整合，促进幼儿身心全面协调发展，而不应片面追求某一方面或几个方面的发展。

（三）主题活动课程的特点

幼儿园主题活动课程以主题为基点，将主题中蕴含的问题、现象、本质等的内容整合到幼儿的探究中，进而从多维度丰富幼儿的经验图示和知识体系，促进幼儿获得全方面的发展。因此，幼儿园主题活动课程在教学过程中体现出较强的生成性、主体性、合作性的特点。

1. 主题活动课程的生成性

相较于领域课程，幼儿园主题活动课程中所涉及的学习内容并非按照严格的领域内在逻辑进行设置，每个主题所涵盖的知识体系和内容逻辑各不相同，主题与主题之间也并非严格地遵守逻辑上的递进的关系。在内容编排上，主题活动课程虽然也需要从主题所涉及的领域的知识和经验的角度进行系统考量，但更重要的是要符合和突出幼儿的认知经验及认知规律，符合以主题为核心的经验的网络关联，而非注重单一领域知识的学习；在活动组织上，主题活动课程需要从幼儿生活中的人、事、物、景入手，在活动的过程中将注重主题活动的预设与生成的统一，及时通过儿童参与活动的情况来及时调整预设的活动来组织教学活动；在目标设定上，主题活动课程以问题解决为导向，不断促进儿童在活动中生成新的活动，促进幼儿的深度学习。因此，幼儿园主题活动课程以问题解决为目标，在活动中依据儿童的学习与探索不断生成新的学习的内容，体现出一种预设与生成统一的特点。

2. 主题活动课程具有主体性

幼儿园主题活动课程的活动内容的生成性决定了在进行主题教学的过程中，必须要立足于幼儿的真实生活所面临的感兴趣的问题，以幼儿的直接经验为基础，符合幼儿的生活经验和认知经验。在主题活动学习的过程中，幼儿基于已有的经验来感受周围世界、理解身边事物，并进发出对主题所涵盖的新知识、新事物的兴趣和探究欲望，获得在主题整合下的网络化的知识体验和活动经验，进而逐步搭建起自己的认知图谱，这个过程体现了在活动过程中儿童学习与探索的主体性。因此，在选择主题教学内容时，要贴近幼儿的日常生活，感知幼儿的学习体验；要符合幼儿的最近发展区，善于观察和发现幼儿的兴趣点，并综合考虑个体的差异化需求。此外，主题活动课程还需要在基于幼儿生活和学习经验的同时，帮助和支持幼儿将已有经验进行整理和提升，将儿童的经验综合化。

3. 主题活动课程具有合作性

幼儿园主题活动课程的合作性体现在师幼合作。在主题活动中，教师应该充分发挥儿童的主动性和积极性，让儿童成为主题活动的主人。但教师也应该认识到，在幼儿园教育背景下任何的主题活动课程是有引导儿童学习与发展的目标的，应该让课程目标与儿童的学习与发展更加契合，因此不能忽视教师在主题活动中的作用。在主题活动课程中合作性体现在教师发挥自己的作用，强调教师对环境、材料具有重要的规划，设计和提供的作用。在主题活动课程中教师对问题、目标和儿童能力之间进行分析和判断，活动中观察儿童的行为表现，理解儿童的感受，分析儿童的行为原因，在必要时给予合适的支持，都是主题活动中以问题解决为导向的实施过程中师幼合作性的体现。

📖 一点通

　　第一次入园是每个儿童生活中的重要事件。入园前，孩子的生活圈子只限于家庭；入园后，孩子到了一个新的环境，接触到陌生的人，难免会感到焦虑不安，所以幼儿园可以组织以入园适应为核心主题的教育活动，帮助幼儿顺利渡入入园阶段。教师可以开展语言活动，引导幼儿用"我是 ……"介绍自己，认识老师，感受班级小朋友与老师的安全温暖的氛围。教师还可以开展认识班级活动室的活动，引导幼儿观察班级活动室的环境，介绍活动区角的物品以及活动规则，初步形成爱护班级环境和遵守规则的意识。此外，教师在帮助幼儿养成良好的卫生习惯的同时，可以引入儿歌《洗手歌》，在语言领域活动中结合儿歌的轻快和朗朗上口的节奏，掌握洗手的步骤，把儿歌语言融入生活常识，进而促进儿童语言的发展。

儿歌《洗手歌》

手心相对搓一搓；

手心手背搓一搓。

十指交叉搓一搓；

拇指手中转一转。

指尖掌心划一划；

最后别忘洗手腕。

二、幼儿园主题活动的设计

　　开展主题活动课程的重要工作内容是在遵循儿童的兴趣与学习发展需要的前提下选择主题课程的内容。教师需要了解与掌握主题课程内容主要的来源途径。当某一主题课程内容确定之后，教师需要结合儿童学习与发展的特点对主题课程的目标进行设定，并以此作为主题活动课程实施的重要依据。

（一）幼儿园主题活动内容的来源途径

　　陈鹤琴主张"大自然、大社会都是活教材"。他认为，幼儿的学习发生在环境中，应该以大自然、大社会为中心组织课程。据此，当我们在设定主题活动的内容时，凡是儿童感兴趣、适宜儿童认知水平、利于儿童的学习与发展、符合教育目标的内容，均可视为幼儿园主题活动课程的内容。明确了主题活动课程内容的范围之后，在课程实践操作过程中，主题活动课程内容的产生就需要明确主题课程内容的设置的依据以及主要来源途径。主题课程内容产生的依据主要是儿童的兴趣与需要、教育目标、教育资源的使用或者这几项兼而有之；就主题活动课程内容产生的来源，在幼儿园教学实践中主要从事件和时间两个维度来考虑。

第一，主题活动课程的内容来自儿童生活和学习中的话题。生活性是幼儿园课程的基本特征之一。主张主题应来源于幼儿的生活，也是实施主题活动课程的必然。幼儿生活中的衣食住行都有可能成为主题活动课程的来源。这些主题往往题材广泛，可以是自然物类、文化类、生产与生活类等。儿童生活中的有趣话题也是主题活动课程内容产生的重要来源。教师要对儿童生活世界了解与关注，才能捕捉来自儿童生活中的有价值的话题。教师要积极地与儿童交流，主动倾听儿童之间的交谈，分析儿童的作品，敏感地捕捉幼儿在生活中不经意又不寻常的行为表现。

第二，主题活动课程的内容来自儿童在参与各种领域学习活动的过程中衍生的想进一步探究的问题。主题是以一定的领域为基础来设计的，主题名称往往是该领域中儿童关注的话题。这些主题来源于幼儿参与领域学习而生发的深度探究的话题，表明了儿童在某个领域的学习中的主体性。比如"我们做朋友""好玩的数字"等这些主题明显地与特定的领域有关，在某一个核心把领域内与这个核心相关的内容组织在一起，但应注意在实施中不应只限于该领域一个部分。但这类主题过多会造成主题活动课程主题单一，失去了主题活动课程的综合性。

第三，主题活动课程的内容来自儿童生活中时序性明显的节庆活动以及重大社会事件，这些事件受到了来自儿童的关注与兴趣。儿童生活中会遇到各种节庆活动。了解传统的、现代的节日的由来与演变、感受节庆活动的习俗等，本身就是儿童生活中的基本经验，也是儿童需要学习的社会文化内容。因而，幼儿园会根据幼儿年龄阶段的特点在某一节日到来之际开展主题活动课程。社会生活中发生的重大事件是人们生活中关注与谈论的话题，不管是举国性质的还是当地政府和人们在某阶段集中关注的，儿童作为现实社会生活中的成员，也会从自己的认知角度感受到重大事件对生活的影响。在幼儿园教育活动中，教师会依据儿童的年龄和认知特点，以重大事件为主题来源开展主题活动课程，旨在让儿童对重大的社会事件有所了解，如围绕"神州飞船"开展主题活动课程。

第四，来源于人们专门提炼和概括的过程、原理或者变化规律。在生活中，有很多普遍的规律和原理，儿童不一定能够从理性的层面去把握它们，但可以从感性的角度上去发现不同事物发展的过程或者某些规律。事物共同的规律能把相关的事物或者活动串联起来，构成一系列关联的活动。如主题"变"，没有说明实质内容是什么，但包含了一切可以变化的内容，如时间在变，动物在变等。针对这种开放式主题不同的主题内容设计者会关注不同的内容和形式，即使来源于不同的领域，这些主题内容仍旧是综合性的。

第五，主题活动课程的内容可以来源于儿童文学作品。虽然儿童文学作品来源于语言或者艺术领域，主要作用是帮助儿童欣赏或者了解文学作品的语言，但文学作品本身是具有整合功能的。有些文学作品的具体内容就是与科学、社会领域紧密相关的，文学作品中的很多话题都是具有开发价值的主题。

"丰收节"主题课程

（二）幼儿园主题课程网络图

主题活动课程区别于领域课程最直观形象的不同便是主题活动课程需要编制课程网络图，并以一定的方式加以直观呈现。

主题活动课程网络图，也称为主题网、主题纲、主题树等。在主题活动课程中，教师必须先分析与主题有关的概念。之所以强调概念是因为在主题活动课程中，儿童需要获得可迁移运用的能力，所以教师需要引导幼儿在主题纷繁的现象中抽象出高层次的、具有联系性、综合性的本质。而主题网的本质就是用一定的方法将与主题相关的概念进行归纳和整理，并以一定的逻辑层次加以呈现。

主题活动课程网络图呈现出了各个具体课程内容的集合体。网络图的组织方式以什么形态展现以及各个内容之间呈现出的逻辑关系本质上与教师对幼儿园课程的理解密切相关。教师可以以幼儿教育目标或者学习与发展需求作为编制主题网络图的依据，可以以领域相关知识或者概念为脉络编制网络图，也可以以儿童的兴趣、经验以及关注点作为主题活动课程网络图的编制逻辑。

主题课程网络图的类型除了按照编制逻辑来划分之外，还可以以网络图图形划分为网状、树状、饼状等课程网络图。

📖 **案例角**

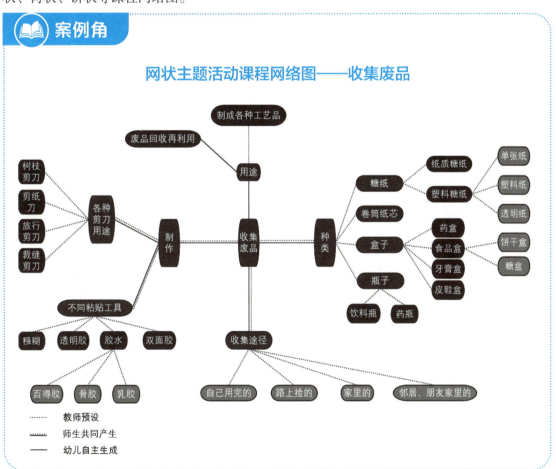

网状主题活动课程网络图——收集废品

案例解析

　　该主题活动课程网络图将主题按照内容进行分解，再将所分解出来的每一级信息以及相应的活动依次呈现。在主题网络图绘制时对该主题课程的可能走向与所产生的活动做较丰富的预设。在实际实施过程中可能没有与儿童的兴趣需要相符合，导致没有实际开展。采用这种网络图通常会用虚线、实线表示不同的活动产生，比如用虚线表示教师预设，用实线表示幼儿自主生成，用虚线和实线并行表示师幼共同产生。

（三）幼儿园主题课程环境创设

　　主题活动课程的环境创设是主题实施的重要途径，主题课程的环境直观而集中地反映了主题课程的资源利用以及实施进程与效果，因而创设有效的环境是实施主题活动课程的重要保证。

　　幼儿园主题课程环境主要包括主题活动墙、与主题相关的区域活动材料与环境。

　　主题活动墙本质上是主题活动课程环境创设所呈现的载体，不仅包括幼儿园室内以及走廊等平面，也包括幼儿园家具的台面、侧面，可以用于悬垂的立体空间，立放的主题展板等。主题活动墙是主题活动课程环境创设的核心内容，反映了课程的学习内容、学习过程与学习成果，呈现的内容包括调查表、儿童作品、活动照片、文字记录等。

　　区域活动是主题活动课程实施的主要途径之一。区域活动在主题活动课程实施中所占的比重是不同的。在以集体活动为主、区域活动为辅的课程结构中，区域活动与主题活动内容相关，为主题活动的推进作为补充和辅助。这种类型的区域活动有的是相对独立存在的，有的则是作为集体活动的延伸而存在。在以区域活动为主、集体活动为辅的课程结构中，区域活动作为主题课程实施的主要途径，可以是主题式的区域活动，各个区域活动相对独立，也可以是各个区域活动同一在一个主题任务之下，在不同的区域活动领域间协作。

（四）幼儿园主题活动设计应注意的问题

　　（1）尽管主题活动课程的推行在一定程度上打破了学科课程模式一统天下的局面，给幼儿园课程模式的多样化带来了新的活力，但不可否认的是由于受到学科课程模式的影响，以及一些教师本身就是在学科课程背景下成长起来的，学科课程模式自然而然地成为他们理解与实施课程模式的标准。因而在实际操作中，有的主题活动课程仍在以强调知识的横向联系作为推进主题课程的基本逻辑，"穿新鞋走老路"，是以主题活动为名，行学科之实的"拼盘活动"。

　　（2）积极引导幼儿主动参与，避免将主题活动变成教师全盘预设的活动。教学中要正确处理以教师为主导和以幼儿为主体的两者的关系，将预设与生成有机结合，在活动中倾听儿童的声音，改变以教师预设为中心的倾向，真正把幼儿置于学习与发展的主体地位，充分发挥幼儿的积极性、主动性、独立自主性和创造性。

（3）避免在主题课程中带给儿童的经验的简单重复以及缺乏在儿童最近发展区的有效推进。主题活动课程的走向应该强调追随儿童的兴趣、儿童的学习与发展，走向面对儿童生活中的真实的问题为中心的课程设计思路，体现主题课程的生活化、游戏化。

三、幼儿园主题活动的实施

幼儿园主题活动能够帮助儿童扩展、延伸和整合经验，也能促使教师转变为与儿童合作的合作者、探索者。主题活动课程的特点在于它的综合性、生成性、合作性。以儿童在生活中遇到的真实的、感兴趣的问题解决为导向，促进儿童各领域经验的获得与整合；教师要处理好主题活动的预设与生成活动，及时把握儿童的学习与发展情况；师幼合作，共同探究。

（一）把握主题活动预设与生成之间的关系

预设课程是教师根据幼儿已有经验和兴趣，对教育活动进行有计划、有安排的课程，强调课程组织者事先设计好教育计划并组织实施。生成课程是指教师在开展活动的过程中，根据幼儿兴趣和需要，随时对活动的过程进行调整，发挥幼儿的自主性，促进幼儿有效学习。在我国幼儿教育中，预设课程长期占据主导地位，教师在实施领域活动时，"忠实地"按照事先设计好的教案开展教学活动，严格把控课程的走向，以保证课程计划的完成，忽视了课程实施的动态性。在主题活动实施过程中，教师要根据儿童活动的具体情况和需求及时进行调整，关注"生成课程"，把握主题活动预设与生成之间的关系，最大程度满足幼儿兴趣需要，促进儿童发展。

（二）发挥主题活动优势，增强活动效果

领域活动课程明确了各领域幼儿学习与发展最基本、最重要的方面，是各领域核心价值的体现。由于各领域活动的内容、性质和特点的不同，各领域的教育功能也存在一定的差别。如，健康领域强调幼儿身心状况与动作发展，语言领域强调幼儿的倾听与表达，社会领域强调幼儿的人际交往与社会适应等。并且，在各领域的活动中，也关注到了不同年龄阶段幼儿的学习与发展水平，具有一定的系统性。因此，在实施领域活动时，教师应重点关注各领域活动的特点与优势，选择适宜的教学方法与活动方式，根据幼儿的兴趣与实际需求开展活动，最大限度发挥各领域活动的教育价值与效果。

（三）注重主题活动的生活化与游戏化

幼儿园课程的重要特点就是生活化与游戏化。幼儿园课程生活化、游戏化的基础是满足儿童的需要、兴趣和发展的可能。从这个角度出发，幼儿园的主题课程从儿童的角度出发，充分满足儿童的发展需要就必须是生活化和游戏化的。因此，主题活动要回归儿童的生活，要适宜儿童身心发展的规律，迎合儿童的学习特点去引导儿童的学习与发展。这就要求教师需要关注儿童的生活，理解儿童的生活，研究儿童的生活，与儿童一起创造更加生动有趣的

幼儿园课程理论与实践

生活。同时，主题活动游戏化要给儿童带来自由、自主、愉悦和创造的体验和收获，这种游戏精神能激发儿童更广泛的学习的意愿。当儿童与同伴、教师、环境、材料等因素在自由、自主、愉悦和创造的游戏精神中相互作用，有意义的学习就会发生，儿童也必定会在主题活动中获得新的经验。教师要理解游戏对儿童发展的价值，让儿童享受更多的自主游戏的权利，在组织活动中更多地采用游戏的方式，让主题课程更加生动、有趣，更能引发儿童的全情投入。

📖 **案例角**

主题教学活动：螃蟹①（课程编制过程）

一、教师通过观察，注意幼儿的兴趣所在，在此基础上编制主题网络

一天，华仕青带来了几只蟹壳，这是他在阳澄湖吃螃蟹时留下的。小伙伴们见了，都围了上来，有的孩子迫不及待地要伸手去摸，他着急地在一旁提醒："你们要小心，上面有刺的。"可同伴们并没有被吓住，有的故意用手轻轻碰那些刺，敲敲那些壳；有的则在一旁说开了。刘慧旭说："我也吃过螃蟹，这是熟的蟹壳。"陶侃俊说："我以前抓过螃蟹，你们敢吗？"江怡雯说："我知道螃蟹是横着爬的。"听起来，孩子们对螃蟹都有一定的生活经验，加上他们天生对小动物的浓厚兴趣，所以谈起来也很投缘。当时，教师产生了一个灵感：如果将其作为一个研究主题，幼儿肯定会喜欢的。第二天，教师到菜市场买了十只小螃蟹，把他们带回幼儿园。这下孩子们可高兴啦，他们争着凑近螃蟹，想要看个仔细。教师问孩子们："你们想抓螃蟹吗？""想。"他们回答得非常响亮和干脆，可是实际上，每个孩子的表现都不一样。

陈天涵：有点怕，始终在一旁观望。

邱晨埕：想抓，可嘴里不停地说"吓死人了"。

王耀宇：看似很老练的样子，一边抓一边介绍"我是捏着抓的"。

华仕青：按住壳两侧，轻轻抓起了螃蟹，动作显得特别规范。

施家琪：试了好几次，最后好不容易抓起了一个，并高兴地举起说"我抓起来了"。

张逸超：勇敢地抓起一只螃蟹，高高举起。（同伴们不约而同地拍起了手）

江南：拎起螃蟹的一只脚，往地上一扔，而后一直跟着螃蟹走，始终没能再把抓回来。

抓完螃蟹之后，教师让幼儿各自谈了自己的感觉。

华仕青："螃蟹并没有咬我，可是它一动，我就感觉它在咬我了。"

魏天呈："我差点抓起来了，可是它动了一下，吓得我又松开了。"

江南："我摸着它，手在发抖、发软。"

在观察抓螃蟹之后，孩子们又提出了一些问题。

丁玎："它为什么要横着走？"

---

① 毛美娟，华培.走向方案教学[M].上海：百家出版社，2001.

142

周静宜："为什么螃蟹眼睛是长长的，又这么小？"

陈涛："我抓的这个螃蟹，大螯怎么是一个大一个小的？"

陈莹依："抓过螃蟹之后，手上有一股气味的。"

姚蓓莉："刚才螃蟹从桌上摔下来，肚子朝天，我指导它是雌的。"

通过观察和简单的谈话，教师对孩子们已有的生活经验有了一个大致的了解，在此基础上，教师设计了一个"螃蟹"的主题网络图，并以此作为开展活动的一个依据。（教师编制的主题网络，教师预设）

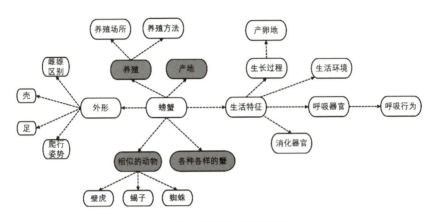

教师编制的主题网络（教师预设）

二、教师创设活动情景，让幼儿选择，以小组的形式为主开展活动

在教师编制的主题网络中，并非所有的内容都是幼儿感兴趣的。例如，在这个活动进行的两个多月的过程中，尽管教师创设了一些活动情景，试图诱导幼儿对主题网络图中螃蟹的产地、螃蟹的养殖场所和养殖方法等问题感兴趣，但是没有幼儿愿意探索这些问题。对此，教师并没有要求幼儿必须开展这些活动，相反，他们取消了原先预定计划中的这些内容。（幼儿选择教师预设的学习任务，即图中用虚线箭头表示的部分）

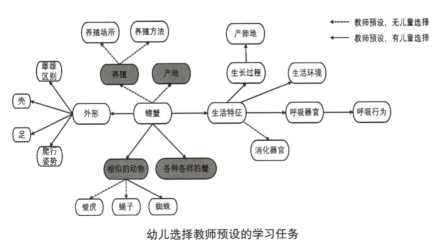

幼儿选择教师预设的学习任务

但是，在教师编制的主题网络中，有部分的内容是有些幼儿感兴趣的，或者通过教师的诱导，能激发有些幼儿兴趣的。在前一种情况下，教师给予空间和时间，让幼儿自主地去选择，根据他们自己选择的内容，按自己的方式，或者在教师、同伴的交互作用中主动开展活动；在后一种情况下，教师则创设生动、活泼的活动情景，通过对开放性问题的讨论、让幼儿寻找资料、组织参观访问、让幼儿制作和展示作品等活动，引发幼儿的兴趣，满足幼儿进一步探索的需要。

大部分幼儿对螃蟹的外形比较感兴趣。由于大家都从来没听说过，也没见过那么多有关螃蟹的知识，在交流的过程中，儿童之间还无意地形成了一种比赛的氛围，好像都在说："我比你知道得多。""我是第一个发现的。"同时，教师也注意到每个幼儿的观察视角有所不同，教师大致做了一个统计：注意螃蟹形状的有5人，注意色彩的有8人，注意螯足的有10人。

对螃蟹外形的认识，是教师计划中的任务。幼儿对螃蟹的外形确实很感兴趣，然而，每个幼儿对螃蟹的观察角度和兴趣各不相同。在这种情况下，教师结合幼儿的选择，满足他们研究自己感兴趣的问题的好奇心和需求，使幼儿的探索活动更为主动，更为深入，更具创造性。

董婉婷发现了教师，拉着教师问："倪老师，怎么螃蟹一直在吐泡泡呢？"针对他们的疑惑，教师没用马上给予正确的答案，因为这可以让幼儿进一步探索问题。教师认为，把知识呈现给幼儿或者回答他们的问题，这并不是他的主要任务，当幼儿提出问题时，帮助他们自己发现答案更为重要。所以教师说："你们先猜猜看看呢。"

魏天呈："它肚子里有口水，吐出来就变成泡泡了。"

孔文浩："有可能它吃了肥皂。"

林一朕："空气到它肚子里去了。"

陈天涵："我真想看看它肚子里有什么？"

虽然，有的幼儿说的理由在成人看来有些离奇，但是，如果站在孩子们的立场想一想，似乎不无道理。当时，并没有幼儿说到螃蟹是用鳃呼吸的。"螃蟹到底是用什么来呼吸的呢？"教师把这个问题留给了孩子们。张桑妮："我回去问问爸爸。"晨埴："我家里有《十万个为什么》。"洪学成："可以到网上查。"范瀚文："星期天，我让爸爸带我去书城找。"

刘懿之带来的资料也挺有意思，小小的一张纸片上，有一只她自己画的小螃蟹，旁边有一段她的妈妈帮助摘录的文字。她高兴地告诉同伴们："我知道螃蟹呼吸的秘密了，它和鱼一样，也是用鳃呼吸的。"

蟹壳打开了，孩子们一个个急着问："哪个是它的鳃呀？"

螃蟹的呼吸器官和呼吸行为，在教师编制的主题网络中是教师预设的学习任务。幼儿在其活动过程中发现了螃蟹吐泡泡的现象，对此十分感兴趣。在幼儿研究螃蟹为什么吐泡泡的时候，教师向他们提出"螃蟹到底是用什么来呼吸的呢"的问题，使教师预定的学习任务成为幼儿愿意去探索的问题。

在"螃蟹"的主题活动中，关于蟹的外形、蟹的种类、蟹的生活特征、与蟹相似的动物等教师预设的学习内容，都是幼儿自主选择的学习内容，或者是在教师的诱导下，幼儿产生了兴趣，自己愿意进一步探索的学习任务。因此，在方案实施的过程中，让幼儿有选择的机会，以小组的方式开展活动，这是使教师的计划与幼儿的需要和兴趣尽可能相符合的重要一环。

三、给予幼儿自主生成活动的机会，为他们自己生成活动创造条件

华仕青正在聚精会神地用火柴棒粘贴螃蟹，甚是逼真，看到教师在欣赏他的作品，他便问："倪老师，你能不能给我几根有红色火柴头的火柴？""要红火柴干什么？"教师反问了一句。他答道："我想做一只绒蟹，它的眼睛是红色的。"说着，他拿来了一本书，并指着一个绒蟹给教师看。嘿，还真有红眼睛的螃蟹。

在沙滩上，教师还发现了这样一个有趣的场面：许多个用纸剪的大海龟也爬在沙面上，翻开一看，下面全是一堆堆的"海龟蛋"（白的围棋子），原来海龟妈妈正在产卵。

幼儿在探索螃蟹的活动中生成了研究螃蟹的气味、动物的自卫方式等活动，在探索螃蟹的呼吸器官的过程中生成了研究鱼鳃的活动，在探索螃蟹外形的过程中生成了研究螃蟹的眼睛的活动，在探索螃蟹产卵的过程中生成了研究海龟产卵的活动。

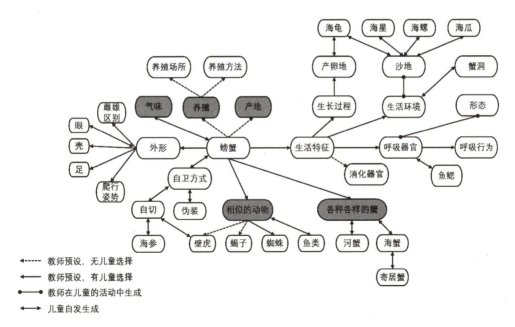

师生双方的互动

四、教师捕捉随机的教育时机。生成能引起幼儿兴趣的活动，促进儿童的活动向纵深方向发展

那天，黄耀瑜和邱晨埕拿着书过来，指着一幅彩图问教师："这些螃蟹怎么都爬到

沙滩上去了，不是说，它们都是河蟹吗？"教师注意到这是关于蟹怎样产卵的事，就向他们解释道："这些螃蟹正在经过沙滩爬向大海。螃蟹每年秋冬季都会成群结队地去大海产卵。"

这时，教师想，如果有一个沙滩，一定能使活动再次达到高潮。不出所料，孩子们研究完教师的想法后十分高兴。大家互相商量了分工，由教师负责做大海底板，幼儿负责做沙滩。部分幼儿用小刷子涂抹胶水，部分幼儿将沙子一把把往上撒。沙滩做完后，他们还发现少了什么，在以后的几天里，他们又收集了许多海螺、贝壳、海瓜子、海星、小石头等。有了这些东西的点缀，海滩显得完美多了，怪不得邱晨埕禁不住感叹道："海南的海滩就是这样的，我和妈妈去过。"

说来也巧，那天正好有一只螃蟹快要死了。教师问幼儿："你们想看看蟹肚子里是什么吗？""想。"幼儿的声音中充满了渴望。正当教师要打开时，董婉婷突然举起小手说："倪老师，我有个问题，为什么这只螃蟹死了没有流血呢？"这时教师原本没留意到的。蟹壳打开了，幼儿急着说："哪个是它的鳃呢？"不一会儿，他们发现蟹腮和鱼鳃是完全不一样的。

教师在教育过程中抓住契机，创造新的活动，有可能进一步激发幼儿的兴趣，扩大幼儿学习的范围，在较高程度上满足部分幼儿的兴趣和需要。但是，教师生成的活动往往带有一定的主观色彩，并不一定能够真正反映幼儿的所思、所想和所感。并不一定能激发幼儿的兴趣和满足幼儿的需要，在这种情况下，教师要根据实际情况加以取舍。

模块三　幼儿园区域活动课程

一、区域活动课程的内涵

幼儿园区域活动，也称区角活动、分区活动等。区域活动有其独特的教育功能，通过材料的投放、规则的设置，能引发幼儿自主学习、自主游戏的兴趣，萌发探索的欲望，培养幼儿的自主性。幼儿园区域活动在幼儿教育中占据重要的地位，是幼儿教育中不可或缺的一部分。

（一）区域活动课程的含义

区域活动课程在20世纪90年代引入我国，其课程形式来源于西方教育体系，也被称为游戏区（playing area）、学习区（learning area）或兴趣小组等，在蒙台梭利课程、高瞻课程等经典课程方案中均有使用。

区域活动作为教育领域中的一种创新实践模式，它代表对传统集体授课方式的转变和补充。这种教育组织形式的核心在于其灵活性和以儿童为中心的理念，允许幼儿在特定的学习区域内自主探索、互动和学习，而不是被动地接受教师的直接指导。尽管"区域活动"这一术语尚未形成标准化的定义，但众多教育研究者和实践者都认同其基本特征：它创造了一个支持个性化学习、鼓励主动参与和促进社会交往的环境。

区域活动也被称作活动区活动，是一种教育实践模式，其核心理念是基于幼儿的兴趣和需要来设计学习环境。在这种模式下，教师精心布置活动空间，将其细分为多个功能各异的区域，如建构区、美工区、图书角等，每个区域都配备了丰富的活动材料，旨在激发幼儿的探索欲和创造力。在这样的环境中，幼儿可以自由地选择他们感兴趣的区域进行活动，与各种材料互动，与同伴交流，甚至与成人共同参与游戏。这种自我导向的学习过程不仅能够促进幼儿的认知发展，还能增强他们的社交技能、情感表达和身体协调能力。区域活动的设计注重环境的教育意义，鼓励幼儿通过亲身体验和实践操作来学习，从而实现全面发展。

也有学者将区域活动称为学习中心或兴趣中心活动，旨在为幼儿提供一个优化的学习环境，其核心在于满足幼儿的兴趣和个体需求，以促进其高效学习和最佳发展。这些区域如同一个个小型的学习工作站，被设计成能够吸引并满足幼儿的好奇心和探索欲，涵盖多种活动类型，包括艺术创作、科学实验、图书阅读等。活动区的设立体现了以儿童为中心的教育理念，鼓励他们主动学习。这种教育模式强调了环境的教育价值和儿童在学习过程中的主体地位。

综上，幼儿园的区域活动本质上来说是一种教育方法，它以幼儿的兴趣和需求为导向，同时融合教育目标，通过将教室空间巧妙划分为多个特色鲜明的活动区域，进而营造一个支持性且富有启发性的学习环境。每个区域都配备有丰富的、与主题相关的材料和资源，幼儿可以按照个人意愿自由选择进入任何感兴趣的区域，无论是独自游戏还是与同伴合作，都能在活动中获得乐趣和学习经验。这种自主性和互动性的游戏方式有助于促进幼儿的身体健康、认知能力、情感表达和社会交往技巧，从而实现身心的全面和谐发展。区域活动强调的是通过实践操作和亲身体验来学习，使教育过程更加贴近幼儿的生活和兴趣，进而提高其学习的积极性和效果。

娃娃家

阅读区

（二）区域活动课程的特点

相较于其他幼儿园活动而言，幼儿园区域活动课程具有许多鲜明的特点，这些特点共同为幼儿提供了一个自主、多样、探索性强的学习环境。

1. 自主性

在区域活动中，幼儿可以按照自身的兴趣、需求和个人意愿来选择活动内容和活动伙伴，他们可以按照自己的节奏进行游戏，充分体现了幼儿在活动中的主体地位。这种自主性的活动方式有助于鼓励和激发幼儿的学习兴趣和积极性，培养他们的自我管理和决策能力。

📖 一点通

在某大班进行区域活动时，几个幼儿找来各种积木和其他游戏材料，玩起了"飞机场"的游戏。他们兴致勃勃地搭起了跑道、指挥中心、候机室。这时明明说："我坐过飞机，在机场里有好多好多的人，有肯德基和麦当劳，还有一个一个的售票处呢。"于是大家又搭了肯德基、麦当劳和售票处，甚至还把从"娃娃家"找来的娃娃放在了候机大厅，飞机场建成了。接着，他们分配了角色，有飞行员、售票员、指挥员、服务员，玩起了"开飞机"的游戏。

2. 多样性

区域活动涵盖了角色扮演、建构、表演、美工等多种类型，每种类型活动都提供了多样化的材料和充实的内容，以满足幼儿个性化的兴趣及需求。这种多样性的活动形式有助于拓展幼儿的知识面，提高他们的综合素质。

3. 探索性

在区域活动中，幼儿可以接触到各种材料和环境，他们可以通过观察和操作来探索自然界的奥秘，发现新的问题和解决方案。这种探索性的活动方式可以有效地锻炼和提升幼儿的观察技巧、批判性思维以及解决问题的能力。

4. 创造性

在区域活动中，幼儿可以自由地发挥想象力和创造力，进行各种创意性的游戏和制作。这种创造性的活动方式有助于培养幼儿的创新精神和创造能力，为他们的未来发展奠定坚实的基础。

5. 社会性

在区域活动中，幼儿往往会被鼓励与同伴进行协作、沟通和互动。这种合作式的学习经验有助于培养幼儿的社交能力和合作精神，促进他们的人际关系和谐发展。

 **一点通**

　　一个叫林林的孩子在区域游戏时同另一个孩子吵了起来。她对老师说："当当不让我玩积木。"老师要她去同当当商量，第一次，她对当当说："当当，老师说让我玩一下。"协商没有成功。老师又鼓励她。林林走近当当，一会儿，她同当当商量："我能玩一下吗？"当当看了看，说："你可以玩一分钟。"林林愉快地接过积木，说："我先玩一分钟，然后轮到你。"就这样，林林的协商成功了。

（三）区域活动课程的价值

1.有助于促进幼儿的身心发展

　　在活动区域中，幼儿可以通过各种运动，如爬行、跳跃、奔跑等，锻炼身体，增强肌肉力量和身体协调性。此外，他们还可以通过体验不同的材料和器械，提高手眼协调能力和操作技能。同时，区域活动也为孩子们提供了自由探索和表达的空间，让他们能够在轻松愉悦的氛围中释放压力，保持良好的心理状态。

2.有助于推动幼儿的社会性成长

　　在区域活动中，幼儿需要与其他同伴合作、交流和互动，共同完成任务或解决问题。这种合作性的活动方式有助于培养幼儿的团队合作精神和社交技能，让他们学会尊重他人、理解他人，并建立积极和谐的人际关系。此外，区域活动同样给予幼儿体验和感受各种社会角色的机会，让他们通过模仿和表演，学习不同角色的交往方式，理解社会规范和人际关系。

3.有助于培养幼儿的自主性、探索欲和创造力

　　在区域活动中，幼儿享有充分的自主权去根据自身的兴趣和意愿选择活动内容与活动伙伴。进行自我管理和决策。这种自主性的活动方式可以有效点燃幼儿的求知欲望和参与热情，同时培养他们独立思考和解决问题的能力。同时，区域活动还提供了丰富的材料和资源，让幼儿通过观察、探索和实验，发现新的问题和解决方案，从而培养他们的探索精神和创造力。

4.有助于丰富教育形式，提升师幼互动质量

　　区域活动打破了传统的教育模式，为幼儿创造了更为灵活且多元化的学习方式。在区域活动提供的场景中，教师可以依据幼儿的兴趣和需求提供个性化的指导和支持，促进他们的个性化发展。同时，区域活动也强调师幼间的平等关系，鼓励师幼交流与合作，从而增进师幼感情，提升互动质量。

二、幼儿园区域活动的设计

（一）幼儿园区域活动的种类

幼儿园区域活动课程种类丰富多样，旨在满足不同幼儿的成长需求和发展特点。以下是一些常见的幼儿园区域活动课程种类。

益智区：主要投放数学材料，如按数取物的操作板、按点卡或数字取物的材料、点卡配对、拼图等；也可投放天平、量杯、漏斗等简单的科学工具，以及磁铁、放大镜、各种镜子、沙子、石头、水等材料，供幼儿探索、发现其中的科学奥秘。

美工区：提供绘画、手工等创作材料，如彩色纸张、颜料、画笔、剪刀、胶水等，鼓励幼儿进行绘画、折纸、剪纸、粘贴等美术创作活动，以培养他们的审美能力和创造力。

阅读区：设置图书角或阅读区，提供适合幼儿年龄段的图书、绘本等阅读材料，以及舒适的阅读环境，让幼儿在安静、温馨的氛围中享受阅读的乐趣，提升语言表达和理解能力。

建构区：投放积木、积塑、纸盒、竹节等建构材料，让幼儿进行搭建、拼接等构造活动，以培养他们的空间感知能力和创造力。

角色表演区：设置小舞台或表演区，提供角色扮演所需的服装、道具等物品，让幼儿进行角色扮演、故事表演等活动，以培养他们的社交能力和表现力。

此外，部分幼儿园还设置一些特色区域活动课程，如音乐表现区、戏剧区域、科技区域等，这些特色区域活动课程能够进一步体现幼儿园特色，丰富幼儿园的教育内容，促进幼儿的全面发展。

（二）幼儿园区域的设置要求

1.幼儿园区域设置需要符合幼儿的年龄特点和兴趣

不同年龄段的幼儿有不同的认知能力和兴趣爱好，因此，在设置区域时，需要充分考虑幼儿的身心发展特点，投放适合他们年龄段的材料和玩具，以激发他们的探索欲望和学习兴趣。

2.幼儿园区域设置应具有明确的教育性和目标性

每个区域都应有明确的教育目标，通过投放相应的材料和设备，帮助幼儿达到这些目标。同时，区域的设置应有利于培养幼儿的各项能力，如观察力、思维力、动手能力、创造力等。

自然"拾趣墙"

3.幼儿园区域设置需注重安全性和卫生性

所有的材料和设备都应符合安全标准，边角应光滑，避免尖锐或有毒物质。同时，要保持区域的清洁和卫生，定期消毒，确保幼儿在一个健康、安全的环境中学习和游戏。

4.幼儿园各区域设置应具有灵活性和可变性

随着幼儿的发展和教育目标的变化，区域的设置和布局也应进行相应的调整。同时，也可以根据季节或主题的变化，更换区域的材料和装饰，以保持区域的新鲜感和吸引力。

 知识窗

　　为了积极响应和贯彻落实中共中央、国务院发布的《关于学前教育深化改革规范发展的若干意见》以及《深化新时代教育评价改革总体方案》的核心要求，进一步深化幼儿园教育领域改革，教育部发布了《幼儿园保育教育质量评估指南》（以下简称《评估指南》）。这一举措旨在指导各地建立健全科学合理的幼儿园保教质量评价体系，促进幼儿教育事业的健康发展。《评估指南》重点关注幼儿园保育教育过程及其质量的关键影响因素，从办园宗旨、保育与安全、教育实践、环境创设、师资队伍建设五个核心领域入手，详细列出了 15 项关键指标与 48 个考察要点。其主要目标是引导幼儿园全面贯彻党的教育方针，落实立德树人根本任务，以幼儿的年龄特点和发展规律为基础，以游戏为幼儿园基本活动，坚持保育与教育并重，不断提升幼儿园的管理与教育水平，为幼儿提供高质量的保教服务。其中，有关于玩具材料投放的具体评估要求如下，可为幼儿园各区域材料投放提供参考。

重点内容	关键指标	考察要点
A4.环境创设	B11.玩具材料	35.玩具材料种类丰富，数量充足，以低结构材料为主，能够保证多名幼儿同时游戏的需要。尽可能减少幼儿使用电子设备。 36.幼儿园配备的图书应符合幼儿年龄特点和认知水平。注重体现中华优秀传统文化和现代生活特色，富有教育意义。人均数量不少于 10 册，每班复本量不超过 5 册，并根据需要及时调整更新。幼儿园不得使用幼儿教材和境外课程，防止存在意识形态和宗教等渗透的图画书透入幼儿园

三、幼儿园区域活动的实施

（一）活动实施前的准备阶段

　　目标设定：明确区域活动的教育目标，根据幼儿的年龄特点和兴趣，确定活动的内容和形式。

　　环境布置：根据活动需要，对区域进行布置和装饰，投放适宜的材料和设备，营造舒适、安全的活动环境。

　　材料准备：根据活动计划，准备好所需的各类材料，确保材料的数量和质量能够满足活动的需求。

　　教师准备：教师需要对活动方案进行熟悉，了解每个环节的目标和要求，预设可能出现的问题及解决方案。

（二）活动实施中的指导阶段

观察记录：活动过程中，教师需要细致观察幼儿的表现和反应，并及时记录下他们的行为和语言，以便于及时了解和掌握他们的需求与成长步伐。

引导支持：根据幼儿的实际活动情况，教师应适时给予引导和支持，帮助他们解决问题，鼓励他们主动尝试和进行探索。

互动交流：教师应与幼儿保持良好的互动，鼓励他们表达自己的想法和感受，促进师幼间的情感交流，增进师幼关系。

（三）活动实施后的总结阶段

效果评价：对活动的效果进行评估，分析活动是否达到了预期的目标，幼儿是否有所收获。

问题总结：总结活动过程中出现的问题和不足，分析原因，提出改进措施。

经验分享：与同事分享活动的经验和教训，互相学习，共同提高。

 案例角

中班 区域美术活动方案《圆圆的大花葱》

李卓妍　吉林省省直机关第一幼儿园

设计意图

《圆圆的大花葱》区域活动旨在通过个性化的艺术探索，引导幼儿观察自然界中独特而美丽的植物——大花葱，激发他们对自然美的感知与欣赏能力。活动中强调幼儿自主观察、想象与创作的过程，与领域活动中教师主导、系统传授不同，此活动意图让幼儿在自由选择的区域内，利用多种材料自由表达对大花葱美的感受，从而促进每个幼儿独特艺术潜能的发展。

活动目标

1.初步认识大花葱的外形特点，了解其基本结构（如圆形的花朵、长茎等）；

2.学会使用画笔或棉签等工具，尝试画出大花葱的轮廓和细节，掌握基本的色彩搭配技巧；

3.激发创作兴趣和想象力，享受绘画带来的乐趣。

活动准备

1.物质准备：大花葱的图片或实物（若条件允许）、彩色卡纸、水彩笔、棉签、颜料盘、调色板、洗手液及毛巾。

2.经验准备：活动前教师可简单介绍大花葱的特点，引导幼儿观察其形状、颜色等特征。

3.环境准备：将区域布置成一个小花园的情境，挂上大花葱的图片或装饰，营造温馨舒适的创作环境。

活动过程

1.导入环节：教师出示大花葱的图片或实物，引导幼儿观察并讨论其外形特征，如圆圆的花朵、长长的茎等，激发幼儿的兴趣。

2.示范讲解：教师边讲解边示范如何用画笔或棉签在卡纸上画出大花葱的轮廓和细节，重点讲解圆形花朵的画法及色彩搭配技巧。

3.幼儿创作：幼儿自由选择工具和材料，开始创作自己的"圆圆的大花葱"。教师巡回指导，鼓励幼儿大胆想象，自由发挥。

4.作品展示与评价：幼儿完成作品后，教师组织幼儿进行作品展示，引导幼儿相互欣赏并评价同伴的作品，增强自信心和成就感。

活动延伸

将幼儿的作品布置在教室或走廊的展示区，形成一道亮丽的风景线，让幼儿感受到创作的价值和成就感；组织幼儿进行户外观察活动，实地观察大花葱等花卉植物的生长环境，进一步加深对自然的了解和热爱。

案例解析

区域活动《圆圆的大花葱》，注重在特定区域内为幼儿提供多样化的学习材料和自主选择的机会，突出幼儿个别化、差异化的发展，强调幼儿的主动探索和创造性表达。在活动准备方面，除了领域活动中规范常备的物质准备与经验准备之外，在区域活动设计中还专门提到了环境的布置与创设，这突出了区域活动中的"环境准备"。同时，在活动过程中可以看出，设计流程更多地强调幼儿的自主操作、自由选择和自发创作，教师更多以"观察者"的角色出现，为幼儿的个性化表现提供有针对性的专门指导。

模块四 幼儿园游戏活动课程

幼儿园的课程体系是由多种类型的教育活动所构成的，而游戏活动作为学前儿童的基本活动形式，对幼儿的全面发展起着至关重要的作用。将幼儿园课程与游戏活动进行优化整合，能够显著提升教育活动的整体质量和效果，增强课程实施的有效性。这意味着在课程设计过程中，游戏不仅仅被视为一种自发的活动形式，同时被深度融入课程活动之中，成为承载幼儿学习的重要手段。

一、游戏活动与幼儿发展

1.游戏活动的特征

《教育大辞典》中将游戏定义为"游戏是幼儿的基本活动，是适合幼儿年龄特点的一种有目的、有意识的，通过模仿和想象，反映周围现实生活的一种独特的社会活动"。现代研究者认为，游戏是幼儿生活的主要内容，是促进学龄前儿童心理发展的最好活动形式。不同于其他活动，游戏具有以下几个方面的特征。

（1）主动性。

荷兰学者约翰·赫伊津哈指出："一切游戏都是自愿的行为，被迫游戏就不再是游戏，它至多也不过是游戏的一个强制模拟而已。"学前儿童正处于身心迅速发展的时期，这一时期，学前儿童独立活动的能力更强，在生活中逐渐产生与人交往的需要。而游戏活动可以激发起幼儿内在的活动动机，产生积极体验。同时，游戏中有玩具、有动作、有活动，学前儿童可以自主自由地做自己喜欢的事情，在其中有较大的自由。因此，学前儿童喜欢游戏，在游戏中表现出较强的主动性。

（2）愉悦性。

游戏是一种娱乐活动，在游戏中幼儿的身体处于最自然、最轻松的状态，可以全身心地投入，让幼儿在兴趣的引领下积极参与，增强自信，在游戏中获得成功的体验，获得愉快的享受。同时，游戏没有强制性的社会义务，幼儿游戏的目的在于参与游戏的过程，没有为达到目标而产生的紧张感。因此，学前儿童在游戏中总是伴随着愉悦的情绪体验。

（3）虚构性。

学前儿童的游戏是在遐想的情景中发生的，具有明显的虚构性。在游戏中，幼儿能够理解游戏与现实生活的区别，通过模仿语言、动作来扮演角色，并利用各种象征性游戏材料反映现实生活中的人和事。在游戏中可以超越现实，按照他们的想象改变现实，比如把棍子当马骑，把竹竿当枪使……游戏的这种假想性特点，使幼儿可以不受时间、地点及具体条件的限制，把狭小的游戏场地变成广阔天地，把简单的材料想象成任何物体，具有明显的虚构性。

2.游戏活动在幼儿发展中的作用

游戏是幼儿最喜爱的活动，也是幼儿园最基本的活动形式。通过参与游戏活动，幼儿的情绪调节、情感表达及个性特征能够得到更为充分的培育和展现。具体来说，游戏活动在幼儿成长中具有以下几个功能。

（1）游戏促进幼儿身体发展。

在游戏活动中，幼儿的身体处于积极的活动状态，有利于幼儿骨骼和肌肉的成熟、神经系统的发育，从而促进学前儿童攀、跑、钻、爬等基本动作的发展。例如"木头人"的游戏，为了避免被捉到，幼儿必须灵活奔跑、及时暂停，在不断跑跳和停止的过程中，学前儿童四肢肌肉的协调性能够得到进一步发展，感觉运动技能得到有效提升。另外，充足的户外游戏使幼儿能够直接接触到阳光和新鲜的空气，为学前儿童身体的健康发育提供了必要的机会，使幼儿对环境的适应能力增强，促使幼儿健康成长。

（2）游戏促进幼儿认知发展。

瑞士心理学家皮亚杰指出，游戏行为是了解儿童认知发展的指标。在游戏中，幼儿充分发挥主动性，不断接触和了解新的事物，在这一过程中，能够促进他们知识的增长，也能促进幼儿语言、智力和创造力的发展。首先，游戏为幼儿自由表达创造适宜的语言环境，游戏中同伴的交流能激发幼儿的表达欲望，丰富词汇。其次，游戏活动能够为幼儿创设多种情境，引导幼儿在情境中发现问题、解决问题，使智力转化为一种认识策略。最后，游戏过程中产生的问题，能够激发幼儿的思考，从而将已有的知识经验以独特的方式重新组合，是培育和激发幼儿创新思维的土壤。

（3）游戏促进幼儿社会性发展。

游戏活动为幼儿创造了宝贵的社会交往及互动的机会，能够显著提升幼儿社会性交往的能力，进而促进其社会性发展。在多数游戏实践中，幼儿需要就游戏的情节、分工、规则和等进行构思和交流。例如，在"体验厨房"中，幼儿商量分配游戏角色，有"厨师""顾客""收银员"等，每个角色都各司其职，互相协商、互相帮助，以协作的形式完成游戏活动。在游戏过程中，学前儿童需克服"自我中心"的观念，遵守游戏规则，学会分享、合作等人际交往技能，经过游戏中的交往性教育引导，幼儿将掌握人际交往的基本方法、建立互助合作的良好品质。

 案例角

小班 游戏活动方案《红绿灯》

杜洁琼 季俏 吉林省省直机关第一幼儿园

设计意图

晨间谈话时，一名幼儿说到自己所在小区附近的红绿灯不亮了，很多车拥堵在路口，引发了其他幼儿关于交通规则的话题。小班幼儿在成人的陪伴下切身体验过交通规则，这种体验也是相对被动的。为了让孩子们更主动、更直观地感受交通规则，培养在公共交通环境中基本的自我保护能力，特设计了本次教学活动。

活动目标

1.了解交通信号灯的作用；

2.在游戏"红绿灯"中掌握相应的交通规则；

3.通过游戏情境，初步树立起交通安全意识。

活动准备

1.物质准备：自制红绿灯（用圆形卡纸制作或用手电筒蒙上相应颜色的纱巾）、绳子、汽车头饰。

2.经验准备：初步了解交通规则，如过马路要走斑马线、看红绿灯。

活动过程

一、导入活动

话题引入：师幼共谈交通规则，调动幼儿对交通规则的已有认知。

幼儿分享：请幼儿根据自己的经历讲述如果交通信号灯坏了会引发什么样的后果。

二、基本活动

1.介绍交通信号灯的作用。

教师介绍：交通信号灯的作用是指挥交通，红灯表示禁止通行，绿灯表示允许通行，黄灯表示警示。

2.游戏"红绿灯"（重点引导幼儿理解游戏规则）。

玩法一：用绳子圈出十字路口的区域，教师与全体幼儿分别站在马路两侧，幼儿齐诵儿歌"红灯停，绿灯行，黄灯亮了等一等"。教师出示红灯，幼儿原地不动；教师出示绿灯，幼儿过马路；教师出示黄灯，幼儿双手在胸前交叉表示等待。游戏进行几轮后，教师与幼儿交换角色，请幼儿出示红绿灯，加深幼儿对交通信号灯的记忆程度，提高反应的灵敏度。

玩法二：请助教教师带上汽车头饰，扮演车辆，在与幼儿行进方向垂直的马路上行驶。先在远处行驶，幼儿看到绿灯后有足够的时间穿过马路。再次游戏时，幼儿绿灯通行，助教教师扮演的车辆依然驶向幼儿，模拟交通事故，引发幼儿的讨论。

教师引导：小朋友遵守了"绿灯行"的交通规则，为什么还是发生了事故？

幼儿分享：在马路上所有人都应该遵守交通规则，不仅要观察自己行进方向的交通情况，还要注意其他方向的交通情况。

三、结束部分

教师总结：在马路上行走一定要严格遵守交通规则，过马路要看信号灯，自己遵守交通规则的前提下，还要仔细观察，及时躲避不守规的人造成的危险。

活动延伸

将"红绿灯"材料投放到室外游戏区，幼儿在户外游戏时可自创情境。

案例解析

幼儿的安全不能被动地等待给予，而应该主动去获得。一方面幼儿要在现实生活中理解、遵守交通规则，另一方面也要在间接经验中汲取知识。教师通过游戏活动模拟交通环境，帮助幼儿理解信号灯的使用规则，在游戏中创设相对复杂的交通情境，引发幼儿对安全意识和行为的深入思考，让幼儿更全面地理解遵守交通规则的意义，获得在复杂交通情况中保证自身安全的能力。

二、幼儿园课程中的游戏活动

1. 游戏活动在幼儿园课程中的作用

在幼儿园教育实践中，游戏不仅是一种不可替代的教学手段，同时也是课程内容得以生动呈现和有效实施的重要途径。通过游戏，幼儿能够以自己喜欢的方式探索、学习和成长。游戏活动在幼儿园课程中的作用，主要体现在以下两个方面。

第一，游戏是课程的内容。《幼儿园教育指导纲要（试行）》指出，幼儿园各领域的内容要有机联系，注重综合性、趣味性、活动性，寓教育于生活、游戏之中。华东师范大学王振宇教授也认为，幼儿园的游戏要课程化，要使游戏和课程相互融合。因此，幼儿园课程的方向和最终目标，应该是实现游戏与课程两个核心的融合，使幼儿园课程从游戏出发，再回归到游戏本身。为完成课程目标，要注重创设游戏环境，包括游戏的空间结构、场地大小、时间长短等，教师可以通过有针对性、有目的性的控制和改变环境，来更好地引导幼儿的游戏行为。教师在幼儿游戏过程中，也要充分尊重和支持幼儿的创造性活动，鼓励幼儿积极参与，体验游戏的乐趣，充分满足他们对游戏活动的需求，促进其身心全面发展。

第二，游戏是课程实施的途径。1989年《儿童权利公约》提出，儿童有从事适合其年龄的游戏和娱乐活动的权利。这是第一部保障儿童游戏权利且具有法律约束力的国际性约定。因此，我们应当将游戏精神和本质融入幼儿园课程实施的各项活动中，涵盖了区域活动、生活活动及集体教学活动等。除此之外，教师要做游戏的观察者、指导者，根据幼儿在游戏中表现出来的学习兴趣与需要生成新的课程内容，积极地为幼儿构建丰富多样的活动与学习环境，激发幼儿有意义的探索行为，从而积累学习经验，促进其能力发展。

2. 游戏活动在幼儿园课程中的现状

《3—6岁儿童学习与发展指南》指出，幼儿的学习以直接经验为主，严禁"拔苗助长"式的超前教育和强化训练。实现在游戏中开展教学活动，首先应该将游戏和课程相结合，然而当前游戏在幼儿园课程中却存在以下几个方面的问题。

第一，教师包办代替。传统观念中，幼儿一直被看作"欠发展的小大人"，至今仍然有很多教师持有这种观点。导致幼儿园的游戏活动的开展、环境的创设、材料的选择，都由教师包办代替，忽略了幼儿的主体地位。很多教师在活动中仅根据自己的教学需要设计游戏，干扰和控制幼儿正在进行的游戏活动，忽略了幼儿的实际需求，也忽视了游戏活动对幼儿的教育价值。

第二，轻视游戏环境创设。精心设计的游戏环境会潜移默化地影响幼儿的成长，能够充分激发幼儿的参与热情和探索欲望，使教学更具实效性。然而部分幼儿园的环境创设小学化倾向较为明显，缺乏儿童化、游戏化的精神要素；教室内布局陈设固化，桌椅排列整齐划一，缺乏灵活性和多样性，且游戏材料单一、缺乏层次性。还有一些幼儿园片面追求美观，游戏环境创设脱离幼儿的实际生活，无法激发幼儿的探索欲望，不能和幼儿进行有效互动，无法发挥其应有的价值。

第三，游戏和教学难以平衡。在幼儿园实际教学活动中，教师往往难以恰当地平衡游戏与教学之间的关系。一些教师过度看重游戏活动的教育性，单一追求教学目标的实现，试图将知识和技能机械地嵌入游戏活动中，剥夺了游戏本身的趣味性和自发性。还有些教师则盲目地组织幼儿进行游戏活动，仅关注游戏场面的热闹程度，而忽视了游戏过程中蕴含的教育价值，不能很好地将教学目标渗透进游戏活动之中，这都无法达成教学游戏化的有效实施。

儿童游戏要让
儿童做主角

📖 知识窗

2022 年 4 月，《中国教育报》发表了《我国学前教育取得跨越式发展和历史性成就》的报告。该报告指出，党的十八大以来，我国学前教育取得跨越式发展和历史性成就。

十年来，科学保教理念深入人心，以"游戏点亮快乐童年""幼小协同科学衔接"等为主题，每年开展"全国学前教育宣传月"活动，面向全社会持续传播科学保教理念和方法，促进科学育儿知识走进千家万户；教育部先后印发《幼儿园教育指导纲要》《3—6 岁儿童学习与发展指南》《关于大力推进幼儿园与小学科学衔接的指导意见》《幼儿园保育教育质量评估指南》等一系列文件，建立了比较完善的指导体系，为科学保教提供强有力的专业引领；深入开展"小学化"专项治理，积极推进"幼小衔接"攻坚行动，大力推广以"安吉游戏"为代表的典型经验，不断完善学前教研体系，建立一批幼儿园保育教育改革实验区，发挥示范引领作用，推动"以游戏为基本活动"有效落实，有力促进幼儿身心健康成长。

《中国教育报》
2022 年 4 月 27 日

三、幼儿园课程中的游戏与教学

在幼儿园课程体系中，游戏活动注重的是遵循幼儿的自然发展规律，教学活动则强调促进幼儿的全面成长。因此，正确处理好游戏和教学之间的关系，找到"玩"与"学"之间的和谐共生点，从而达到游戏与教学的优化整合，是平衡和探索学前教育领域中如何将游戏精神与教育目标巧妙融合的关键所在。

1. 幼儿园课程中游戏与教学的关系

游戏作为幼儿最喜爱的一种活动形式，本身并不具有社会实用目的。它注重幼儿自发活动中的活动过程与表现方式，能够最大限度地契合幼儿的发展规律，让幼儿在自由探索和自我表达中进行学习并获得发展。相较之下，教学活动则是一种系统化、目标导向的教育方式，旨在通过教学实施帮助幼儿增长知识经验、提升能力水平、丰富情感态度，它承载着文化传承和行为规范的教育责任，这一过程更加强调教师的角色，通过精心设计的课程活动确保教育目标的实现，从而促进幼儿身体、认知、情感及社会性等方面的同步发展。

游戏和教学是存在内在联系的，在幼儿园课程中，游戏和教学可以相互补充、相得益彰。不论是幼儿在教师精心构建的游戏场景中探索，还是在教师引导下的教学活动中学习，都能够体现出教育者为促进幼儿学习与发展而预先规划的意图。同时，这些活动也反映了对幼儿成长与发展的期待，即通过有目的的环境创设和活动设计，激发幼儿的内在潜力，引导他们主动参与，进而获得全面发展。

2. 幼儿园课程中游戏与教学的结合

朱家雄提出，可以将"纯游戏"和"纯教学"看作是幼儿园课程价值取向的两个极端。在这两个端点之间，存在着广泛的"中间地带"，代表了游戏与教学可以以不同程度和方式进行结合的各种形态，如图5-4-1所示。

纯游戏：儿童的自然发展　　　　　　　　　　纯教学：教师的预定任务

图5-4-1　游戏与教学的结合程度

教育活动的"最优化"，指的是花费最少的资源，达成所追求的目标。在幼儿园课程中，实现游戏活动与教学活动的最优化结合，需要考虑二者的性质与价值，具体策略包括以下三个方面。

（1）合理明确幼儿在活动中的主体地位。

在实施幼儿园游戏化教学时，首要任务是确立幼儿在活动过程中的主体地位，同时保证活动紧密贴合幼儿的实际需求和生活经验。这就意味着教师在设计活动时需要着重考虑幼儿的真实兴趣，使他们能够在轻松舒适的情境中自由探索、学习和成长。活动中，确保幼儿的高参与度是至关重要的，要给幼儿留出一定的自我发挥和支配的余地，教师不能将自己对游戏的理解强加到幼儿身上。同时要设立可供幼儿自主选择的游戏内容，并依据班级内幼儿人数及活动室空间等实际需求，采用科学合理的方式来决定活动区域的数量与规模。

（2）准确定位环境在游戏中的重要价值。

幼儿园的管理者与教师应当深刻理解并充分认可游戏环境对课程实施及幼儿成长的隐性价值，形成游戏环境创设的正确理念。《纲要》中明确指出："幼儿的空间、设施、活动材料和常规要求等应有利于引发、支持幼儿的游戏和各种探索活动，有利于引发、支持幼儿与周围环境之间积极的相互作用。"游戏环境应当是一个集满足幼儿游戏需求的实体要素与心理要素的综合性体系。在实体层面，包含了宽敞且安全的游戏空间、适宜的游戏设施、丰富的玩教具，以及必要的游戏材料和设备，所有这些硬件条件共同构成了支持幼儿探索和学习的物质基础。而在心理层面，游戏环境应当营造出温馨、和谐且宽松的人际关系，以及积极向上的情感氛围，让幼儿感受到安全与尊重，鼓励他们自由表达、勇敢尝试，同时与同伴建立良好的社交联系，进而为游戏的开展提供有效的前提和保障。

（3）确保强化户外游戏活动的教育意义。

随着幼儿教育改革的逐步深入，研究者开始认识到幼儿园教育远离自然对幼儿发展的危害，并呼吁使幼儿教育回归自然，重视户外游戏活动。幼儿园的户外游戏活动要贴近课程内容，充分利用当地资源，为幼儿提供丰富的游戏材料，真正落实"在玩中学"的口号。例如安吉幼儿园就利用了当地的资源优势，充分开发当地的乡土资源，随处可见的竹梯、竹筒、木块、木板、树墩则是证明。这体现了陶行知倡导的"活的课程观"和陈鹤琴倡导的"大自然、大社会是我们的活教材，是我们知识和生活的宝库"的理念。

📖 一点通

2021 年 5 月，我国基教司发表了关于《学习安吉游戏 探索真游戏精神》相关报告，报告中详细论述了安吉游戏对农村幼儿园发展之路的贡献。

浙江安吉的游戏，安吉的教育实践，尤其是他们游戏化的学习模式，揭示了农村学前教育的独特潜力和无限可能。它证明了即使在资源相对有限的乡村环境中，幼儿园也能开辟出一条创新且卓有成效的教育路径，彰显自身特色，不必盲目追随城市教育模式。中国学前教育研究会理事长虞永平教授对"安吉游戏"做出了如下诠释："安吉幼儿游戏教育对教学环境、主体、方式进行了重大革新，颠覆了中国传统幼儿教育形式，其生态式教育，极其符合幼儿身心发展需求，具有普适性和有效性，在全国产生了巨大的影响力，这样的幼教目标与国际幼教倡导的先进理念不谋而合。"

基教司

2021 年 5 月 20 日

📑 岗课赛融通

知识点

1. 简述领域活动课程的含义和特点。
2. 简述领域活动课程的目标设计应注意的问题。
3. 简述领域活动课程的实施要点。
4. 简述主题活动课程的设计要点。
5. 简述区域活动课程的实施过程。
6. 简述游戏活动在幼儿园课程中的作用。

做中学

案例描述：

在今天的区域游戏活动中，我让幼儿根据自己的喜好自由选择进行游戏，幼儿拿着游戏牌选择了自己喜欢的游戏。游戏开始了，我发现角色区人满为患，原以为最热门的建构区只有两个人。游戏继续进行，玩着玩着，别的游戏区开始有幼儿流动了，可角色区的幼儿却不愿出来，而建构区也不见有幼儿进来。于是，我说："多几个人来建构区呀？"可是没有人理睬。也许是幼儿只顾着玩游戏没有听见吧。于是我走进建构区，在建构区认真地搭建起来，边搭边说："今天我在广场边搭一座天桥，这样行人就可以走上面了。"建构区的幼儿很高兴，觉得我的建议很好，凑过来和我一起搭，同时有几个幼儿也被吸引了过来。可当我想离开建构区，去别的区域看看时，有几个建构区的孩子就离开了，他们又去了角色区。

思考：

请结合幼儿园实践和所学习的相关知识，思考是什么原因导致出现案例中的情形？如果你是该幼儿园班级的老师，你准备怎么解决这个问题？

项目六

中华传统文化在幼儿园课程中的开发

📝 知识目标

1. 了解文化与中国文化，理解中国传统文化的内涵。
2. 理解中华礼仪教育的意义，大致了解传统节日的源流与发展。
3. 知道传统节日、非遗文化等中华传统元素融入幼儿园课程的必要性。

⭕ 技能目标

1. 尝试将优秀中华传统元素融入幼儿园课程的开发。
2. 能就所学的传统礼仪文化有关问题进行交流探讨，形成自己的独到观点和见解。
3. 掌握中国传统节日的文化特点，进行传统节日的传承与创新。

📝 素质目标

通过了解我国优秀的中华礼仪、传统节日、非遗文化，加深对中国传统元素的认知理解，树立文化自信，开阔文化视野，厚植爱国主义情怀，热爱和传承中华文化，增强民族自信心和自豪感。

知识图谱

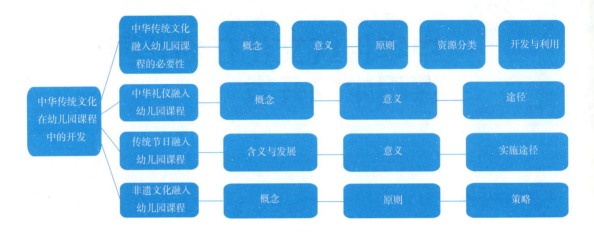

话题导入

十二生肖是中国几千年积累下来的传统文化，有着丰富的历史背景和现实意义，每当过年人们总能看到动物肖像，因此生肖对幼儿来说并不陌生。虽然幼儿大多知道自己的属相，但对十二生肖包括哪些内容、自己为什么是某一属相，多数幼儿并不了解。

那么，针对这一主题，我们应如何设置呢，怎样通过这次教学活动，让幼儿更好地掌握我们中华民族的本土文化呢。

模块一　中华传统文化融入幼儿园课程的必要性

在中华民族上下五千年的历史长河里，中华传统文化历经时间的沉淀，在不断地传承和发展中逐渐形成了具有中国特色的民族文化，彰显着中华民族生生不息的强大精神动力。当前，幼儿园教育阶段承担着传统文化教育的启蒙任务，这既是时代赋予的责任，也是教育工作者应该深刻思考的问题。在幼儿园课程实践与探索中，幼教工作者应进一步思考如何将中华传统元素融入幼儿园课程中，让儿童从小浸润在传统文化中，推动课程发展，使中华传统文化焕发新的生命力。

一、中华传统文化的概念

1. 中华传统文化的含义

中华民族是中华传统元素的创造主体。中华民族是现今中国境内由华夏族演衍而来的汉族及55个少数民族的总称。"中华"之得名，"中"，意谓居四方之中；"华"，蕴含文化发达之意。中国传统文化，是指中华民族在漫长的历史长河中创造的独具特色的民族文化。中华传统元素包含的内容非常广泛，但就其基本内容来看，主要包括如下几个方面：语言文化、服饰文化、饮食文化、中医文化、非遗文化、中华武术、中华礼仪、民族戏剧、传统节日、国画、诗歌、书法、对联等。本章节将选取其中中华礼仪、传统节日、非遗文化三个部分进行融入幼儿园课程的具体论述。

传统文化进校园的
三道"必答题"

2. 中华传统文化的基本特征

中华传统文化是历史的产物，是中华民族生生不息、发展壮大的精神滋养。中华传统文化作为特色社会主义植根的文化沃土，具有以发展为背景的历史性特征、公平正义的和谐性特征、兼容并济的包容性特征。

（1）历史性。

中华优秀传统文化跨越五千多年历史，历经原始社会、奴隶社会、封建社会等不同社会形态，中间夹杂着十数个朝代的兴替与多次文化大融合，为人类文明进步做出了不可磨灭的贡献。中华优秀传统文化的发展从先秦子学、两汉经学、魏晋玄学，到隋唐佛学、儒释道合流、宋明理学，经历了数个学术思想繁荣时期，产生了儒、释、道、墨、名、法等多个学术派别，在丰富的思想盛宴中，以"仁"与"礼"为内核的儒家思想满足了小农经济与封建制度的发展需要，成为中国古代社会的主流思想。中华优秀传统文化的历史性特征并非意味着落后与陈旧，反而是在当代展露风采、实现价值的深厚底气。

（2）和谐性。

中华优秀传统文化非常重视"和合共生"的理念，强调人与各个领域的和谐统一，显示了中国文化体系中蕴含的强大协调和同化能力。在我国传统文化中，有"阴阳平衡"的自我身心和谐，有"仁爱互助""以和为贵"的人际关系和谐，有"天人合一""万物与我为一"的人与自然和谐，也有"四海一家""协和万邦"的地域与地域、民族与民族、国家与国家之间的和谐。这些思想都体现了我国传统文化中的和谐思维特性。新时期，我们要弘扬中华优秀传统文化中和谐的思想，构建生态和谐、法治和谐、人民和谐、充满活力的和谐社会。

（3）包容性。

中华优秀传统文化博采众长，兼收并蓄，融合了世界各地各民族优秀文化的精华，具有极强的包容性。"海纳百川、有容乃大""草木有情皆长养，乾坤无地不包容"，中华文明自古就以开放包容闻名于世，在同其他文明的交流互鉴中不断焕发新的生命力。正因如此，在长期的创新发展过程中，中华文化不仅能保持自身特色，还能够不断吸收和借鉴各种文明的优秀成果，并在互鉴中不断发展和前行。优秀传统文化发展至今，一直呈现丰富多彩、生动活泼的局面，形成了许多有益于社会进步、时代发展的文化成果，实现优秀传统文化的时代价值则需要相应的认知平台，以极强的生命力屹立于世界文化丛林。

📖 一点通

　　和而不同：出于《国语·郑语》："夫和实生物，同则不继。以他平他谓之和，故能丰长而物归之。若以同裨同，尽乃弃矣。""以和五味以调口，刚四支以卫体，和六律以聪耳，正七体以役心。声一无听，物一无文，味一无果，物一不讲。"

　　孔子："君子和而不同，小人同而不和。"（《论语·子路》）

　　引申到社会领域，用以阐释做人的道理。

二、中华传统文化融入幼儿园课程的意义

　　中华传统文化包含着丰富的精神内涵，当前，国家将中华优秀传统文化教育提高至"有力增强民族自信心、民族自豪感和民族凝聚力"的战略高度。幼儿园教师作为传统文化课程实施的重要主体，学习和传承中华优秀传统文化更具有特殊意义。

1. 增强民族自信，提升文化认同

　　中国是具有5 000多年深厚历史的文明古国，中华文明璀璨浩瀚，具有辉煌灿烂的成就和独特的风貌。2022年7月，习近平总书记在新疆考察时指出："要加强中华民族共同体历史、中华民族多元一体格局的研究。"

　　文化认同是最深层次的认同。回顾历史，支撑我们这个古老民族走到今天的，是中华民族一脉相承的文化基因，是民族团结的根脉。历史不断地把每一代人的创造变为传统，整个历史发展是一个不断突破传统又不断形成传统的过程。学习与传承中华优秀传统文化，能够有效增强幼儿园教师了解本民族文化，形成文化自觉，避免文化焦虑、妄自菲薄等错误认识。同时能够增强教师的文化自信，增强自豪感，形成对本民族文化的文化共识，从而提高对中华传统文化的认同程度，愿意为振兴和发展中华优秀传统文化做出自己的努力。

2. 培育人文精神，提高道德修养

　　文化是民族的血脉，是人民的精神家园。在中华传统文化的传承教育中，教育工作者的文化和道德素养至关重要。我们必须了解中华文化的过去、现在和将来，同时通过中华优秀传统文化完善自身道德修养，构筑中华民族共有的精神家园。

　　"家国同构"是儒家强调的价值理念，是对国家的认同，更是个人归属感的体现。"国家兴亡，匹夫有责"同样应该成为今天中华优秀传统文化教育的重要内容。改革开放

以来，社会经济发展水平日益富足，但同时也存在一些问题。一些人投机取巧，丧失了中华优秀传统中生生不息的奋斗精神，这些体现在幼儿园教育行业，就会出现如体罚、消极懈怠等行为。因此，我们期待"和谐""仁爱""诚信"的中华优秀传统文化能够缓解和解决上述问题。

因此，教育工作者要自觉学习中华优秀传统文化，同时还要陶冶情操，砥砺德行，进行课程的融合和创新，不断提高自身的文化素养和思想境界，将中华优秀的传统文化以独特新颖、趣味十足的教学方式融入日常教学活动课程中，成为中华优秀传统文化的传承者和传播者。

3. 传播传统文化，引导幼儿树立正确价值观

幼儿园课程是实现教育目的的手段，将中华传统文化融入幼儿园课程，能够进一步传播传统文化，增强幼儿对中华民族的民族情感，让幼儿在传统文化滋养之下健康成长、全面发展，形成正确的价值观。

党的十八大报告强调：要"建设优秀传统文化传承体系，弘扬中华优秀传统文化"。3~6岁幼儿正处于文化认同的萌芽期，幼儿园教育工作者要发挥中华优秀传统文化的育人功能，高度关注优秀传统文化的发展方向，在教育过程中起到文化扶正和传承的作用。除此之外，还要进行合理引导。通过深入挖掘传统文化的内涵和精髓，以科学适宜的教育内容和方式、精湛的专业知识和技能向3~6岁幼儿播种中华优秀传统文化的种子，帮助他们亲近并喜爱中华优秀传统文化，通过引导幼儿感知、了解和体验本民族的文化，帮助他们建立对中华文化的认同感和归属感，并逐步将民族价值观和民族智慧的结晶传承、内化并践行。

三、中华传统文化融入幼儿园课程的原则

教妇初来，教儿婴孩。中华优秀传统文化教育是传承中华文化的关键，关系着中华民族未来的生存和发展，因此要及早开展，依据民族性、启蒙性和适宜性原则，将中华传统文化融入幼儿园课程，使其贯穿于幼儿成长的全过程，科学有序地推进中华优秀传统文化教育的可持续发展。

1. 民族性原则

民族性原则是开展中华优秀传统文化教育的首要原则。民族性强调的是文化根源，在学前教育阶段开展中华传统文化教育，就是力求在全球化的背景下找到最具适宜性的中国特色学前教育发展之路。

全球化具有重要的时代特征，我们必须正确处理本土文化与外来文化的关系，克服其中的不确定性和矛盾性。民族性原则绝不是强化民族中心主义，而是要强调民族文化的差异性和多样性。总的来说，在幼儿园开展中华传统文化教育时，我们要坚持平等与开放的文化观，承认中华文化的优点，引导幼儿对其进行传承和发扬，又要正确认识外来文化，取长补短，更好地丰富和发展中华传统文化课程。

2. 启蒙性原则

学前儿童的思维方式具有具体形象的特点，将中华传统文化融入幼儿园课程要高度重视启蒙性原则。学前教育工作者要切实了解学前儿童身心发展规律和接受能力，科学合理地安排粗浅的生活化教育内容，有计划、有目的地引导幼儿初步感受、了解和体验中华优秀传统文化的魅力，循序渐进，不断深入，从而使幼儿萌发对中华优秀传统文化的亲近感和归属感。启蒙性原则要体现在教育目标、教育内容以及教育方式等几个方面。

在教育目标上，教育者要将重心放在幼儿的情感和态度上，引导幼儿欣赏和感受中华优秀传统文化的博大精深，主动发现并亲近身边的中华优秀传统文化。在环境创设上，要为幼儿提供有趣的、丰富的读物，通过与幼儿一起看图书培养其阅读兴趣和习惯。

在教育内容上，要对中华优秀传统文化进行系统的筛选，将较为粗浅的、具有适宜性的中华优秀传统文化融入幼儿园课程，如中国传统食物、玩具、服饰、民俗、游戏等，让幼儿在学习历史知识的同时，体验中华优秀传统文化。

在教育方式上，要贴近幼儿的学习需要，采取易于幼儿感知和体验的教育方式。在中华优秀传统文化的学习活动中，教师要从幼儿的兴趣和需要出发，找到幼儿乐于体验的教育方式，增强幼儿的兴趣和热情。同时要给幼儿更多参与、讨论的时间和空间，体验过中国传统节日的乐趣，感受节日的快乐并强化其认同的体验。

3. 适宜性原则

幼儿园基于中华传统文化开展教育活动应遵循适应性原则，主要体现在以下三个方面。一是发展适宜性，即课程内容既要符合儿童已有的发展水平，又能促进其进一步发展，应符合维果斯基提出的"最近发展区"理念，使儿童在教师的引导下能够完成一定的任务，这不仅仅是停留于理论的总结，更应结合幼儿的实际表现进行调整。二是文化适宜性，教师应对课程内容进行合理的选择，结合幼儿的年龄特点和发展水平，密切联系幼儿的已有经验和生活实际，选取适宜的教育活动素材，让幼儿通过课程逐渐感受与认识自己身处的社会和文化，进而不断筑牢幼儿发展的文化根基。三是时序适宜性，指传统文化的选择要与时节相吻合，在适当的时间开展应景的教育活动。如利用端午节开展一系列活动，包括赛龙舟、放纸鸢、包粽子等亲子活动以及点艾条、挂香囊等民俗活动。

中国文化的流变与分期

第一个时期，可以从上古到秦始皇，这是中国文化的第一期。这一个时期是中国以儒家为本位的传统文化形成发展的时期，就是从尧舜禹汤文武夏商周，到春秋战国，一直到秦始皇大一统，这个是中华民族创造中国传统文化的时期。这个时期的中国文化是我们中国的固有文化，因为这个时期的中国文化并没有像以后那样和外来的文化相遇，虽然我们在固有文化的形成上也是各个兄弟民族之间文化互相交流、交融，但那是我们中华民族主体内部的交流，不是像以后那样和外来文化相交流，所以这是一个时期。

第二个时期，可以说从汉朝以后一直到清朝、民国，这是中国的传统文化一个大的发展时期，也可以说是中国传统文化跟外来文化相交融而发展的时期。在第一个时期所创造的固有文化在秦以后跟其他外来文化相交、相遇，进而融合、发展。当然秦以后，在中国内部来说，文化很多，有齐鲁的文化、荆楚的文化、吴越的文化、巴蜀的文化、辽金的文化、满蒙的文化等。从汉以后一直到清末，与中国固有文化相交融而发展的这个时期，这是第二个时期。

第三个时期，中国的传统文化跟西方文化交流的时期。因为文化的交融它都是相互交叉的，所以它的上限和下限不是那么绝对的，这个时期应该从明朝的中叶开始，一直到现在。这期间又包含两个阶段：鸦片战争以前是中国的传统文化跟西方的传统文化打交道的一个阶段；鸦片战争以后是中国传统文化跟现代西方资本主义的文化打交道的时期。

文字来源：国易堂

四、适合幼儿园的中华传统文化元素教育资源分类

中华传统文化的教育资源丰富多彩、包罗万象，对其进行分类，有利于中华优秀传统文化教育的开展，使其更加系统和条理化。从不同角度对中华优秀传统文化教育资源进行分类，划分的教育资源的类型会有所不同。

1. 依据本质属性进行分类

依据中华传统文化教育资源的本质属性，可将其分为自然教育资源和社会教育资源。

自然教育资源是指为能够在自然界中使用的各类事物和现象，具有自然性、公益性、理想性、继承性及流动性五大特征。自然教育资源包括山川、河流、动物、植物、季节、天气等，是幼儿探究中华民族生存和发展的自然环境，也是幼儿获取相关知识经验的主要基础和必要条件。许多幼儿园所处的地域往往有丰富的本土教育资源，对这些资源进行开发和利用会进一步丰富教学内容，让幼儿感知自己家乡的特色。

社会教育资源是指人类社会创造出来的社会事物、社会现象和社会活动资源，主要特征包括生成过程的动态性、种类形式的多样性以及使用对象的宽泛性。由于幼儿园所处地域、人文环境不同，幼儿园可以开发与利用的社会教育资源也呈现一定的差异性。如各地区公共设施和经济活动、不同的宗教伦理和风俗习惯，独具特色的民俗活动、传统节日、社交礼仪等都是不可或缺的中华优秀传统文化教育资源。

2. 依据内容特征进行分类

依据中华传统文化教育资源的内容特征以及教师开展适用性两个方面，可以将中华传统文化教育资源划分为美术教育资源、音乐教育资源、文学教育资源、科技教育资源、社会礼仪教育资源五个类别。每一类别在使用的过程中都要加以筛选，使其更加符合幼儿的发展特点和认知需要。

中华传统文化中的美术教育资源包括泥塑、脸谱、剪纸、浮雕等多种内容，是幼儿非常喜欢的一个类别，他们可以在活动中自己动手，亲身体验，这大大增加了活动的趣味性。音乐教育资源可以分为传统乐器和传统音乐两个部分。传统乐器包括打击乐器、拉弦乐器等，传统音乐包括民歌、戏曲、曲艺等。文学教育资源包括绕口令、谚语、古诗词等。科技教育资源包括自然环境、科学发明、科学实验等。社会礼仪教育资源包括传统节日、民间游戏等。社会礼仪教育资源包括风俗习惯、交际礼仪等。

3. 依据教育功能进行分类

依据中华优秀传统文化教育功能，可以将其分为素材性教育资源和条件性教育资源两大类。

素材性教育资源主要来源于幼儿的现实生活和现实经验，包括节日、饮食、服饰等幼儿平时积累的各种知识，是幼儿园开展中华优秀传统文化教育的重要基础。

条件性教育资源是中华优秀传统文化教育设计、实施与评价不可或缺的教育资源。如幼儿园开展中华优秀传统文化教育的人力、物力、财力、设备、制度等一系列保障措施，就属于条件性教育资源。

对教育资源进行多维度、多角度的分类，既是我们研究中华传统文化的基础，也是我们帮助幼儿园教师开展教育活动的需要。但这些划分并不是绝对的，在探索的过程中，我们可以根据自己的理解进一步划分，提高中华传统文化教育的效果。

 案例角

中班 社会领域活动方案《少数民族》

魏莹　长春市二道区格林·格顿蓝山分园

设计意图：

我国是一个多民族的社会主义国家，由56个民族组成，中华民族在漫长的历史发展中和睦相处、团结互助，用自己的辛勤劳动，共同开拓了祖国的大好河山。作为一名幼教工作者，应引导幼儿了解各民族的服饰、建筑、节日等文化及风俗习惯，尊重各民族的习俗，从小树立汉族离不开少数民族、少数民族离不开汉族、各少数民族之间也相互离不开的思想观念，为巩固发展平等团结互助和谐的社会主义民族关系，维护国家统一和民族团结，促进改革发展和社会和谐做出自己的努力。

活动目标：

1.知识目标：知道我国是一个多民族的国家，各族人民勤劳勇敢，他们都是中国人。

2.技能目标：尝试从服装上尝试辨认蒙古族、藏族、朝鲜族三个民族，初步了解他们的主要生活习惯。

3.情感目标：热爱少数民族，对幼儿进行爱国主义教育。

活动准备：

1.课前丰富有关地理知识与音乐舞蹈方面的技巧。

2.自制投影片，中国地图，三个民族娃娃（彩色图片），彩色挂图，三个少数民族的生活片段。

活动过程：

一、讨论导入

出示蒙古族、藏族、朝鲜族三个民族的娃娃，引导幼儿观察。

师：今天我们班里来了几位漂亮的小朋友，请大家仔细观察，她们穿的衣服和我们有什么不一样的地方呢？

师：你知道她们分别住在"大公鸡"的什么位置吗，让我们一起来猜一猜吧。

二、基本部分

1.播放 PPT 及挂图，引导幼儿观察三个民族的服饰特征并介绍不同民族人民的生活习惯。

（1）放映蒙古族的挂图，让幼儿通过观察、讨论，了解蒙古族人的服饰特征与主要生活习惯。

师：蒙古族人穿什么样的衣服？他们的服饰跟我们有什么不一样？他们爱好什么？

（2）出示蒙古族人民生活的视频，引导幼儿自主讨论,常试用完整的语言描述其服饰、生活、乐器等部分特征。

小结：首饰、长袍、腰带和靴子是蒙古族服饰的 4 个主要部分，妇女头上的装饰多由玛瑙、珍珠、金银制成。蒙古族男子穿长袍和围腰，妇女衣袖上绣有花边图案，上衣高领。妇女喜欢穿三件长短不一的衣服，第一件为贴身衣，袖长至腕；第二件外衣，袖长至肘；第三件无领对襟坎肩，钉有直排闪光纽扣，格外醒目。

（3）用同样的方法，介绍藏族、朝鲜族。

2.组织添色游戏"为民族娃娃穿花衣"，让幼儿自主选择喜欢的民族娃娃，并通过填色活动巩固所学知识。

师：请小朋友们说一说你最喜欢哪个少数民族的娃娃，为什么？请你为自己选择的小伙伴填涂上好看的颜色吧。

小结：中国是一个多民族国家，具有绚丽多彩的民族服饰文化。服饰是人类特有的劳动成果，生活习俗、审美情趣、色彩爱好，以及种种文化心态、宗教观念，都积淀于服饰之中。在填涂色彩的过程中，可以引导幼儿进一步感受各民族服饰特点，加深印象。

3.培养幼儿热爱少数民族的情感，进行爱国主义教育。

师：我们今天认识了几个少数民族，他们和我们一样都是中国人，我们50多个民族生活在一起，一起劳动，一起唱歌跳舞，所以我们要和睦相处、团结互助，共同建设我们的国家。

三、结束部分

播放民族大团结的投影片，引导幼儿随音乐自由舞蹈。

活动延伸：

将绘本投放到阅读区。

五、中华传统文化在幼儿园课程中的开发与利用

中华优秀传统文化的教育资源是幼儿园开展中华传统文化教育的重要支撑，能让中华优秀传统文化由陌生变得亲切、由抽象变得具体，对中华优秀传统文化的传承和弘扬具有不可或缺的价值。在幼儿园开展中华传统文化教育必须高度重视中华传统文化教育资源的开发与利用，并结合现代幼儿园教育的需要加以创新和发展。

1.开发与利用中华传统文化教育资源的思路

在中华传统文化教育资源的开发中，我们既要联系幼儿的生活实际，又要考虑其背后的文化价值，实现教育活动的有机整合，有条件的幼儿园还可以建立中华优秀传统文化教育资源库，从而拓展中华优秀传统文化教育资源开发与利用的广度和深度，方便幼儿园教师的教育、教学，从而有效推进中华优秀传统文化教育在幼儿园的开展和全面落实。

具体来说，可以围绕幼儿园隐性教育环境、幼儿的一日生活、家庭与社区等园外教育资源多个方面来开展，还可以围绕主题教育活动实现传统教育的开发与利用。面对纷繁复杂的工作内容，教育工作者有一双善于捕捉教育契机的眼睛，从烦琐中独立出来，认真解读传统文化实际内涵，立足本园教育实际对课程作出分析和规划，用清醒的头脑审视自身的优势和发展的方向。不能一味强调课程的"新""奇""特"，忽视了课程本身对幼儿发展的意义。

2.开发与利用中华传统文化教育资源的策略

中华传统文化博大精深，蕴含着丰富的教育资源。幼儿园要明确传统文化的重要意义，对教育资源进行合理的开发与利用，构建系统、全面、多元的教育资源体系。在开发与利用的过程中，常用的策略包括直接利用、科学加工和合理创新三种途径。

中华传统文化中很多内容可以直接应用在幼儿园课程中，如一些朗朗上口的古诗词和童谣、富有想象力的精彩的民间故事、精美的民族工艺品、传统饮食、民俗活动、民间音乐、民族舞蹈、民间美术作品、民间游戏等。直接利用这些资源也并非是指拿来就用，而是要经过筛选、比较和评估再加以利用。其次，还有一些教育资源需要进一步加工和科学处理，使

其适应幼儿的年龄特点和幼儿园教育的实际需要。最后，教师也可以结合幼儿园实际需求和幼儿发展水平对相关资源自主进行有创意的提升和完善，采取自主研发、重组、创作等多种方式进行创新，使中华传统文化教育资源更加丰富多彩。

3. 开发与利用中华传统文化教育资源的注意事项

中华优秀传统文化是中华民族屹立于世界文化之林的根基。幼儿园教师是中华优秀传统文化教育资源的开发者与利用者。教育资源的开发与利用即利用智慧将具有中华优秀传统文化特点的物质或非物质资源进行直接利用或加工、改造后再利用，从而为开展中华优秀传统文化教育而服务。

在这一过程中，我们首先要保持开放的心态，引导幼儿以多元的视角了解和感知传统文化。其次要基于中华优秀传统文化教育资源的丰富性和多样性，充分考虑中华优秀传统文化教育的需要及幼儿身心发展的特点。最后要注意建立文化共生的氛围，整合教师、政府教育行政部门、各级专家等教育资源，建立资源共享机制，实现整体效应和优势，提高传统文化使用效率，避免资源浪费。

📖 一点通

2016 年 2 月，《中国教育报》发表了一篇名为《在"年味儿"中增进文化认同》的文章，旨在引导青少年学生重视传统文化，守护中华民族精神家园的历史重任。

文章指出，无论学校，还是社会和家庭，都有责任引导青少年自觉担当这一历史责任。这些年，每逢万圣节、圣诞节等"洋节"，我们的一些学校特别是幼儿园非常热衷搞主题活动，在孩子幼小的心灵里种下了一个个西方的"美丽传说"，这便是文化的濡染。但我们的传统节日似乎少了些教育载体，活不起来。春节是传统文化含量最为丰富的节日，春节期间正值寒假，这为大中小学生参与和体验春节的文化氛围提供了极好的条件。我们应该鼓励学生们认真了解春节所蕴含的传统文化信息，特别是了解当地春节的习俗，体验看得见、摸得着的中国式人情物理；鼓励学生春节期间积极参与到家庭、社区、乡村的活动中去，到社会的大课堂里去。

历史地看，青少年对"洋节"的追捧显然只是一种阶段性的文化现象，中国的传统节日必将伴随中华民族的伟大复兴在青少年心中实现文化回归。但前提是，只有让传统节日的文化魅力内化于心，青少年才不至于在"洋节"的热闹中迷失。

《中国教育报》钟焦平

2016 年 2 月 4 日

模块二　中华礼仪融入幼儿园课程

话题导入

"孔融让梨"是中国千百年来流传的一个道德教育故事，是关于中国古代东汉末文学家孔融的真实故事，《三字经》中"融四岁，能让梨"即出于此。

孔融（公元153—208），东汉文学家，字文举。鲁国（今山东曲阜）人，家学渊源，是孔子的二十世孙，为当时著名的建安七子之首，文才甚丰。孔融是当时比较正直的士族代表人物之一，他刚直耿介，一生傲岸。最终为曹操所忌，枉状构罪，下狱弃市。

孔融有五个哥哥，一个弟弟。有一天，家里吃梨。一盘梨子放在大家面前，哥哥让弟弟先拿。孔融不挑好的，不拣大的，只拿了一个最小的。爸爸看见了问孔融："这么多的梨，你为什么只拿一个最小的呢？"孔融回答说："我年纪小，应该拿个最小的；大的留给哥哥吃。"父亲又问他："你还有个弟弟哩，弟弟不是比你还要小吗？"孔融说："我比弟弟大，我是哥哥，我应该把大的留给弟弟吃。"孔融四岁，知道让梨，上让哥哥，下让弟弟。大家都很称赞他（图6-2-1）。

图 6-2-1　孔融让梨

古人云："不学礼，无以立。"中国素有"礼仪之邦"的美称，礼仪是中华民族的传统美德，礼仪教育也是精神文明建设的重要课题。幼儿期是智力发展的重要阶段，也是良好行为塑造的关键时期。对幼儿开展礼仪教育可以从精神品格与礼仪行为两个部分入手，将其贯穿于幼儿生活及各项活动中，让幼儿从小养成懂礼、知礼、学礼、用礼的好习惯。

一、中华传统礼仪教育的概念

1. 中华传统礼仪

"礼，履也，所以事神致福也"，礼仪最早产生于原始社会时期劳动生活中，并作为人际交往的基本准则，从最初的祭祀之礼扩展到社会的各个方面。礼仪的精神内核随着社会的变革和发展，也不断地发生改变和调整。这既表现为外在的礼貌、仪节，又表现为深层次的精神内涵，对中华民族精神素质的修养起了重要作用。

以孔子、孟子、荀子为代表的儒家学派所提倡的"礼"，内容十分宽泛，可以从传统礼仪文化所应用的场合将其分为五类，分别是吉礼、凶礼、军礼、宾礼及嘉礼，按照人际交往的礼仪要求，可以分为修身之礼、宴饮之仪、馈赠之礼、敬老爱幼、尊师重道、仁爱孝悌、礼貌谦和、诚信修睦等内容。本章中所论及的中华传统礼仪历经千年的发展，是相对于礼仪提出的概念，是指以建立和谐关系为目的的、去粗取精后的中华优秀传统礼仪的总和，是中华传统文化的精华，也是中华民族赖以生存和发展的凝聚剂和内聚力。

📖 一点通

《史记·五帝本纪》（图6-2-2）："岁二月，东巡狩，至於岱宗，柴，望秩於山川。遂见东方君长，合时月正日，同律度量衡，脩五礼五玉三帛二生一死为挚，如五器，卒乃复。"

吉礼：吉礼是五礼之冠，主要是对天神、地祇、人鬼的祭祀典礼。主要内容有：祀天神、祭地祇、祭人鬼。

嘉礼：嘉礼是和合人际关系、沟通、联络感情的礼仪。嘉礼主要内容有：饮食之礼；婚、冠之礼；宾射之礼；飨燕之礼；脤膰之礼；贺庆之礼。

宾礼：接待宾客之礼。

军礼：师旅操演、征伐之礼。

凶礼：哀悯吊唁忧患之礼。凶礼的内容有：以丧礼哀死亡；以荒礼哀凶札；以吊礼哀祸灾；以禬礼哀围败；以恤礼哀寇乱。

图6-2-2　《史记·五帝本纪》

2. 礼仪教育

教育是人类社会特有的培养人的活动。礼仪教育则是在现有礼仪规范和原则的指导下，按照一定的目的、计划和组织将礼仪融入教育之中，对受教育者施以全面系统的道德影响，培养其良好礼仪习惯的过程。礼仪教育是礼仪和教育的结合体，主要体现在生活中的两个方面，一个道德品质教育，如思想观念、处世态度、仪容仪表、言行举止等，另一个是社交礼仪教育，如个人礼仪、餐桌礼仪、待客礼仪、馈赠礼仪、公共礼仪等。

中国传统礼仪教育是中国历史文化遗产的重要组成部分，教育者应重视幼儿的礼仪教育，提升受教育者的礼仪素质。同时也要重视幼儿行为规范及行为模式培养，使幼儿能真正担当时代重任，成为合格的社会主义建设者和接班人。

二、中华礼仪教育的意义

1. 弘扬中华礼仪文化中的优良传统

中华文明以网为媒
"行走"世界

中华礼仪文化凝聚着中华人民的智慧，其中仁、敬、和等礼仪思想是传统礼仪文化的精华，在新时代依然具有深远的意义和影响。"仁"是中华礼仪文化的核心，要求克己复礼，进行自我约束，主要表现为待人接物宽容友善；"敬"是中华礼仪文化的本质，要求学者常有敬畏之心，在学习和生活中尊师重道、恭敬谦和；"和"是中华礼仪文化追求的目标，表现在人与自然、人与社会、人与自己等各个方面，是中华民族孜孜以求的社会理想。所谓"礼之用，和为贵"，这一思想对构建和谐的社会关系具有重要的指导作用。

中华传统礼仪文化是知与行的结合，不仅有丰富的思想教育理念，还有一系列的行为规范。如"三礼"所记载的礼仪制度，丰富且具有深刻的内涵，为后世制定国家礼仪制度奠定了基础。在幼儿园课程实践过程中，全面了解中国传统礼仪文化的历史、人文思想，推陈出新，可以使传统礼仪文化适应新的社会发展要求。将思想道德教育深入幼儿课程及日常生活中，有利于中华礼仪文化中优良传统的弘扬，有利于幼儿增强民族文化自信，以助力中华民族伟大复兴。

2. 剔除中华礼仪文化中的糟粕

中华传统礼仪文化是历史的产物，不可避免地存在腐朽过时的内容。例如在封建社会中，地位划分以君主为尊，"官本位"思想浓重，礼仪制度的种种规定固化了社会等级，并且推动等级差异不断扩大。其次，传统礼仪文化建立在父权社会基础上，在封建家庭内部，夫为妻纲，强调男尊女卑，造成家庭内部的诸多不平等。另外，传统礼仪文化烦琐复杂，从衣食住行等各个方面进行了烦琐细致的规定，严重限制了人的自由发展。在个人发展上，传统礼仪文化倡导"学而优则仕"，认为商人、工人等职业是末流，常常造成范进中举这样的悲剧。

中华人民共和国的成立让人们看到了自由平等的未来生活图景，传统礼仪文化中的"三纲五常""男尊女卑"的陈旧思想被抛弃，代之以人人平等、互助和谐的社会伦理关系，中华文化开始展现新的时代精神，传统礼仪文化的发展也更加科学化。在新的时代背景下，我们要结合新时代发展进程，更加理性地分析传统礼仪文化，构建适应现代生活方式、能够彰显中华民族特性的礼仪文化体系。

3.培养幼儿道德素养的形成

礼仪乃人与社会发展之根本，梁启超在《少年中国说》中提到"少年智则国智，少年富则国富，少年强则国强"。儿童是中华民族的未来，他们的思想道德、文化素养直接关系着中华民族的繁荣富强。我国的礼仪教育为修身，即遵守礼仪规范，约束个人行为。礼仪礼节不仅能培养个人责任、耐心自律，也可引导儿童树立正确的人生观，弥补学校、家庭德育教育的不足之处。

近年来，我国经济飞速发展，人们的物质生活水平不断提高，在这样的环境下成长起来的孩子往往滋生了一些唯我独尊的品性和不良习气。幼儿期是培养其良好行为习惯及品格的最佳时期，因此，将中华礼仪融入幼儿园课程，让幼儿从小接受良好的礼仪行为规范教育，对学前儿童广泛开展和推进文明礼仪教育，能够进一步促进幼儿道德素养的形成，为其今后的发展奠定基础。

三、礼仪教育实施的途径

1.细化教育内容，将中华礼仪文化融入幼儿园课程

学前教育阶段在各个学段中起着奠基作用，也是进行中华礼仪文化教育的主阵地。教育者一方面要细化教育内容，将中华礼仪文化融入幼儿园课程，另一方面要改进教学方法，进行礼仪文化的实践教育。

首先，园所应当结合自身特点，开设相应的园本课程。园本课程的开设不应走形式主义，内容应当充分尊重幼儿兴趣与需要。例如，教师可以带领幼儿就中华礼仪设置开放性问题并展开讨论，围绕话题开展"头脑风暴"，引导幼儿各抒己见，积极发表自己的想法，通过整理讨论内容，构建超学科式主题网并进一步归纳，将幼儿感兴趣的礼仪文化融入幼儿园课程。另一方面，根据学前儿童的年龄特点，还可以通过程门立雪、负荆请罪等脍炙人口的传统礼仪故事，帮助幼儿树立基本的道德观和是非观。还可以挖掘地方特色礼仪和民族特色礼仪，结合园所实际，将礼仪教育内容细化到一日生活的各个环节中，在入园、进餐、午睡、户外活动等各个环节制定礼仪规则，如养成饭前洗手、饭后漱口的好习惯等，帮助幼儿在社会生活中逐步积累经验。

其次，教育者不仅要传授礼仪文化知识，更要加强礼仪实践教育，注重知行合一。如围绕中国传统节日设计主题活动，带领幼儿到养老院、孤儿院等场所开展"九九重阳节""我爱同伴"等进行社会实践活动，引导幼儿做一些力所能及的事，不仅能够带领幼儿感受中国传统文化，还可以让幼儿体验关爱长辈和他人的快乐。还可以每周有计划地创设新的情境课程，利用投影仪、VR 等多媒体设备，开展"我与文明手拉手""文明小督察"等文明礼仪活动，在活动中融入中国传统礼仪常识，丰富文明礼仪教育教学模式。同时还可以开展"礼

仪小标兵""文明小卫士"等文明礼仪竞赛活动，这些教学方法使传统礼仪文化焕发生机，强化幼儿对礼仪活动的理解。

最后，教育者要营造充满礼仪文化的园所氛围，一方面加强师德师风建设，让教师以身作则，提升自己的礼仪修养，努力成为幼儿的榜样。另一方面制定规范和准则，形成有序的、良好的园所礼仪氛围。如鼓励教师与幼儿共同创设主题墙、设立礼仪文化角、开设礼仪教育广播等。通过这些方式，将中华传统礼仪教育融入德育实践，对幼儿进行潜移默化的影响。

2. 实现家园同步，获得家长全力支持

家庭是人生的第一所学校，父母是孩子的第一任老师。园所要广泛宣传开展礼仪教育的重要性，获得家长的支持和配合。家庭生活中发生的每一件事都有教育意义，父母的一言一行都给幼儿带来潜移默化的影响，一个受过良好家庭礼仪教育的人会让良好的礼仪在新的家庭中得以延续。

实现家园同步，将优秀传统礼仪教育融入家庭生活不能一蹴而就，这是一个由表及里、循序渐进的过程。实现礼仪教育首先需要家庭成员意识到传统礼仪教育的重要性，在此基础上准确把握个体成长的顺序性，从小事做起，由浅入深地培养个体的礼仪规范行为。在日常生活中，家长要注意营造和谐的家庭氛围，同时也要注意幼儿的个体差异性，结合自身家庭情况，有耐心地进行教授与引导，积极培养幼儿良好的思想品德，增强孩子对传统礼仪的体验感和自信感。

《三字经》中有云："为人子，方少时。亲师友，习礼仪。"父母是孩子最佳的榜样，家庭礼仪教育需要所有家庭成员的通力合作。父母与家庭成员可以让幼儿学到尊老爱幼、温良谦恭，也可以让幼儿学到污言秽语、骄傲自满。因此家长应时刻注意自己的品格修养，严于律己，起到一个合格的榜样作用。除此之外，家庭也需要注意营造宽松和谐的氛围，以探究合作的方式来教育孩子。

3. 坚定文化自信，发挥社会教化作用

中华文化源远流长，在悠久的历史长河中，我国早已形成了独具特色的礼仪文化体系。我们要坚定文化自信，发扬中华优秀传统礼仪，通过社会教化作用，实现优秀传统礼仪文化的当代转化，具体可以从以下两个方面开展。

第一，积极开展各类社会礼仪活动。以家庭、学校和社会为主要阵地，深入开展主题式教育活动，综合运用报纸杂志、书籍文献、视频软件等平台宣传中华礼仪文化，有效地引导人们明礼仪、讲文明、重道德。当地书院、图书馆等馆所应积极组织道德活动和礼仪规范教育，可以依据各地的文化旅游资源开展相关活动，充分发掘历史文化遗产的当代价值。各大企业和社会组织也可以定期开展关于优秀传统礼仪文化的团建活动，推动企业员工讲礼仪、树新风。

第二，引导传统礼仪教育回归社会。中华优秀传统是中华民族的强大基因，传统礼仪教育的回归不是一句简单的口号，而是一种责任。社会媒介应肩负起引导传统礼仪教育回归社

会的重任，避免社会各阶层投机取巧的现象出现，同时以人们喜闻乐见的方式进行宣传。各公益组织也应多组织相关活动，积极宣传礼仪文明先进事迹，牢牢掌握传承中华优秀传统礼仪文化话语权。

4.发挥创新精神，探索礼仪教育新路径

大众传媒是生活中的常用媒体，因其独特性被称为继家庭教育、学校教育与社会教育之后的第四种教育力量。大众传媒影响范围广，可以作为探索礼仪教育新路径使用。

互联网技术的高速发展为教育带来了新的载体。传统礼仪教育应该充分利用互联网，建立传统礼仪教育资源共享平台。新媒体可以与幼儿园、社会机构进行合作，整合传统礼仪教育资源，开展线下传统礼仪体验式教学活动。传统礼仪教育还可以利用互联网的定向性，为学前儿童群体推送传统礼仪的相关信息，突破时空的限制来进行中华优秀传统礼仪教育。

同时，对中华优秀传统礼仪的教育，应发挥创新精神，结合时代背景和现代化的理念与世界接轨。中华优秀传统礼仪教育需要用现代理念来进行审视，用当代的思想进行解释，再通过新媒体的传播方式进行传播。

知识窗

2015年5月，《中国教育报》发表了一篇名为《"为生之礼"是文明社会应有之礼》的报告，指出对学生的礼仪教育，不是为了约束学生的行为，而是培养学生的礼仪人格和礼仪的行为习惯，使学生能够明礼、习礼、守礼、有礼、重礼，生生彬彬有礼。报告指出，对学生的礼仪教育，不是为了约束学生的行为，而是培养学生的礼仪人格和礼仪的行为习惯，使学生能够明礼、习礼、守礼、有礼、重礼，生生彬彬有礼。从学生第一天进学校，就要有"礼"的要求、进行"礼"的教育，校园礼仪、社会礼仪、生活起居礼仪等都要有适时的、形式多样的教育和要求，让校园空间不仅是学习知识的课堂，更应该成为学生践行礼仪教育的学堂。从课内学习到课外活动，从新生入学的开学典礼到毕业典礼，学生在校学习的全时空，时时都应有礼的教育，而且要建立一套比较完整、科学、现代的礼仪规范、实施方案和评价体系。另外，学校的礼仪规范，是在师生之间礼仪互动当中实现的，要求学生践行"为生之礼"，教师就必须履行"为师之道"。

《中国教育报》耿道来
2015年5月1日

模块三 传统节日融入幼儿园课程

话题导入

红红火火过大年，欢欢喜喜闹元宵。开学正逢元宵节，为了更好地传承和弘扬传统文化，某幼儿园开展了闹元宵系列活动。老师带领孩子们制作灯笼，包元宵，舞龙，忙得不亦乐乎。孩子们喜气洋洋，身披舞龙舞狮演出服，游走在各个班级之间。这样热闹、祥和的氛围让幼儿进一步感受到元宵节的乐趣，也使幼儿对我国传统节日有了进一步的了解，增强了他们对中国传统文化的热爱。

传统节日与中华民族的悠久历史一脉相承，蕴含着巨大的教育价值。将中华传统节日融入幼儿园课程，能够激发幼儿对民族节日的兴趣和热情，从而进一步增强他们的自我认同和民族归属感。

一、传统节日的含义与发展

1. 传统节日的含义

传统节日是指在特定空间由特定群体，通过传统形式传承文化的活动，是民族认同感的载体，对增强民族凝聚力起着至关重要的作用。作为中华传统文化的重要表现形态，它具有鲜明的民族和地方特色，展示着中华民族的精神世界，能够传达特定的文化价值，也可为幼儿搭建深入传统节日的桥梁。

2. 传统节日的发展

传统节日的形成大致经历了由不定型到定型、由不自觉到自觉的过程，是国家或民族随着历史发展逐步、缓慢积累和完善的，是人类社会发展到一定阶段的产物。它代表了历代人民的智慧，经过千锤百炼，不断完善，日益形成各种类别的节日风俗。

我国传统节日的形成，与天文学、数学、历法、节气息息相关，可以追溯到战国时期的《礼记》《尚书》，其中关于节气的记录非常完整。通过古代黄河流域的鸟兽虫鱼、草木生态的推移计算，以五日为一候，三候为一气，一年分二十四节气（图6-3-1），共七十二候。又根据太阳在"黄道"上的位置，把全年划分为二十四个段落，包括"雨水""春分"等十二个"中气"；"立春""惊蛰"等十二个"节气"，统称为二十四节气。二十四节气的问世，给节日的诞生提供了先决条件。

图 6-3-1　二十四节气

　　春节、端午、中秋、冬至等节日在先秦时期就已经十分流行，主要风俗活动和原始崇拜、迷信禁忌有关。而中国的主要传统节日，如除夕、元旦、端午、七夕、重阳等，在汉代时期，已基本定型。汉朝是中国统一后的第一个大发展时期。唐宋时期，节日的发展从原始祭拜严肃的气氛中解放了出来，变成了以娱乐礼仪为特征的活动。从此，风俗和礼俗融为一体，内容不断充实，类别更加繁多，并很快成为一种时尚流行开来。诸多节日一来一往，年复一年，循环不已，这些风俗一直延续发展，经久不衰。

　　值得注意的是，在漫长的历史发展中，历朝历代的文人墨客为每个节日都记录下许多"名震天下"的诗词、文章，而这些诗词歌赋在广为流传中，早已成为中国传统节日文化的一部分。

节日文化·源远流长

　　中国的传统节日有很强的内聚力和广泛的包容性，一到过节，举国同庆，不仅是民间文化娱乐生活的重要组成部分，也是经济贸易和文化交流的重要契机。几乎每个节日，既是通过各种节日习俗仪式表达节日主题的岁时节点，也是集市交易日和文化交流日（图6-3-2）。

　　当前，春节、清明节、端午节、七夕节、中秋节、重阳节、中元节七个节日已经列入国家非物质遗产名录，端午节成为中国首个入选世界非遗的节日。其中，春节与清明节、端午节、中秋节并称为中国四大传统节日，自 2008 年起被列为国家法定节假日。

图 6-3-2　节日文化

二、传统节日融入幼儿园课程的意义

在"年味儿"中增
进文化认同

1. 有利于儿童对传统节日知识的了解

《3—6岁儿童学习与发展指南》指出，要通过传统节日，适当向幼儿介绍我国主要民族和世界其他国家和民族的文化，帮助幼儿感知文化的多样性和差异性。传统节日凝结着中华民族的民族精神，是中华民族灿烂文化的典型代表。将传统节日融入幼儿园课程能让幼儿进一步感受民族文化的多样性，增加儿童对传统节日知识的了解，对幼儿发展有重要的价值。具体表现在以下几个方面。

一是能够促进幼儿认知能力的发展。传统节日作为一种社会性公共文化传播载体，其活动形式和内容的丰富性能够激发幼儿的好奇心和求知欲，如端午节的传说、中秋节的来历、重阳节关于孝道的提倡，贴对联、猜灯谜、赛龙舟等有趣的活动等，都能在精神引领的同时，增长幼儿的知识，使幼儿在节日活动中了解传统节日习俗、庆祝方式、美食制作等方面的知识，对其社会认知发展有很大提升。

二是能够促进幼儿动作技能的发展。传统节日文化蕴含着丰富的美食、工艺元素，如在端午节开展包粽子活动，在春节剪窗花、贴对联，在元宵节包元宵、做花灯、舞龙舞狮等，都能使幼儿掌握传统节日文化，锻炼幼儿的基本动作，从而促进幼儿动作技能的发展。

三是能够促进幼儿情感的发展。传统节日活动的开展通常蕴含着强烈的伦理观念，当家庭中长辈、幼儿纷纷聚在一起，长辈的关心、晚辈的尊重、良好亲子关系的发展，都能够有所体现。在节日活动中，热烈的气氛和温暖的语言也能够进一步为幼儿的社会交往提供契机，从而进一步促进幼儿情感发展。

2. 有利于儿童民族自豪感的培养

幼儿期的儿童精力充沛、好奇心强，具有很强的可塑性，幼儿的情感态度和个体道德是一种社会实践的过程。传统节日本身具有很强的独特性和情境性，使幼儿能够在轻松、愉快的氛围中积极参与节日活动，有利于增强幼儿的国家认同感。

在几千年的连续发展过程中，传统节日形成了逐步稳定的节日文化精神和庆祝习俗。例如中秋节能够培养幼儿的团圆情感，重阳节注重孝道的传递，端午节能够培养幼儿的爱国情怀，而一些经典难忘的节日习俗，如猜灯谜、剪窗花、包元宵、划龙舟、做月饼等，都充满了无穷的魅力和童趣。在耳濡目染中，幼儿能够逐步理解传统节日所蕴含的深厚情感寄托，从而在心里种下民族自豪感和归属感的种子。

3. 有利于传统节日文化的传承和发展

传统节日是中华人民几千年来生活的动态表象，是中华民族经过长期发展沉淀下来的共同思想和信念。一个民族要延续和发展，就必须坚定地传承与发展民族优秀传统文化。在幼儿园教育中，教师要对传统文化进行系统化的筛选和创新，让课程作为传统文化的载体，巧妙地将传统节日文化知识传递给幼儿。

除此之外，还要精准把握传统节日与现代文化的契合点，让幼儿通过传统节日文化课程潜移默化地学习与传承节日文化，萌发幼儿的民族认同感和国家认同感，增强幼儿的民族自豪感与自信心。

4.有利于教学资源的丰富和完善

一般来看，中国传统节日融入幼儿园课程的实施空间主要在幼儿园内，但幼儿园也应充分利用家庭和社会资源，通过三方合作，促进幼儿进一步学习和发展。

传统节日中，社会上会开展丰富多彩的活动，比如道路旁的标志建设、商场的广告屏、各类营销活动、各地举办的节日文化活动，都可以作为幼儿成长和学习的有效资源；同时，教育者也应引导家长提高教育意识，抓住传统节日的教育契机，通过家园合作，使幼儿从多个维度全面感知并弘扬传统节日文化。

 案例角

大班 语言领域活动方案《情满中秋》

魏莹 长春市二道区格林·格顿蓝山分园

设计意图：

节日是一种文化，节日是社会生活的一个组成部分。在"情满中秋"这一主题中，我们和幼儿约好在晚上观察月亮，画画月亮的变化图，讲讲有关中秋节的来历，发挥想象说说月亮上面发生的故事。通过该主题活动，使幼儿感受我国文化的源远流长、璀璨夺目；了解关于月亮和人们生活息息相关，人与自然和谐相处的理念；了解我国航天科技的辉煌，激发民族自豪感，在幼儿心灵厚植爱国主义情怀的种子。

活动目标：

1.知识目标：有意识地倾听，理解故事内容，感受中国传统文化。

2.技能目标：能够根据故事内容进行提问，学会用恰当的语言讲述中秋节的故事。

3.情感目标：培养幼儿爱祖国、爱家乡、爱劳动、爱亲人的健康情感，鼓励幼儿用各种方式表达自己的情感。

活动准备：

1.教师和幼儿一起创设中秋节的环境，如：用泥土或橡皮泥制作月饼、水果；制作各种灯笼；张贴有关中秋节的故事挂图、画有观赏月亮的图片等。

2.PPT故事《嫦娥奔月》，黏土。

活动过程：

一、图片导入

出示月亮不同形状的图片，引导幼儿说一说不同月亮之间的区别，引出活动主题。

师：今天班里来了几位漂亮的小朋友，你知道它们是谁吗？它们彼此之间有什么区别呢？

小结：月亮的形态各不相同，有的月亮弯弯，而有的月亮圆圆。中秋之夜，月色皎洁，古人把圆月视为团圆的象征，因此，又称八月十五为"团圆节"。

二、基本部分

1.引导幼儿说一说你知道的中秋节以及在中秋节发生的有趣的事，调动幼儿的原有经验。

师：月亮有很多不同的形态，看上去真神秘。你知道哪些关于中秋节的故事？让我们一起来说一说吧！

2.播放PPT，讲述故事《嫦娥奔月》

师：在远古时代，天上有十个太阳，晒得人都快焦了，晒得土地裂开。为了拯救人类，有个叫后羿的大英雄，引弓搭箭，把天上的九个太阳都射了下来，只剩下一个太阳。从此，天气变得正常了，百姓能安居乐业了。为了奖励后羿的贡献，西王母送给他一颗仙丹，吃了就能飞天成仙。但是后羿舍不得妻子嫦娥，就没吃仙丹，只是把仙丹收藏起来。

后羿的妻子叫嫦娥，不但美丽，心地也很好，经常帮助有困难的人，大家都很喜欢她。可是后羿有个徒弟叫逢蒙，他得知仙丹的事，心想："能成仙飞天，这不是我梦寐以求的事吗？"终于，有一次，他趁着后羿出门，跑到他家，用剑指着嫦娥，逼她交出仙丹。嫦娥只好假装去拿药，当她打开装着仙丹的盒子时，就迅速把药放到自己嘴里吞下去。这个时候，嫦娥觉得自己轻飘飘的，脚离开了地面，向天空飞去。

她越飞越高，离地面越来越远，她知道自己已经成仙了。这个时候，她经过月亮，于是，她飞了进去。晚上，后羿回来了，他得知事情的经过，十分伤心。他向天空望去，只看到一轮金黄的满月，月亮中嫦娥正向他微笑。这天刚好是农历八月十五，后来，大家就把这天定为中秋节，纪念嫦娥奔月的日子。传说嫦娥就在月亮中住了下来，她住的地方叫广寒宫。广寒宫中，还有玉兔在捣药；广寒宫外，还有被罚的吴刚在砍树；和嫦娥一样，他们来到月亮，也都有一个神话故事。

嫦娥偷吃了丈夫后羿从西王母那儿讨来的不死之药后，飞到月宫。但琼楼玉宇，高处不胜寒，所谓"嫦娥应悔偷灵药，碧海青天夜夜心"，正是她倍感孤寂之心情的写照。后来，嫦娥向丈夫倾诉懊悔地说："明天是月圆之日，你用面粉做丸，团团如圆月形状，放在屋子的西北方向，然后再连续呼唤我的名字。三更时分，我就可以回来了。"后羿按照妻子的吩咐去做，嫦娥果然从月中飞来，夫妻重圆。中秋节做月饼供嫦娥的风俗，也是由此形成。

3.通过提问，引导幼儿表述故事内容。

（1）嫦娥为什么要飞到月亮上去？

（2）嫦娥在月亮上和谁在一起？

（3）嫦娥让丈夫做了什么？

4.师生共同讲述故事，鼓励幼儿用自己的语言讲出故事的主要情节。

三、结束部分

游戏："月饼加工厂"。

师：现在，我们也来自己动手，用黏土制作属于自己的月饼吧。做好的月饼装在盒子里可以放在"超市"里卖，也可放在小吃店里供"客人"用餐。

活动延伸：

请幼儿在节前节后观察月亮的变化，并做月亮变化日记（从小月牙开始观察记录至八月十五），要求幼儿自己观察并将结果画在自己的表格上。

三、传统节日融入幼儿园课程的实施途径

（一）加强师资队伍建设

1.完善培训机制

教师是幼儿园课程建设的重要支持者，对教师进行关于传统节日文化的系统培训，可以帮助教师深入挖掘其教育价值，加强师资队伍建设。

在培训过程中，首先要加强教师传统节日理论的学习。幼儿园管理者应注重价值引领，对教师进行线上线下等多个渠道的专题培训，加强教师对传统节日的专项理论研究，或者开展传统节日专题竞赛，提高自身教育素养。除此之外，可以邀请高校专家和优秀同行对幼儿教师提供指导，也可以外派幼儿教师进行专业培训与学习，并将教育内容开展专题传授给园内教师，以提升幼儿教师的传统节日素养。

2.丰富教育素材

对教师开展系统化培训，可以促进教师教育教学质量的进一步提升，与此同时，也应为教师提供优质的传统文化教育素材，助力教师的课程开发。

具体来说，可以组织教师到传统节日体验馆或当地习俗文化馆进行实地体验，还可以建设和提供专业素材库，引导教师进行多种渠道的学习，通过丰富传统节日的教育素材，引导教师在预设方案或教学过程中自信流畅地进行教学活动的实施。

（二）强化课程活动体系

传统节日是传承与创新中华文化的基本途径，在融入幼儿园课程的过程中，教师要及时抓住传统节日的教育契机，通过构建系统的课程目标、选取适宜的课程内容、探索体验式课程实施、开展科学的课程评价等几个方面入手，将五大领域的教学内容进行资源整合，培养幼儿对祖国优秀文化的热爱和尊重。

1. 构建系统的幼儿园传统节日文化课程目标

课程目标是课程设计的出发点，也是课程编制的核心。幼儿园传统节日文化课程的目标构建主要有以下三个方面的依据。首先，了解和感受传统节日，引导幼儿体会中华文化丰富的精神内涵和传统节日特有的庆祝形式。其次，体验和理解传统节日，帮助幼儿进一步了解传统节日的厚重感和环境氛围，体会传统节日文化的魅力和意义。最后，喜爱和传承传统节日，通过饮食、服饰等幼儿熟悉和喜爱的文化内容，让幼儿喜爱传统节日，自觉传承和弘扬中华传统文化。

在此基础上，教师也要严格按照《3—6岁儿童学习与发展指南》的相关要求设计课程，使传统节日课程符合发展需求，也可以整合五大领域教育资源，从而充分调动幼儿学习的积极性。

如在"中秋节"课程中制定的目标，根据不同幼儿的年龄特点，小班可以设计为知道每年的八月十五日是中秋节，简单了解有关中秋节的故事，感受传统节日的快乐氛围；中班目标可以设计为知道中秋节的来历，在故事中感受传统节日的风俗；大班目标可以设计为能够讲述"嫦娥奔月"的神话故事，初步了解中秋节各地美食的差异性，体验与家人团圆的感情等。同时，结合五大领域对不同年龄幼儿学习与发展的要求，课程目标也有不同的要求。以过新年为例，小班语言领域可以设计为能够正确使用新年问候语，感受新年的节日气氛，体验节日的快乐；中班艺术领域可以设计为了解剪纸艺术，能够用自己喜欢的方式剪出想要的图案，感受传统剪纸艺术的魅力；大班社会领域可以设计为了解十二生肖动物的传说和排列顺序，挖掘节日中的传统因素体会新年喜庆吉祥的气氛等。

2. 选取适宜的幼儿园传统节日文化课程内容

课程内容源于社会文化，并随着社会文化的发展而不断发展变化。选择课程内容要遵循三个基本原则。首先是要体现传统节日的生活感，儿童的学习离不开生活，生活的教育意义体现在他们与各种事物和现象建立的联系之中。其次是要体现传统节日的民族感，比如特色饮食、特色服饰等，要让幼儿在节日的氛围里充分体验中华传统文化的博大精深。最后是要体现传统节日的仪式感，这也是传统节日的重要特征之一，如贴春联、放鞭炮、守岁、吃月饼、包元宵，这些仪式感对幼儿来说，都有重要意义。

中国传统节日文化资源主要包括节日传说、习俗、饮食、仪式等，内容十分丰富，但作为幼儿园课程内容，教育者仍要对其进行归纳和整理，及时删除传统节日文化中不符合时代发展、不适宜幼儿学习的部分，及时更新符合新时代核心价值观的新内容，据幼儿的兴趣和发展需要，选择易于习得、崇真向善的教育内容，具体的课程内容可以分为以下几个方面。

一是以节日服饰为主要内容。传统节日服饰是民族文化的重要组成部分，比如在端午节，人们会穿戴具有浓郁民族色彩的服饰，其中包括汉服、花灯服等，以表达团圆与祥和的美好愿景。二是以节日语言为主要内容。节日语言源于我国的悠久历史，包括童谣、古诗词、神话传说等，比如我国北宋王安石的"爆竹声中一岁除，春风送暖入屠苏"，描绘了新春到来时万象更新的生动场景，民间也有关于节气和节日的童谣，如"雪多下，麦不差""腊八腊八，冻掉下巴""一九二九不出手，三九四九冰上走"等。还有一些神话故事，如牛郎织女、年兽等，多贴近生活、寓意深远，幼儿更容易感受传统节日氛围。 三是以传统饮食为主要内容。传统节日中有许多幼儿可以通过观察和学习自己进行制作的特色食品，如桂花茶、粽子、饺子、元宵、月饼等，都可以让幼儿通过直接感知、动手操作，了解传统节日的饮食。四是以传统运动为主要内容。学前儿童活泼好动，可以将这一特点作为课程内容，组织幼儿踏青、舞龙、登高、舞蹈，既能满足儿童的体能发展需求，也作为传统节日文化中的重要内容传承下去。

3. 探索体验式幼儿园传统节日文化课程实施

幼儿园传统节日文化课程，是教师依据传统节日的多元文化特点，选定节日主题，进行的实践探索。在这一过程中，需要注意以下两个方面内容。

第一，要引导幼儿在主题中体验，与领域教学相结合。在主题活动引入时，教师要树立儿童本位意识，针对幼儿感兴趣的问题，循序渐进地为幼儿进行讲解与教育。同时结合五大领域，选取幼儿喜爱的传统节日文化内容、运用专业的教育素养，给予儿童更多的空间和自由。也要追随儿童的脚步，在幼儿持续生成、延伸出的次主题中进一步梳理，不断扩大幼儿经验中关于节日知识的广度和深度。

第二，要引导幼儿在材料中体验，与区域活动相结合。比如在美工区制作清明节五彩蛋，在角色扮演区开展"月饼售卖会"，也可以在体验厨房、建构区等其他区域开展其他相关活动，成为有创新性、有民族气息的节日教育活动。

4. 开展科学的幼儿园传统节日文化课程评价

幼儿园课程评价是幼儿园课程管理中的重要环节与工作内容，对幼儿的学习活动做出合理的评价能够提升幼儿园教育成效。对传统节日文化课程目标体系的评价，要综合考量传统节日文化课程元素，在有针对性地判断和分析后，再进一步对传统节日课程的实施做相应的调整。

对幼儿园传统节日文化课程进行合理性的评价，要判断课程是否注重本地民俗，也要评价课程的目标是否渗透教育实践的各个环节，更要评价儿童在活动中的情绪情感反馈，是否对传统节日文化有浓厚的兴趣，能够激发学前儿童对传统节日的兴趣与想象。

（三）完善课程支持条件

1. 注重资源库建设

建设传统节日文化资源库能节约教师搜索资源的时间，方便教师学习和参考。建设传统节日文化资源库可从以下几个方面着手。一是建设传统节日素材资源库，可按照节日进行分类，将各个节日的相关资源分门别类的收集与整理，如用节日传说、节日歌谣、节日用语、节日用具、节日饮食、节日礼仪、节日娱乐来命名，方便教师检索。二是建立传统节日文化融入幼儿园课程的资源库，收集主题活动方案，优秀的活动设计与案例、观察记录、教学随笔、环境创设、亲子活动资料等。资源的收集与整理是动态生成的过程，可由幼儿园教研组统筹管理，不断地优化与调整，建立起属于幼儿园的特色资源库。

2. 提高家长参与度

家园合作是幼儿园开展教育工作的重要组成本分，更是优化传统节日课程的重要手段。提高家长在课程中的参与度，主要包括几下几种途径。

（1）强化家长对传统节日课程价值的理解。

传统文化课程包含丰富的哲学、伦理、道德等方面的思想，具有非常丰富的教育价值，但幼儿园的家长教育素养各不相同，并非所有家长都能理解传统节日文化课程的重要性。因此，园所应积极与家长进行沟通，在家园共育工作中应起到积极的模范作用。

幼儿园可以通过电话访谈、家访、公众号等方式，引导家长了解传统节日课程内涵；也可以利用传统节日主题活动的多样化，开展"中秋一家亲""新年喜洋洋""十五闹元宵"等亲子教学活动，让家长直观地感受传统节日教育所隐含的教育价值；在配合教师收集和布置环境等多种活动中，增强家长对中华传统节日的理解。

（2）提高家长传统节日的文化素养。

观念是行为的先导，在强化家长对传统节日课程观念的基础上，还应与家长建立良好的合作关系，进一步提高传统节日的文化素养。在幼儿的成长过程中，家长应注重言传身教，注重传统节日的氛围和仪式感。还可以借助网课、微信公众号等多种方式，搜集相关资料，承担起自身的家庭教育责任，为幼儿提供全方位的家园学习环境，实现真正的家园共育。

（3）把握参与节日教育活动的机会。

传统节日文化的传承根本在于教育环境的熏陶，这需要家长把握参与节日教育活动的机会，带领幼儿积极参加传统节日活动，陪伴幼儿成长。比如在重阳节，利用图画或视频等多种形式，引导幼儿说出自己对长辈的爱和感谢。幼儿园传统节日的教育契机组织家长入园学习，鼓励家长发现生活中的教育机会，将传统节日教育资源的效能和价值最大限度挖掘出来。

3. 促进政府政策支持

在2019年全国两会的"部长通道"上，教育部部长陈宝生就"传统文化教育"等问题回答了记者提问。他认为，中华优秀传统文化教育传承应覆盖教育的各个阶段，贯穿在人才培养的全过程。2017年，国务院办公厅印发《关于实施中华优秀传统文化传承发展工程的意见》指出，中华优秀传统文化应贯穿于启蒙教育、基础教育等各领域。因此，政府应继续推动政策的落实，加强学前阶段以节日为有利抓手的传统节日教育，培养热爱祖国热爱民族的幼儿。

2005 年 6 月，中宣部、中央文明办、教育部、民政部、文化部联合发表了关于运用传统节日弘扬民族文化的优秀传统的意见，文中指出，要积极开展传统节日的研究和保护工作，在已有工作的基础上，深入研究传统节日的有关理论和实践问题，积极探索保护传统节日的措施和办法，使传统节日得以不断传承和发展。

社科研究机构、高等学校要组织力量，对传统节日禁忌、祭祀、庆祝、娱乐等民风民俗，进行认真研究和系统整理，科学分析传统节日的历史价值和现实意义，深入挖掘传统节日的文化内涵和精神实质，不断丰富传统节日的内容和形式，有关研究要列入国家重点社科规划。要不断完善传统节日保护的法律体系，切实做好有关法律条文的司法解释，积极推动民族民间传统文化保护的立法工作，依法保护传统节日。文化部门要认真实施民族民间文化保护工程，切实加强民族民间文化保护工作，对具有历史、文化和科学价值的传统节日文化进行有效保护和合理利用。

中华人民共和国教育部
2005 年 6 月 17 日

模块四　非遗文化融入幼儿园课程

中华优秀传统文化博大精深、源远流长，非物质文化遗产是中华优秀传统文化的重要代表。合理利用地方优秀的传统非遗项目，并将其融入幼儿园课程体系之中，不仅可以充分发挥非遗项目的文化育人功能，还可以对传统的非遗传承方式进行创新性转化，让幼儿在中华优秀传统文化的浸润下，获得全面的发展。

一、非物质文化遗产的概念

1. 含义

"非物质文化遗产"一词源自20世纪后到21世纪早期，简称"非遗"，是与"物质文化遗产"相对的一个概念。我国颁布的《非物质文化遗产保护法》指出，非物质文化遗产是指各族人民世代相传，并视为其文化遗产组成部分的各种传统文化表现形式，以及与传统文化表现形式相关的实物和场所。非物质文化遗产是人类文明的结晶和最宝贵的共同财富，承载着人类的智慧、人类历史的文明与辉煌。

非遗文化迎开学，有趣有益有传承

非遗文化的保护与传承主要强调记忆、原真性、保护、保存、传承与创新等，主要包括六个方面的内容，分别是传统口头文学以及作为其载体的语言；传统美术、书法、音乐、舞蹈、戏剧、曲艺和杂技；传统技艺、医药和历法；传统礼仪、节庆等民俗；传统体育和游艺以及其他非物质文化遗产。

一点通

1997年11月非物质文化遗产的概念才被国际社会所认可。根据联合国教科文组织通过的《保护非物质文化遗产公约》中的定义，"非物质文化遗产"，指被各社区、群体，有时是个人，视为其文化遗产组成部分的各种社会实践、观念表述、表现形式、知识、技能以及相关的工具、实物、手工艺品和文化场所。

截至2022年，我国入选联合国教科文组织的世界非物质文化遗产名录的项目已达43个，也是目前世界上拥有世界非物质文化遗产数量最多的国家。比如昆曲、古琴艺术、书法、篆刻、剪纸、雕版印刷、传统木结构营造技艺、端午节、京剧、中医针灸、皮影戏等，2020年入围的太极拳、2022年入围的制茶技艺及习俗都是世界级的非物质文化遗产。

43个项目的入选，体现了中国日益提高的履约能力和非物质文化遗产保护水平，对在国际层面宣传和弘扬博大精深的中华文化、中国精神和中国智慧，都具有重要意义。

2. 教育目标

非遗文化作为中国优秀传统文化的重要组成部分，要坚持幼儿本位的教学观，以促进幼儿的全面发展为宗旨。想要促进幼儿园非遗课程的发展和实施，要注重课程总目标，到年龄目标再到教育活动目标的三级目标体系的搭建，以保证课程实施过程中的方向性和可操作性。

首先，可以从整体上预设非遗教育的总目标，即引导学前儿童体验民族文化的多样性，培养学前儿童的民族认同感，帮助幼儿树立保护和传承非物质文化遗产的意识，增强幼儿弘扬优秀传统文化的责任感。

其次，要根据学前儿童不同年龄的发展特点和兴趣需要，制定年龄阶段目标。如在大班开展非遗课程时，要充分利用现代教育资源，通过集体表演、竞赛活动更多样化的形式进行开展，激发大班幼儿的参与积极性，增强文化自信。而在小班开展相关活动时，可以考虑小班幼儿直观形象的思维方式，充分发挥传统非遗文化的柔性浸润作用，采用主题墙、校园小广播等方式渗透非遗文化，通过这种方式将深层次的素质教育落到实处。

最后，在设计具体的教育活动目标时，教育工作者要以认知、能力、情感三维活动目标为依据，以非物质文化遗产作为教学内容，结合幼儿园五大领域学习与发展的相关要求，对幼儿开展非遗教育，增强文化认同，培养幼儿对中华民族优秀传统文化的热爱之情。

二、非遗文化融入幼儿园课程的原则

非物质文化遗产内容众多，教育工作者要依据幼儿的身心发展特点对这些资源进行甄选，使其既符合幼儿的现实需要，又利于其长远发展。因此，在选择非物质文化遗产的教育资源时，我们要把握住以下几个原则。

1. 兴趣性原则

兴趣是在需要的基础上，在社会实践的过程中发展起来的。兴趣性作为教学的主要原则之一，要求教师以幼儿为中心，依据幼儿的兴趣需要，选择非物质文化遗产。

真正的教学艺术不在于传授本领，而在于激励、唤醒和鼓舞。瑞士心理学家皮亚杰指出："兴趣，实际上就是需要的延伸，它表现出对象与需要之间的关系。"这要求教师在教学活动中时刻注意幼儿的学习倾向，培养幼儿努力求知、乐而不倦的学习品质。比如在非遗文化课程中，教师可以选择幼儿感兴趣的教育内容，如学习剪纸、泥塑、吟唱童谣、学习中华传统手工艺等，通过这些内容，让幼儿感受非遗文化的魅力。相反，非遗文化中家具装裱、茶干制作等一些工艺复杂、难度较高的内容，则不适宜幼儿系统学习，教师应对其进行进一步筛选。

2. 生活性原则

陶行知先生提出的"生活即教育"强调，生活本身就是一种教育，生活中的一切事物都可以作为学习的对象。一日生活是幼儿学习的内容，也是幼儿学习的过程。因此，幼儿教育不能脱离现实生活，课程资源的选择要尽可能贴近幼儿经验，满足其发展需要。

非遗是文化，更是生活。在选择非物质文化遗产资源时，无论是目标的制定还是活动内容的选择，都要着重挖掘幼儿的兴趣，关注幼儿的生活经验。民间文学类非物质文化遗产的文化底蕴深厚，而幼儿的认知发展水平有限，这要求教师要在幼儿熟知的领域中循序渐进地进行教学，适当增设难度，使其在最近发展区中既能感知已有的生活经验，又能拓展未知的相关经验，获得一定的提升。同时要注重幼儿的直接感知、亲身体验和实际操作，让幼儿亲身感受、体验非遗文化。

比如，风筝是我们中国传统手工技艺的集大成者，也是幼儿最喜欢的玩具之一，与我们幼儿的生活息息相关。南通风筝是南通地区的传统手工艺品，也是国家级非物质文化遗产，选择风筝资源与幼儿的生活经验相联系，能够很好地融入幼儿园。而在非遗文化绘本故事的讲述过程中，也要关注幼儿的感受与理解程度，引导幼儿更好地了解当地传统风俗和风土人情，促进其认知、感情、技能的发展。

3. 主体性原则

所谓主体性原则，一般来说就是承认、重视并坚持主体在实践和认识活动中的地位和作用的原则。在这一原则下实施非遗课程，必须考虑幼儿的身心发展水平，开展符合幼儿年龄特点的活动。比如在大班开展制作蓝印花布的课程时，考虑大班幼儿的发展特点，着重锻炼手臂力量和手指灵活性，用刻刀进行仔细的刻印；剪纸、窗花的制作也需要有一定的动手能力作为经验基础，这些材料的制作能够顺利地在大班开展，但并不适合小班幼儿。

因此，我们在选择非物质文化遗产资源时，要尊重幼儿的主体性，针对不同班级不同年龄阶段的幼儿，挖掘和挑选适合的教学方式和教学内容，并根据幼儿的年龄特点对非物质文化遗产进行适当的改编，以符合幼儿的需要。在课程实施过程中，教师要注重观察幼儿的一言一行，倾听幼儿的想法，在互动中抓住教育契机。

4.因地制宜原则

非物质文化遗产是一个民族一个国家在其独特生活方式中形成的，具有很强的民族性和地域性，是人民主观下的产物，具有浓厚的当地民族特色，不同的民族因为其不同的生活方式所形成的非物质文化遗产也肯定有所不同。任何一种非物质文化遗产的形成都与当地的环境有很大的关系，一旦脱离了本地区的环境，这些非物质文化遗产就可能水土不服，无法发挥其原有的价值和作用，从而无法更好地融入幼儿园课程中。

因此，我们在选择合适的非物质文化遗产资源时，要尽量去选择本地区本民族的非物质文化遗产资源，这些非物质文化遗产资源与幼儿生活相联系，能够更加容易被幼儿理解和接受。

 案例角

大班 艺术领域—美术教学活动方案《中国剪纸》

魏莹 长春市二道区格林·格顿蓝山分园

设计意图：

剪纸可以使幼儿安静下来，专心致志地干一件事，还可以使他们练出一双灵巧的手，而手巧往往意味着心灵，这是因为手部肌肉群的训练有利于大脑的开发。故此，幼儿园开展了一系列课程活动，让孩子体验成就感以及在打开纸团时候的惊喜感。

活动目标：

1.了解中国的民间剪纸艺术，感受中国民间艺术的美。

2.感受剪纸的色彩鲜艳、镂空等特点。

3.感受生活的丰富多彩。

活动准备：

课件、剪纸动画、剪纸用具等。

活动过程：

1.观看剪纸动画导入主题。

2.介绍中国剪纸的渊源，欣赏中国古代剪纸作品。

剪纸起源于中国，是中国民间传统艺术的一种。在历史的长河中，剪纸曾经被用于宗教仪式、婚庆和节日等场合，具有浓厚的民俗传统和文化内涵。

3.通过展示剪纸作品和对话，引导幼儿欣赏现代剪纸。

（1）提问：你在什么地方看见过剪纸？

小结：我们通常可以在窗户上看到剪纸作品。以北方为普遍，北方农家窗户多是木格窗，有竖格、方格或带有几何形花格，上面张糊一层洁白的"皮纸"，逢年过节便更换窗纸并贴上新窗花，以示除旧迎新。

（2）引导幼儿思考：人们为什么这样喜欢剪纸呢？

小结：民间剪纸善于把多种物象组合在一起，并产生出理想中的美好结果。同时，又善于把约定成俗的形象组合起来表达自己的心理。追求吉祥的寓意成为意象组合的最终目的之一。

（3）了解剪纸画面具体的图案及寓意。

小结：人们祈求丰衣足食、人丁兴旺、健康长寿、万事如意，这种朴素的愿望，便借托剪纸传达出来。

4.跟老师学剪纸。

（1）认识工具：剪刀、纸。

（2）介绍剪法：正方形纸→对边折成长方形→再对边折→剪图案→打开。

（3）幼儿尝试：幼儿自由选择一张纸，进行折叠，要认真仔细压好，右手拿剪刀，左手捏好纸，剪去几个月牙、三角形，注意别把纸剪断，最后轻轻打开，作品就完成了。

三、非遗文化融入幼儿园课程的策略

（一）幼儿教师方面

1.加强学习非遗文化的自主性

教师在学校非遗文化中承担着示范、引领和传承的作用，幼儿教师对非物质文化遗产的充分了解和深刻认识，是将其融入教育实践活动中的前提。而我国非遗文化内涵丰富、底蕴深厚，教师要走出舒适区，积极发挥自身的主观能动性，通过长期的文化沉淀和知识积累，积极主动地提高自身的文化素养，才能进一步发挥非遗文化的教育作用。

具体来说，教师可以通过教材、杂志、网站、纪录片等多种途径进行非遗文化的学习，也可以充分利用线下资源，积极参加社会及园所组织的各类培训，通过教师之间的交流、合作，共创良好的研讨氛围，提高对民间文学类非物质文化遗产的认知水平。同时教师也应树立正确的课程观，充分挖掘本土非遗资源，将理论与实际相结合，设计更加科学的非遗课程。

2.提升建构非遗课程的能力

教师是幼儿园课程的设计和实施者，在加强学习的基础上，教师要进一步挖掘和运用非遗文化，提升非遗课程的建构能力，具体表现在以下三个方面。

在教育目标的制定上，要遵循幼儿认知规律和教育教学规律，把中华优秀传统文化教育作为重要内容贯穿于教学全过程。在制定课程目标时，要整合五大领域，促进幼儿世界观、人生观、价值观的全面发展。如在"家乡的美丽传说"这一主题下，教师可以引导幼儿开展鲤鱼灯、龙灯童谣的改编和创编，让幼儿感受民间音乐的感染力。也可以讲述"灯彩图腾""鲤鱼跳龙门"等传说，通过这些语言活动引导幼儿了解灯彩的由来，理解灯彩所影射的人丁兴旺、国泰民安的精神祈愿。同时要注重培养幼儿的民族认同感，弘扬中国精神，帮助幼儿树立保护和传承非物质文化遗产的意识，培养德智体美劳全面发展的社会主义建设者和接班人。

在教学组织上，要按照《3~6岁儿童学习与发展》的相关要求，有序推进中华优秀传统文化教育，结合幼儿发展特点，合理选择本领域典籍、人物故事、基本常识、历史成就等非遗文化作为教学内容。同时也要选择多样化的教学组织形式，引导幼儿主动学习，丰富幼儿园非遗文化课程体系建设。

在筛选和改编上，要充分考虑幼儿现有的发展水平，对非物质文化遗产进行科学的筛选和合理的改编。具体来说，可以根据幼儿的兴趣和需要，把教育目标和内容编织成主题网，再组织幼儿在厚实的非遗文化情境中自主建构、积极求知，以保证教学的实效性和可操作性。同时，教师还可以通过学习和借鉴优秀非遗教学优秀案例、授课视频，来提升建构非遗课程的能力。

（二）幼儿园方面

1. 建立培训的长效机制

将非遗文化融入幼儿园课程是一项长期的工作，因此幼儿园方面需要建立培训的长效机制，将培训长期渗透在幼儿园教师专业发展过程中，培养一批有素质、有责任心的传承人，引导教师树立正确的思想意识和价值取向，提高其对非遗文化的认知和运用能力，综合提升自己的专业素养。

具体来说，幼儿园可以合理利用教师的闲暇时间，对教师进行非遗文化内涵、功能、内容、实践等多方面的专题培训，让教师接受更加系统和专业的理念，同时建立"以老带新"的培训机制，促进新手教师的专业成长。也可以开展走访专业院校和文化发源地的实践活动，与非遗传承人进行面对面的交流和讨论，争取邀请他们走进幼儿园，为幼儿与教师提供专业的学习和指导。最后，幼儿园管理层应充分发挥专家学者的力量，定期邀请学前教育专家、非物质文化遗产传承人、优秀的一线教师开展专题讲座，帮助幼儿教师提升对民间文学类非物质文化遗产的挖掘、筛选和改编的能力。

2. 扩大教育的传承深度

2011年，为了继承和弘扬中华民族优秀传统文化，我国通过了《中华人民共和国非物质文化遗产法》。在这一背景下，幼儿园需要打破单一传承模式，促进多种形态教学模式的构建，扩大教育的传承深度。

以文载道、以文化人，非遗文化承担着延续中华文明的使命。幼儿园教育应充分利用现代教育资源，通过文化展示板、主题墙、竞赛活动等多样化的形式开展非遗文化知识传承保护。同时可以开设民歌、传统游戏、传统美术、传统戏剧、传统手工制作等多样化的兴趣社团，丰富幼儿园教学内容，将本地区的非物质文化遗产文化融入幼儿园文化生活。最后，充分考虑幼儿直观形象性的思维特点，促进"非遗进校园"活动的落实，激发幼儿的民族自豪感，将深层次的素质教育落到实处。

3. 形成完善的活动体系

将非遗文化融入幼儿园课程中，离不开家庭和社会的支持。幼儿园加强与社会外界的合作，形成完善的活动体系，是提高教学活动质量的重要举措。

家庭、社会和幼儿园教育有机结合，旨在发挥幼儿园教育的主导作用、家庭教育的基础作用和社会支持的辅助作用，激发"三方联动"的协同育人机制，最大程度地获得协同育人的教育效果。幼儿园应本着尊重、平等、合作的原则，争取家长的理解、支持和主动参与。

幼儿园要积极组织幼儿和家长共同参与的传统文化体验活动，倡导家长通过言传身教，引导幼儿良好品格的形成，践行中华优秀传统美德。开展"传承文化好家庭"评选活动，鼓励以家庭为单位，自主开展优秀传统文化学习活动，提高家庭在优秀传统文化传承教育中的自主性和积极性，营造弘扬中华优秀传统文化的家庭教育氛围。同时要利用家长、社区资源，加强与文化宫、博物馆、非物质文化遗产保护中心等社会场所的合作，进一步丰富幼儿的学习内容和经验，让幼儿在潜移默化中树立保护与传承非物质文化遗产的意识，形成完善亦切实可行的活动体系。

（三）社会方面

1. 提高人民非遗保护意识

非物质文化遗产的保护与传承是一件长期的工作，社会方面必须调动各层面资源，让广大人民充分了解这项工作的重要性，提高人民非遗保护意识。

我们要通过整个社会的力量，加强宣传和教育，形成一个良好的非遗保护与传承环境。可以借助新闻、出版社、电视、广播和网络等媒介，加强对非遗文化的宣传；积极组织民俗活动，鼓励个人、企业、社会团体等主动参加；通过多种途径吸引社会资本投资；通过构建社会媒介机构，将其作为产业与社会需求和市场需求之间的桥梁和纽带；通过社会各界的广泛参与，形成一个能够推广和发展非物质文化遗产的社会和自然环境。

2. 完善非遗传承人保护制度

非物质文化遗产的存在性是人类的存在性，社会方面要积极完善非遗传承人保护制度，以提升其社会地位，增强其经济保障。

国家应积极支持和激励非遗文化传承人，帮助其开展授徒、传艺、交流等活动，开展关于非遗类的宣传，开展具有一定意义的社会福利活动。同时，依托校园教育的资源优势，建立健全传承人梯队建设。通过非遗项目进校园的活动，在幼儿园、中小学、高校里开展丰富多彩的非遗传承的教学活动，对各类课程内容进行拓展和创新，让学生从小接受家乡传统文化的熏陶。最后，打造非遗保护的专业团队，加大对现有工作人员的业务培训，加强其专业素养和非遗传承相关法律法规的学习。

3. 开发非遗文化融入校园精准课程

非物质文化遗产是中华民族集体记忆的重要载体，是延续历史、坚定文化自信的必然要求。学生是社会主义建设的中流砥柱，开发非遗文化融入校园精准课程势在必行。

在课程开发过程中，教育部门应组织专家团队，由非物质文化遗产传承人和学前教育领域的专家学者牵头，多主体地开发民间文学类非物质文化遗产主题活动的精准课程。同时，深入校园进行实地考察并展开指导，为校园管理者和教师提供关于构建主题活动的专业知识和理论基础，最大程度地发挥非物质文化遗产的教育价值，促进主题活动开展更加专业化、合理化。也要注意营造开发主题活动课程的良好教育氛围。最后设立评估小组，督导专家团队工作，并开展评估，进一步保障主题活动课程开展的效果与质量。

📖 知识窗

2021年8月，中办国办印发《关于进一步加强非物质文化遗产保护工作的意见》（以下简称《意见》），指出要将非物质文化遗产融入国民教育体系。

《意见》提出，将非物质文化遗产内容贯穿国民教育始终，构建非物质文化遗产课程体系和教材体系，出版非物质文化遗产通识教育读本。在中小学开设非物质文化遗产特色课程，鼓励建设国家级非物质文化遗产代表性项目特色中小学传承基地。加强高校非物质文化遗产学科体系和专业建设，支持有条件的高校自主增设硕士点和博士点。在职业学校开设非物质文化遗产保护相关专业和课程。加大非物质文化遗产师资队伍培养力度，支持代表性传承人参与学校授课和教学科研。引导社会力量参与非物质文化遗产教育培训，广泛开展社会实践和研学活动。建设一批国家非物质文化遗产传承教育实践基地。鼓励非物质文化遗产进校园。

《中国教育报》俞曼悦
2021年8月13日

📑 岗课赛融通

知识点

1. 简述中华传统文化的含义及基本特征。
2. 简述中华传统文化融入幼儿园课程的意义与原则。
3. 简述中华传统礼仪教育的概念与意义。
4. 简述非遗文化融入幼儿园课程的原则。
5. 说一说传统节日融入幼儿园课程的实施途径。

6.根据你的理解，谈一谈在幼儿园如何开发与利用中华传统文化。

做中学

案例描述1：

公祭轩辕黄帝典礼

在陕西省黄陵县桥山之巅的黄帝陵自西汉以来被公认是中华民族人文始祖轩辕黄帝的陵寝，有着悠久的历史。自汉以来，历代都有祭祀、修葺、保护桥山黄帝陵的历史记载。明、清时期，在桥山祭祀黄帝陵成为国家的一项政治制度。1912年1月，孙中山就任中华民国临时大总统，3月即派员前往桥山祭祀黄帝陵。1935年，民国政府将清明节定为"民族扫墓节"，此后每年清明节国民政府均派代表致祭黄帝陵。1937年清明节，正值抗日战争爆发，国共两党共祭黄帝陵，毛泽东同志亲撰祭黄帝陵文。

中华人民共和国成立后，每年清明节陕西都在黄帝陵举行公祭黄帝活动，先后有多位党和国家领导人专程出席。每临清明节，都有大批海内外同胞专程到黄帝陵谒陵祭祖。曾宪梓、霍震寰、范徐丽泰、何厚铧等港澳同胞和吴伯雄、连战、宋楚瑜、郁慕明、蒋孝严等台湾同胞都曾率团到黄帝陵参加清明公祭黄帝典礼。一百多万海内外中华儿女和国际友人到黄帝陵谒陵祭祖、参观访问，还有众多中华儿女为保护和助建黄帝陵整修工程捐资献力。

请思考：

1.黄帝陵祭祀典礼是属于古代"五礼"中的哪一个范畴类型？

2.当今社会在清明举办公祭黄帝典礼的主题价值是什么？

案例描述2：

普天同庆，盛世欢歌

祥龙呈瑞，春晚送福。2024年1月28日，中央广播电视总台《2024年春节联欢晚会》顺利完成第三次彩排。今年春晚注重从中华优秀传统文化元素中汲取创作灵感和创新动力，于细微处凸显人们对幸福生活的信心与追求，为全球华人送上温暖的新春祝福。

节目组倾心创作的创意年俗节目展现丰富多样的中华饮食文化，寄寓龙年五谷丰登、别开生面；传统"八段锦"的创新演绎，在活力四射的情境中为广大受众送上健康无恙、福气常在的美好祝愿。

暖意传递全球，中央广播电视总台"春晚序曲"全球看春晚活动于1月26日在美国纽约启动，后续还将在瑞士、肯尼亚等多国举办专场，让春晚成为世界走近中国、了解中国的文化名片，全球民众也将在欢歌笑语中分享中国春节、中华文化的独特魅力。

请思考：

1.春节联欢晚会最让你喜欢或者印象最深刻之处是什么呢？

2.为什么春节联欢晚会会吸引全球华人的共同关注？

3.中国传统节日有什么内涵和特点？

项目七

家庭、幼儿园、社区协同育人课程模式探寻

📝 知识目标

1. 了解"家园社"协同育人课程模式的理论基础及各基础理论对建构共育课程的启示。
2. 理解并掌握"家园社"协同育人的特征及其课程模式建构的必要性。
3. 领会"家园社"协同育人课程模式的角色机制、目标层级、内容选择及组织形式。

◎ 技能目标

1. 能够结合"家园社"协同育人课程内容特点及范围，丰富并扩展共育课程的组织形式。
2. 依据"家园社"协同育人课程模式的内容选择及组织形式，尝试设计共育课程的活动方案。

📝 素质目标

通过认识了解"家园社"协同育人课程模式建构的相关理论与实践探索，尝试扩展专业视角和领域范畴，形成"家园社"共育意识，从而树立系统科学的"大教育观"，结合理论知识和实践探索获得更进一步的专业成长。

🔍 知识图谱

📖 话题导入

端午节到了，小李老师想以"使幼儿了解端午节的来历和习俗、感受热爱祖国的情怀；同时借此机会萌发幼儿尊敬老人、关爱老人的意识，培养幼儿关心老人的行为"为活动目标开展一系列主题课程活动。在进行活动设计的过程中，小李老师安排了丰富的活动过程，活动环节主要包括：邀请家长一起为幼儿讲述爱国诗人屈原的故事；请家长和幼儿一起包粽子、缝香包、用废旧物品制作龙舟、玩游戏；组织家长一起带领幼儿参观社区敬老院、为爷爷奶奶们送礼物、表演节目、拍照留念等。小李老师兴奋地将活动想法和幼儿园的教研主任进行了沟通，教研主任对这个主题系列活动的想法给予了很高的认可和赞许，并对活动过程和小李老师进行了深入的探讨和打磨。在磨课的过程中，教研主任提出，要想本次主题活动顺利开展，需要协调多方面教育资源和课程内容的整合与设计。

小李老师跃跃欲试，设计了详细的活动方案和活动准备，与幼儿家长和社区工作人员对本次活动的目的意义、内容环节、注意事项、所需材料物品等方面进行了多次细致的沟通与协调，并取得了双方大力的支持与配合。此次活动最终收获了积极的活动效果，不仅幼儿获得了丰富的活动体验，幼儿园、家长和社区三方面都借此机会深入幼儿活动中。小李老师也通过此次活动深刻体会到合作育儿的真正内涵与价值，共育能力也得到了极大的锻炼。

小李老师所设计和组织的这次以"端午节"为主题的课程活动，不仅涉及教师的主导和组织，同时邀请了幼儿家长进行参与和配合，还需要沟通协调所在社区对接社区敬老院提前进行场地的布置和活动的安排。由此可以看出，此次活动是一次以幼儿园为引导、同时协调家庭和社区共同参与的幼儿教育活动。在实践过程中，这种以家庭、幼儿园和社区为共育主体进行的教育活动会越来越多地以共育课程的形式明晰化、系统化。

模块一 "家园社"协同育人课程模式建构的必要性

一、"家园社"协同育人的内涵

作为幼儿生活的主要场所，家庭、幼儿园和社区三者共同构成了支撑幼儿成长和发展的生态环境。而家庭教育、幼儿园教育和社区教育各自蕴含着丰富的教育资源，在幼儿成长过程中交互影响，承担着促进幼儿全面和谐发展的重要责任，发挥着互为补充且不可替代的教育作用。因此，若要实现整个教育系统中支持学前儿童全面发展的终极目标，除了三者在各自领域体现教育价值以外，需要且应该实现家庭、幼儿园、社区教育的融合统一、相互配合、协同育人。

（一）"家园社"协同育人的概念

在1999年召开的"21世纪国际幼儿教育研讨会"上，世界学前教育组织（OMEP）和国际儿童教育协会（ACEI）提出了"幼儿园、家庭、社区协同育人"这一理念。我国教育部在2001年颁布的《幼儿园教育指导纲要（试行）》指出："幼儿园应与家庭、社区密切合作，与小学相互衔接，综合利用各种教育资源，共同为幼儿的发展创造良好的条件。"这就要求幼儿所在的家庭、幼儿园和社区紧密结合、交互合作，充分挖掘和利用自有资源，协同一致地组织开展幼儿教育活动，从而帮助幼儿将自身在幼儿园所习得的基本知识、基本技能和基本经验借助家庭和社区资源应用于生活及实践中去。由此可见，"家园社"协同育人不仅是一种教育理念，同时也是一种协同价值观指引下的教育实践。它强调家庭、幼儿园和社会三方面有效沟通、协同共生、相互配合，进而形成协同效应和教育合力，以促进幼儿的全面发展。"家园社"协同育人，核心目标在于"育人"，实现路径归于"协同"。

家庭教育，从广义上讲是家庭成员间的相互教育，从狭义上讲就是在家庭生活中父母对未成年子女进行的教育活动。教育内容包括以生命健康为核心的为生之道，以生命价值为核心的为人之道，以生命智慧为核心的为学之道。幼儿园教育，是基础教育的重要组成部分，是我国学校教育和终身教育的奠基阶段。幼儿园教育在我国属于学校教育系统，是一种规范化的教育形式，是以促进幼儿身心全面和谐发展为主要目的，以幼儿身心发展规律和学习特点为主要依据，以游戏为基本活动，以丰富幼儿生活和学习经验为主要内容所开展的各种教育活动的总和。幼儿园教育应尊重幼儿的人格和权利，实现保育和教育的平衡，关注个体差异，从而促进每个幼儿全面而个性化的成长。而我国的社区教育是在社区支持下展开，以全体社区居民为教育对象，旨在提升整体社区素质和推动社区共同发展，其实质是教育社会化与社会教育化的统一。

幼儿在成长的过程中，首先无时无刻不接受着家庭的浸润式教育，随之逐渐融入幼儿园保教结合的规范式教育，同时又无不受社区环境教育的影响。由此可以看出，家庭教育是根基，为幼儿的生活和学习供给土壤；幼儿园教育是关键，为幼儿的成长和发展引领；社区教育是桥梁，为幼儿的社会化进程提供保障。因此，"家园社"协同育人，指的是在一定的社会背景和一致的教育目标指引下，家庭、幼儿园和社区三者之间既彼此独立作用于幼儿发展，发挥各自的教育作用对幼儿施加影响，同时又相互协作配合，充分调动和挖掘有利的育人资源，灵活采取协同措施，以相互沟通、相互协调、相互配合的合作形式，发挥出各方优势实现育人目标的教育过程。

📖 知识窗

近年来，国家对"家园社"协同育人日趋重视，力求构建家校（园）社协同育人服务网络，营造有利于儿童健康成长的环境，保障儿童身心健康发展。国家层面不断出台各种指导性文件，要求加强家园社协同育人机制建设和协同育人活动的开展。

2001 年教育部关于印发《幼儿园教育指导纲要（试行）》的通知（教基〔2001〕20号）指出："幼儿园应与家庭、社区密切合作，与小学相互衔接，综合利用各种教育资源，共同为幼儿的发展创造良好的条件。"2016 年教育部的《幼儿园工作规程》（中华人民共和国教育部令第 39 号）要求："幼儿园应当加强与社区的联系与合作，面向社区宣传科学育儿知识，开展灵活多样的公益性早期教育服务，争取社区对幼儿园的多方面支持。"2021 年《中华人民共和国家庭教育促进法》指出："各级人民政府指导家庭教育工作，建立健全家庭学校社会协同育人机制。""未成年人的父母或者其他监护人应当与中小学校、幼儿园、婴幼儿照护服务机构、社区密切配合，积极参加其提供的公益性家庭教育指导和实践活动，共同促进未成年人健康成长。"2022 年全国妇联、教育部等十一部门印发《关于指导推进家庭教育的五年规划（2021—2025 年）》的通知（妇字〔2022〕11 号），要求"坚持系统推进"，"着眼构建扎实有效的家庭教育指导服务体系，注重家庭家教家风一体化建设，促进学校家庭社会协同育人，推动家庭教育高质量发展"。2023 年 1 月，教育部等十三部门发布《关于健全学校家庭社会协同育人机制的意见》（教基〔2022〕7 号），指出构建"学校充分发挥协同育人主导作用，家长切实履行家庭教育主体责任，社会有效支持服务全面育人"协同育人新格局；要求"将构建学校家庭社会协同育人机制作为贯彻落实党中央、国务院决策部署的重大政治任务"，"到 2035 年，形成定位清晰、机制健全、联动紧密、科学高效的学校家庭社会协同育人机制"。

（二）"家园社"协同育人的特征

为了满足幼儿全面发展过程中的各种需求，家庭、幼儿园和社区必须共同努力对幼儿施加教育影响，需要充分依托三者的综合力量多渠道为幼儿提供接受教育的机会，产生教育合力。综合"家园社"协同育人的概念，可以帮助我们更好地理解和总结其特征，从而为构建协同育人的课程模式提供更为全面广阔的教育视角。

从教育活动的全过程来看，"家园社"协同育人特征应主要包括以下几点。

1. 教育目标的一致性

家庭、幼儿园和社区虽然在各自的教育领域具有独特的教育资源和教育价值，但其教育目标都指向了促进幼儿的全面和谐发展。这便意味着三者在教育理念、教育期待和价值观等方面始终应保持一致，彼此独立又相互配合，共同搭建起促进幼儿良性发展的成长教育环境，已达到教育效果的最大化。

2. 教育内容的全面性

对幼儿发展而言，协同育人旨在培养幼儿在知识积累、技能学习、品德养成、情感体验等多方面的综合素质。家庭、幼儿园和社区作为幼儿成长过程中的重要环境，为幼儿的成长提供丰富多样的教育内容和学习资源，包括间接经验和直接经验的获得。通过三者协同的教育过程，促进幼儿在不同的环境中获得全面的成长和发展。

3. 教育资源的共享性

家庭、幼儿园和社区各具教育特点和教育优势，家庭可以为幼儿提供稳定的亲缘关怀和情感支持，幼儿园为幼儿提供专业的教育服务和学习环境，社区则为幼儿提供丰富的区域社会资源和实践参与机会。三者各自充分利用其优势和资源特点，使其教育资源进行整合、共享和互补，方能达到协同育人的根本目标。

4. 教育过程的协同性

家庭、幼儿园和社区协同育人的核心要义是教育过程的协同性。这便意味着这三个主体在教育过程中需要积极交流信息和共享资源，以确保协同育人的效果实现最大化。因此，家庭、幼儿园和社区三者之间需要密切合作、协调行动，建立有效的沟通和协调机制，搭建积极的三方互动互助育人关系，同时形式共同参与、相互信任的协同氛围。

5. 教育行为的持续性

幼儿的成长与发展是一个持续的过程，从来不是一蹴而就，需要经历漫长的教育行为，在这一过程中对幼儿施加持续性的教育影响，进而产生积极的教育效果。"家园社"协同育人的教育行为从时间属性上来说是一个长期的教育过程，需要家庭、幼儿园和社区的持续投入和共同努力。只有三方形成稳定的合作机制，才能为幼儿的成长提供持久的支持。

6. 教育主体的多元性

"家园社"协同育人的基本特征是参与主体的多元化，主要包括：幼儿终身成长的家庭、进行系统学习的幼儿园和获得社会性发展的社区。这三者作为教育过程中的参与主体有共同的育人目标，但也存在不同的价值诉求。在三者协同育人的过程中，需要通过建构协同共育的课程模式来确定各自在幼儿教育的过程中所承担的角色以及相互作用机制，依据共同的教育目标，选择符合幼儿发展的教育内容，进而来协调三方面的教育行为，实现多元教育主体的协同育人功能。

7. 教育对象的差异性

每个幼儿都是独立存在的个体，其个性特点、认知水平、情感需求、生活背景等都存在较大差异。协同育人的教育过程要充分考虑和体现出幼儿个体的差异性，家庭、幼儿园和社区在教育实施过程中，应共同关注每个幼儿的发展状况和教育需求，提供个性化的教育支持；同时，允许协同主体制定符合自身资源优势和教育特点的活动方案或实施细则，以确保各方能够充分发挥和体现出各自的教育优势，实现教育活动的预期目标。

8. 教育价值的传承性

幼儿所在的家庭、幼儿园和社区不仅对其成长和发展提供教育支持，同时在所属的场域范围内还承载着一定的文化传统和价值观念。不同的地域属性、资源配置和文化特征等对"家园社"场域范围内的教育行为会产生差异化的教育影响。例如，对生活在内陆地区和海边城市的不同幼儿来说，其所在家庭、幼儿园和社区具有不同的地域资源和文化特征，为幼儿提供的教育环境和教育资源也各具特色。三者协同育人的教育活动可以促进优秀区域文化和价值理念的传承发展，让幼儿通过丰富的教育渠道和课程组织形式了解并接纳本土文化，培养文化认同感。

眼里"看见"家长，
心中"装满"幼儿

总之，"家园社"协同育人的内涵强调了各方的协同合作，以实现幼儿的全面发展和幸福成长。这种协同关系有助于创造一个积极且和谐的教育生态系统，为幼儿的未来奠定坚实的基础。

📖 一点通

幼儿园与家庭、社区协同共育，要从家庭和社区的实际情况出发，因地制宜，勤俭节约，低碳环保。例如，城市幼儿园的教师，可鼓励祖辈家长多带幼儿到附近的绿地、公园去散步、观赏；乡村幼儿园的教师，可邀请务农的家长来为班级的自然角、种植园地献计献策、操作示范。

同时，家园社的协同共育，还要以幼儿的发展为本，调动家长参与的积极性和社区配合的主动性，开展丰富多彩的活动，促进幼儿在体力、智力、情感、社会性、审美等各方面的发展。例如，幼儿园可协调社区定期组织亲子阅读活动、绘画活动，也可组织开展亲子科技活动、体育活动。

二、"家园社"协同育人课程模式建构的必要性

基于对"家园社"协同育人这一概念和特征的理解，在教育实践中尝试建构高效、合理、稳定的协同育人课程模式是维系幼儿所处的教育生态良性发展的必经之路。

首先，协同育人课程模式是激发教育活力的必然趋势。在高素质教育的背景下，仅靠幼儿园单方面的教育力量，难以实现促进幼儿全面发展和个性化成长的教育目标。幼儿的成长是其所处家庭、幼儿园和社区三方面共同作用的结果。以幼儿园课程理念的建构为基础，将实现幼儿的全面发展作为育人目标，以《3—6岁儿童学习与发展指南》中五大领域在各年龄阶段的具体要求为育人内容，根据需求引领幼儿家庭和所在社区，搭建起符合幼儿发展需求和学习特点的协同育人课程模式是将这三方面教育因素融合渗透、协调所长的最佳途径，

有助于发挥优势资源，形成教育合力，进而激发幼儿教育活力，使幼儿教育水平得以全面提升，为幼儿教育提供保障。

其次，协同育人课程模式是促进幼儿发展的内在要求。教育合力强调将各个教育单元的资源力量进行整合和重组，通过彼此影响和相互作用，形成教育综合力量，进而产生教育价值的最大化。因此，幼儿园在担负起基础教育责任的同时，应立足区域化发展实际，整合家庭和社区资源力量，着力搭建符合三者协调互助、共同育人的课程体系，包括确立合理的课程目标、选择特色的课程内容与活动、设计灵活的教学方法、融入多元的课程文化、建立动态的评价体系等，使幼儿在协调多样的课程模式中获得全新的学习和社交互动体验。

协同育人课程模式是传承社会文化的有效路径。社区是社会文化的重要载体，随着社会化进程的不断加快，社区教育对生活在本区域内幼儿的成长与发展所起到的作用越发凸显。协同育人课程模式的建立可以让社区为幼儿提供更深入了解和传承当地文化传统和价值观念的机会，从而增强他们的文化认同感和归属感。通过社区的参与，可以架构起家庭与幼儿园教育之间的桥梁纽带，作为协同教育的阵地为家长和幼儿园教师提供丰富的教育资源，扩展幼儿的生活经验和学习经验。例如组织传统文化活动、民间艺术表演、手工艺品制作；将文化传承人和各行业领域专业人士请进幼儿园等活动，使幼儿有机会亲身体验当地文化的特色和魅力，让幼儿在参与中感受传统文化的乐趣和意义，增加对本土文化的认知，激发对本土文化的好奇心和探索欲望，培养对本土文化的共同认知和情感联系。同时，社区在课程中的参与也为孩子们提供了与不同文化背景的人交流和互动的机会，有助于培养幼儿开放包容的心态和跨文化交流的能力，让他们更好地适应多元文化社会的发展。

协同育人课程模式是优化教育生态的重要保障。良好的教育生态对孩子的成长和发展至关重要。家庭作为孩子最早的教育环境，为他们提供温暖、关爱和基本的道德教育；幼儿园为幼儿提供专业的教育指导和集体学习的机会；社区为幼儿提供更广泛的社会体验和资源支持。通过家庭、幼儿园和社区之间的相互支持与协作，为孩子提供全方位、多元化的教育资源和经验，共同创造良好的教育环境，促进幼儿可持续的全面发展。协同育人的课程模式正是建立在三者所形成的紧密的教育共同体基础之上，将三者共同的教育追求统一于课程目标、投身于课程实践之中，为形成良好的教育氛围、搭建稳定的教育格局提供重要保障。

总之，"家园社"协同育人课程模式的建构对激发教育活力、促进幼儿发展、传承社会文化以及优化教育生态等方面都具有重要意义。它可以更好地满足幼儿全面和谐发展的需求，为他们的身心成长和社会适应奠定坚实的基础。同时，协同育人课程模式的建构需要立足于高质量、高水平、高标准的要求，以幼儿德、智、体、美、劳全面发展为目标，从角色机制的架构、目标层级的设置、内容资源的选择、组织形式的优化、课程体系的搭建等方面，推动课程建设，提高育人质量，为促使幼儿全面发展创造良好条件。

中班 家园社共育活动方案《共建生态花园》

梁雪婷 吉林省大安市育才幼儿园

设计意图

本次《共建生态花园》家园社共育活动的设计，旨在通过多维度的教育手段和实践活动，培养孩子们的环保意识、责任感和团队协作能力，同时促进亲子关系和社区参与，为共建美好家园贡献一份力量。

活动目标

1. 深入了解栽种与移植植物的详细步骤；

2. 在家长的帮助下亲身体验栽种与移植任务；

3. 增强爱护社区环境的意识，初步树立环保意识。

活动准备

1. 物质准备：树苗、盆栽、种植工具、硬纸板、剪刀、马克笔、绳子每人一份，音乐，音箱。

2. 经验准备：通过故事分享、视频观看等方式，让幼儿对植物栽种与环保有了初步认识；同时，与家长沟通活动细节，确保亲子间已有初步的合作默契，为活动中的亲子互动做准备。

3. 场地准备：社区花圃栽种区。

活动过程

一、导入活动：发出环保倡议。

家长与幼儿手牵手踏入社区公园，在预定地点集合。

教师：各位亲爱的家长和小朋友们，大家早上好！社区是我们共同的家园，它的美丽与和谐需要我们每个人的参与和努力。我们的日常行为和习惯，正是塑造社区生态环境与居住质量的关键。今天，我们携手踏上这段绿色的旅程，共同为社区增添生机，共建我们的生态花园。

二、基本活动

1. 专业指导：栽种与移植技艺。

教师：接下来，让我们以热烈的掌声邀请社区的工作人员，他们将为我们详尽展示栽种与移植植物的每一步骤，并分享宝贵的注意事项。

教师引领社区工作者上台，详细介绍即将与孩子们亲密接触的植物品种及其种植要点。

2. 亲子互动：操作卡排序游戏。

教师：感谢社区工作者的精彩讲解！现在，我要考考大家的记忆力与理解力。请甜甜老师为每个家庭分发操作卡，让我们以家庭为单位，共同回顾并排序栽种或移植的正确步骤。

教师分发卡片后，鼓励孩子们先尝试介绍自己的排序思路，随后邀请家长也参与进来，分享他们的理解，增进亲子间的默契与沟通。

3. 实践操作：小小园艺师。

教师：好的，接下来是实战演练的时刻！请每个家庭排好队，到指定区域领取你们心仪的植物和工具，开始你们的栽种或移植之旅吧！

在社区人员的悉心指导下，孩子们与家长一同动手，将理论知识转化为实际行动，为社区增添一抹新绿。

4. 创意工坊：绘制环保标语牌。

教师：在欣赏我们劳动成果的同时，大家是否留意到植物旁的标语牌？它们如同守护者，提醒我们关爱自然。那么，标语牌上通常写些什么呢？它们又有怎样的意义呢？

教师引导孩子们思考后，鼓励大家畅所欲言，分享自己对爱护植物的理解与建议。随后，进入创意工坊环节，每个家庭根据自己的想法，为所栽种的植物设计并绘制独特的环保标语牌。

5. 展示与交流：标语牌的故事。

教师：现在，请每个家庭轮流上台，展示你们精心制作的标语牌，并分享创作过程中的故事与感受。

在温馨而充满创意的氛围中，孩子们与家长共同讲述标语牌背后的故事，传递对环保的热爱与承诺。之后，家长协助将标语牌固定在相应的植物旁，为社区增添一抹人文关怀。

6. 合影留念：与绿色共舞。

教师：在这充满意义的时刻，让我们与我们的生态花园来一张亲密的合影吧！记录下这温馨、美好的瞬间，让这份绿色记忆永远留在我们的心间。

教师引导大家围绕生态花园，摆出各种充满爱意的姿势，定格这难忘的一刻。

三、结束部分：环保寄语

教师：随着相机的快门声响起，我们的活动也即将圆满结束。但请记住，爱护环境、保护植物是一项长期而艰巨的任务。希望每位家长和小朋友都能将今天的所学所感带入日常生活，用实际行动践行环保理念。同时，也希望大家成为环保的小使者，将这份对自然的热爱与尊重传递给身边的每一个人。让我们携手努力，为创造一个更加美丽、和谐的地球家园贡献自己的力量！

活动延伸（通过环境、家庭、社交三个方面进行延伸）

邀请小朋友们做"花园管家"，鼓励幼儿观察并记录植物的生长变化，也可以修缮破损的标语牌；幼儿可以把各自的观察发现带到幼儿园分享给更多的小朋友。

案例解析

家园社共育活动《共建生态花园》展示了家园社合作的典范。通过社区提供场地与指导，幼儿园组织活动，家长积极参与，三者合力为幼儿打造了一个实践环保的平台。活动不仅增强了幼儿对环保的认识，还促进了家庭成员间的情感交流，同时加深了社区与家庭的联系。这种合作模式充分调动并有效整合了各方资源，共同为幼儿的成长与社区的可持续发展贡献力量。

模块二　"家园社"协同育人课程模式的理论基础及共育启示

从幼儿教育的横向维度来看，家庭教育、幼儿园教育和社区教育互为补充、相互支撑，共同构成了促进幼儿全面发展的"脚手架"。三者在各自的影响领域具有不同的育人功能和属性，分别承担着不同的育人责任。幼儿的成长离不开这三者共同组成的教育生态环境，建构三者协同育人的课程模式，既要考虑各自领域的教育特点和教育资源，又要衡量协调家庭、幼儿园和社区的教育环境和教育优势，同时还需保证协同育人课程实施的可行性和科学性。已有相关理论从心理学、生态学、社会学和教育学等领域研究探讨了三者协同合作、互助共育的机制与作用，为"家园社"协同育人课程模式的建构提供了可靠且坚实的理论依据和实践启示。

一、自我概念理论及其共育启示

（一）自我概念理论的主要内容

自我概念（self-concept）理论由美国学前教育学者埃斯萨（Eva L. Essa）等人提出，该理论描绘了儿童成长环境的三维模型，将此环境构想为由三个相互关联的同心圆组成。位于最内层的同心圆代表家庭及其成员（home and family），它是儿童最初也是最直接的社交圈；第二层同心圆则由学校及其朋友（friend and school）构成，这里儿童开始接触更广泛的社会关系和教育环境；最外层的同心圆是社区及其社区帮手（community and community helpers），它包含了更广阔的公共领域和社会支持网络，对儿童的成长同样起到关键性作用。埃斯萨认为，这三个同心圆之间的关系对儿童的发展至关重要，即儿童所在的家庭、学校和社区中成人之间以及成人与儿童之间的关系都影响和制约着儿童的发展。儿童的学习范围是从自己（如身体）和家庭（如家庭成员）扩展到学校（如教师和朋友）和周围的社区环境（如社区及社区中的工作人员）。儿童伴随其年龄的增长，会越发对自身所生活的社区及社区是如何运作的产生兴趣。家庭、学校及社区的密切合作有助于儿童形成积极的自我概念。

（二）对建构"家园社"共育课程的启示

由此可见，埃斯萨的自我概念理论从儿童生活和学习的主要环境入手，明确地指出了影响儿童发展的三个维度：家庭、学校和社区，这为"家园社"协同育人课程模式的构建提供了指导性的启示。

首先，幼儿园教育应循序渐进地扩大幼儿的学习视野，扩展幼儿的直接经验，引导幼儿从内部世界逐步走向外部世界。以教育幼儿保护视力为例，首先引导幼儿探索眼睛的奥秘，了解眼睛的外部构造，理解眼睛如何影响我们的视觉世界。接着，通过介绍某些动物的独特视觉能力，拓宽幼儿的视野。最后，可以让幼儿接触并了解望远镜和显微镜等工具，以及这些设备是如何延伸人类的视觉范围。由此引导幼儿从关注自身逐渐过渡到关注周围事物。

其次，家长、教师和社区成员之间应当构建一个协作网络，以促进幼儿全面发展为宗旨，建立良好的沟通和伙伴关系，共同致力于挖掘并利用家庭与社区中的教育资源及教育潜力，通过加强成人之间的有效沟通与合作，形成支持性的环境，为幼儿教育奠定坚实的基础。同时，增强成人与幼儿间的互动，培养亲密和谐的关系，这对幼儿自尊与自信的建立至关重要。例如，幼儿园可以组织一系列的亲子活动，将家长"请进"课堂，为家长提供丰富的亲子互动机会，在增强家庭参与感的同时，进一步帮助家长了解幼儿的学习生活与同伴交往状态。同时，幼儿园也可以请社区相关工作人员为幼儿进行主题式讲座，从不同的职业视角拓宽幼儿的认知领域，在幼儿和所属社区工作者之间建立情感链接，从社会关系的角度帮助幼儿形成积极自我概念。

幼儿园的"请进来"和"走出去"

1. "请进来"

幼儿园在与家庭和社区合作共育的过程中，应当充分利用家庭和社区中的人力资源。这意味着幼儿园应该积极邀请家长和社区中的专业人士参与教育活动，发挥他们的特长和经验，为孩子们提供更丰富、更多元的学习体验。

（1）邀请家长参与。

幼儿园可以定期邀请拥有不同性别、性格、兴趣、专长及职业背景的家长走进园区。这样做不仅能够充分利用他们各自的独特资源和优势，还能加深教师与家长之间的交流与合作。例如，在组织"时尚工作室"的角色扮演游戏时，可以邀请擅长手工制作的"创意妈妈"加入。她们可以与幼儿共同创作，从设计草图到动手裁剪和粘贴，一起制作出各种风格的服饰，以此激发幼儿的创新思维和动手实践能力。这样的活动不仅能够丰富游戏的内容，同时增强幼儿的艺术感知能力和创造能力。

（2）引入社区人力资源。

社区内汇聚了来自各行各业的专业人士，这些人力资源对幼儿园来说是极其珍贵的。幼儿园可以定期邀请社区成员参与教育活动，利用他们各自领域的专业知识和技能为幼儿提供更为丰富和真实的教育体验，同时补充和扩展幼儿园教师团队在某些特定领域内的教学内容和实践经验。这种做法不仅能够增强教育的多样性和实用性，还可以促进社区与幼儿园之间的紧密合作，为幼儿的成长创造更加广阔和多元的环境。例如，在临近"消防安全教育日"之际，幼儿园可以邀请社区内的消防员进入课堂，为幼儿详细介绍消防制服与普通衣物的不同之处，以及消防车与日常交通工具的显著区别，从而加深幼儿对消防员这一特殊职业的理解，同时激发他们对消防队员的崇敬之情。这样的互动不仅可以增加幼儿的安全意识，也能让他们对社会公共服务建立起更为直观真实的认识和感受。

2."走出去"

幼儿园在与家庭和社区携手共育的过程中，还应当有效地利用家庭和社区所提供的物质资源。这包括但不限于场地、设施、自然环境、文化场所等，这些资源可以极大地丰富教育活动的内容和形式，为幼儿提供更加多元化的学习体验。

（1）走进家庭环境。

幼儿园可以策划"走进我家"活动，带领幼儿参观不同的家庭住所，观察并比较各个家庭所处的社区、住宅楼及其内部布局，以此帮助幼儿理解和认识家庭的外部面貌及物质环境。教师可以指导家长轮流开放家庭，为幼儿创造"扮演小主人"和"扮演小客人"的情境。在这样的活动中，幼儿可以学习如何成为热情好客的"小主人"，比如乐意与同伴分享玩具；也可以学习如何成为礼貌得体的"小客人"，比如未经同意不随意翻阅他人的书籍，从而掌握基本的社交礼仪和待人接物之道。

（2）探索社区空间。

幼儿园可以组织幼儿走出校园、走进社区，实地参观各类公共场所，如文化中心、商店、交通枢纽和服务场所等，以此来拓宽幼儿对不同社会功能区的认识，并引导他们学会在各种场合中遵守相应的行为规范。例如，当教师带领幼儿参观图书馆时应教导他们：在图书馆内要保持安静，不要高声喧哗；对待书籍要倍加爱护，轻拿轻放，避免折损书页；阅读完毕后，要把书本放回原位，以保持图书馆的整洁有序。通过这样的活动，幼儿不仅增长见识，还能够学习如何在公共场所中展现文明素养。

二、人类发展生态学理论及其共育启示

（一）人类发展生态学理论的主要内容

众所周知，人除了与生俱来的生物属性外，同时具有区别于其他生物的社会属性。这便体现了人类并非孤立存在的个体，而是嵌入于复杂的社会结构、媒介和人际关系网络之中，与周遭的多个层面保持互动，并在与他人及环境的持续交流中不断获得成长和发展。杰出的人类学家、生态心理学家 U. 布朗芬布伦纳（Urie Bronfenbrenner）所创立的人类发展生态学理论，聚焦于人类成长历程中至关重要的生活场景，诸如家庭、学前教育机构、学校等，并深入探讨了这些环境之间的相互作用及其对个体发展的影响。

该理论指出，儿童的成长与发展是受其直接或间接关联的环境系统塑造和限定的，这些环境系统呈现出一系列相互嵌套、层层递进的结构，如同一系列的同心圆。根据生物生态学的视角，人类生存与发展的环境可以细分为几个关键层级，具体包括：微观系统（Microsystem）、中观系统（Mesosystem）、外层系统（Exosystem）、宏观系统（Macrosystem）以及时代系统（Chronosystem）。

其中，微观系统指的是与个体直接互动的具体环境，涵盖了自然环境、日常使用的物品、个人的活动、社会角色以及人际交往等。对儿童来说，这是指儿童日常生活的场所及其周边环境，如家庭、幼儿园、学校、班级、邻里和社区，这些环境对儿童的成长和发展有着直接影响和关键作用。

中观系统则是微观系统内两个或多个环境（例如家庭与幼儿园、幼儿园与社区、家庭与社区）之间的联系和相互作用。它涉及在两个或多个环境中发生的关系和成长过程，其中发展中的个体虽不一定直接参与，但却能感受到这些互动带来的正面或负面效果。例如，家庭与学校之间的沟通，学校与工作地点的联系，虽然儿童可能不是直接参与者，但他们能够感知并受到这些互动的影响，这些都可能间接作用于儿童的成长过程。

外层系统是指那些儿童并不直接参与，也不会与儿童产生直接互动，但仍然能够通过间接渠道对儿童的成长和发展施加影响的环境。这类环境可能包括父母的工作环境、家庭的经济状况、家族的社交网络、教师的家庭状态以及各类媒体信息源等。尽管儿童并非这些环境的直接参与者，但通过与父母、教师等成人的频繁接触，这些成人所在的微观系统会对儿童的生活环境产生连锁反应，进而影响儿童的成长经历。

宏观系统则是指儿童所处的更广泛的社会文化背景，它囊括了一系列深层次的社会文化特征，如主流价值观、宗教信仰、历史变迁、政治体制、经济状况以及社会制度等。这些宏观层面的因素构成了儿童成长的大环境，潜移默化地塑造着儿童的世界观、价值观以及行为模式。儿童所处的微观系统、中观系统与外层系统共同构成了作用于儿童成长过程的宏观系统。宏观系统涵盖了更广泛的社会文化背景，包括但不限于父母的社会经济地位、家庭的文化信仰、生活习惯、经济资源以及社会习俗。在特定的文化脉络中，所有这些环境层次都展示出一定的共性，它们都深深地植根于宏观系统之内。例如，西方社会倾向于推崇个人主义

精神，而东方社会则更加注重集体主义价值。

时代系统主要关注儿童所处的时代背景以及伴随时代变迁而发生的社会历史事件。它考察了随着时间推移，个体属性及其所处环境的动态变化，比如家庭结构的演变、社会经济地位的升降、父母职业的转换、居住地点的迁移等，这些共同构成了儿童成长历程中的时代印记。

在这错综复杂的系统网络中，每一个系统都承载着对儿童成长至关重要的生态学价值。这些系统彼此交织，相互作用，任何一个系统的变动都会牵一发而动全身，引发其他系统相应的变化。儿童的发展是一个逐步拓展其生态环境认知边界的过程，从最初的原生家庭，到幼儿园的集体生活，再到更广阔的社会环境，儿童所处的系统及其相互间的联系在不断演变。正是在这种动态变化过程中，儿童通过学习与适应，实现了自身的成长与发展。儿童的生态过渡，及其生活环境的转变，对他们的成长轨迹起着决定性的影响。

（二）对建构"家园社"共育课程的启示

从上述生态学的角度来看待幼儿的发展及其在发展过程中的诸多影响因素，对建构"家园社"协同育人的课程模式有积极的启示作用。从幼儿发展的微观系统来说，每一名幼儿处于特定的区域社区环境之中，并与该环境中的家庭和社区成员、物质资源、文化氛围等进行相互作用，产生交互影响，幼儿通过在这一过程中所接触的人、事、物及其所产生的各种关系，积累经验并从中获得成长。例如，与家长、邻居、社区工作人员产生的各种互动，以及在幼儿园中的区角、操场和社区图书馆中进行的各种活动等，都会丰富幼儿的直接经验，使幼儿的认知结构不断发生变化。对幼儿而言，中观系统内各个微观系统之间的互动越是高质量，就越能为幼儿的成长和发展提供有力的保障。

家庭、幼儿园与社区是幼儿日常生活中接触最为频繁的三个核心微观系统，这三者之间的互动关系构成了对幼儿成长影响最为直接且关键的中观系统。这便意味着，如果家庭、幼儿园和社区之间能够维持频繁而富有意义的正向互动，建立紧密且积极的有效联结，且在教育理念和实践上达成共识并协同行动，便能够为幼儿营造一个高度支持且连贯的成长环境，进而对幼儿的发展产生积极的促进作用。由此启示我们，在促进幼儿发展和建构协同育人课程的过程中，不仅要充分认识到家庭、幼儿园及社区各自在幼儿发展中的独特价值，更要关注幼儿与家庭、幼儿园和社区之间的相互作用，课程内容应基于幼儿在各种关系中所获得的各种直接经验，优化幼儿的成长环境，为幼儿的全面发展提供可支持的系统。同时，应明确家庭、幼儿园和社区在共育课程中的角色机制，加强三者之间的正向联结，通过课程的搭建形成以幼儿为中心的良性互动关系，从而逐步扩大幼儿认识世界的范围，为幼儿的持续性学习和发展提供动力。此外，该理论的系统观点为共育课程"三维"目标体系的构建也提供了更为广阔的视角。

三、交叠影响阈理论及其共育启示

（一）交叠影响阈理论的主要内容

全美家校合作联盟研究中心负责人、美国霍普金斯大学教授爱普斯坦的研究揭示了美国中小学在家庭、学校与社区三方面合作上的局限性。他指出，以往这些机构之间的合作往往流于表面，缺乏深度和持久性，即使学校作为连接家庭与社区的关键纽带，也未能充分准备好维持长期的合作关系。爱普斯坦强调，如果没有建立起基于有效沟通与协作的稳固伙伴关系，儿童获取全面教育的可能性将被削弱。基于这一观察，他提出了"交叠影响阈理论"（Overlapping Spheres of Influence），指出了只有当家庭、学校和社区三个领域实现有效沟通与合作，形成相互交织的支持系统时，才能确保儿童获得全面的教育体验。该理论基于上述生态学理论和社会学领域的"社会资本"理论，主要研究微观系统中家庭、学校和社区交叠对儿童的影响；同时，依托于社会资本理论的教育研究揭示了：家庭的社会资本与其子女的教育成果呈正相关。即一个家庭所拥有的社会资本越丰厚，其子女教育成功的概率就越高。据爱普斯坦教授的观点，家庭、学校和社区之间构建的新型伙伴关系能够增加学生的社会资本，进而推动学生的学业成就和职业发展朝向更为积极的方向迈进。因此，这种伙伴关系的根本宗旨在于，确保每位学生不仅在校期间，且在其后续的人生道路上均能获得成功。

由上可知，这一理论以"关爱"为核心理念，强调当塑造儿童成长的三大外部环境——学校、家庭及社区能够构建起一个协同互助的合作网络时，它们的交叠影响区域便会扩大。这种扩大的交叠区域对儿童的成长产生了一种持续且方向一致的正面效应，进而促进儿童全面发展。这为家庭、学校和社区合作建立了新的理论范式和实践机制。

📖 知识窗

在爱普斯坦的倡导和带领下，"全国学校合作网络"（NNPS）得以创立。该网络致力于促进和支持合作行动小组设计并实施家校社合作项目。它构建了以学校为核心的行动研究团队，统筹并持续跟进合作性计划，同时采用爱普斯坦所倡导的家庭参与六大模式体系，从而赋予家长们更多机会参与到子女的教育过程中。爱普斯坦及其研究团队专注于家庭、学校与社区间关系的深入探究，他们在全国范围内持续开展了广泛的实证与实验性研究。基于这些研究积累，爱普斯坦等人发展出了"交叠影响阈"理论，该理论将家庭与学校间的合作活动细分为六种类别，其中"社区合作"便是其一。

爱普斯坦及其团队指出，学校在与社区的伙伴关系中，其与商业实体的合作是最常见的社会联结形式。除此之外，学校还会与其他各类社区组织建立联系，这些组织包括为青少年和学校提供资源及社会援助的高等教育机构、政府及军事部门、医疗服务提供者、宗教团体、国民服务与志愿机构、服务于老年人的组织、文化与娱乐设施、其他基于社区的非营利组织以及社区内的志愿者团体。他们提倡，学校在规划与家庭的协作项目时，不仅要强化与家长之间的互动，更要注重与社区中各类社会组织的联结与合作。如今，这种集家庭、学校和社区三位一体的协作模式，在美国各地已经蓬勃发展，成为教育实践中的重要组成部分。

　　社区支持家庭的主要方式可以归纳为两大类：首先是信息支持。主要包括向学生及其家庭分享关于社会援助、公共卫生、休闲娱乐、文化活动以及各类项目和服务的相关资讯；同时，及时告知家长有关社区内为学生设计的教育活动详情，如辅导班、家教服务以及企业与教育的合作伙伴关系等。另一类别是服务供给。主要包括确保学生和家庭能够平等地介入社区项目，享有同等获得服务的机会；社区努力营造一种类似家庭的温馨氛围；社区志愿者可以组织并运营一个儿童用品交换中心，例如置换校服等物品，让家长们可以免费获取各自所需的儿童用品。

（二）对建构"家园社"共育课程的启示

　　交叠影响阈理论在美国的中小学教育实践中得到了广泛的验证，其有效性和重要性已得到确认。这一理论对我国学前教育阶段"家园社"（家庭、幼儿园、社区）协同育人的概念深化及其课程体系的建设，具有现实的指导意义和深远的价值影响。

　　首先，鉴于我国地域广阔且人口分布极不均衡的现状，不同地区幼儿的家庭背景、社区发展水平以及幼儿园的教育质量存在显著差异。这种差异性不仅体现在经济条件上，还包括文化环境、教育资源的可获取性以及教育理念的现代化程度等方面。尤其在偏远地区，由于家庭的文化水平较低，加之传统育儿观念根深蒂固，幼儿园与社区的教育活动往往是孤立进行的，未能形成合力。这种状况导致儿童在成长初期就面临"社会资本"的匮乏，无法享受到全方位、深层次的早期教育。面对这样的现状，交叠影响阈理论为我国学前教育中家庭、幼儿园和社区的协同育人模式提供了理论依据和实践指南。它倡导借助幼儿园、家庭和社区三方合力，整合三方资源，为幼儿创造更多接受综合教育的渠道，以满足幼儿各阶段的成长需求，促进其全面发展。

　　其次，作为幼儿成长发展过程中的重要环境和支持系统，家庭、幼儿园和社区能够为幼儿提供稳定且丰富的"社会资本"，三者协同的教育理念和教育活动是促进幼儿稳定发展的前提和保障。而共育课程模式的建构，正是从资源整合、优势互补、协同合作的角度搭建完整教育生态系统的基础和根源。同时，在协同共育课程内容及课程组织形式的选择上，交叠影响域理论启示我们，基于家庭、幼儿园和社区各自教育特点的前提下，最大限度地挖掘三者相互补充又彼此交叉影响的叠加优势，从而在实践中为"家园社"协同共育提供更为完善且富有生命力的课程资源。

四、情境教学理念及其共育启示

（一）情境教学理念的主要内容

情境学习理论（situated studying theory）认为，从本质上而言，知识是人与环境交互作用的产物，它不是孤立于其本身所处的脉络环境中存在，而是只有在它所产生及应用的活动与情境中去解释，才能产生意义。学者Schno指出，诸多行业领域内的知识、技能、行规或专业术语，是无法完全依靠文字或语言类的知识信息进行一一详述的。仅靠书本提供的间接知识信息已然不足以习得该专业领域内的知识技能，而是需要亲自观察和参与才能有所收获。Schno提出了"在行动中求知"（knowing in action）以及在"行动中反省"（reflection in action）的学习概念。即强调行动对获得知识和反思经验的重要性。由此，情境学习理论指出，学习需要融入实际社会文化与脉络情境中，方能建构出有意义的知识。其理论要义为：强调学习需要在真实的场景和情境中进行；重视学习者主动探索、积累操作经验的过程；同时强调学习活动的真实纯正性，重视学习互动、参与和分享；提倡学习者由边缘参与到核心学习的过程，关注学习者在学习情境中的感受和体验，以提高学习的积极性和主动性。

（二）对建构"家园社"共育课程的启示

情境教学理念的核心关键词为：真实参与、实践体验和多元自主。由此，"家园社"协同共育课程的典型特征恰恰体现了该理念所蕴含的教育价值。对幼儿教育来说，共育课程模式中教育主体的多元性、教育内容的体验性和教育过程的参与性等都凸显出情境教学理念的实践探索，为构建三者协同育人的课程模式提供了现实的指导意义。该理念提出，知识并非独立于现实生活而存在，而应成为生活中的工具，必须通过在实践活动中运用才能真正认识并理解知识。

对幼儿学习和课程组织来讲，其学习内容应来源于现实生活，学习行为应在真实情境中发生，课程组织形式应丰富多样且富有意义，幼儿对知识内容的认识和掌握应在感性直观的情境中进行，包括对周围植物、动物、建筑、科技、人等各个方面的认识，都应基于幼儿现实中的感官活动。例如，幼儿学习认识钱币，首先可以通过老师的讲述了解钱币的外观以及用途、学习如何在生活中进行应用；在此基础上，还需要家长带领幼儿日常生活中使用钱币来加深对钱币的认知，让幼儿在真实场景中感受和使用钱币的交换功能。这一方面需要教育观念的转变和引导，同时更体现了不同教育主体对幼儿施加影响、进行协同合作的过程。家庭、幼儿园和社区是幼儿生活的真实场景，幼儿的每日生活与学习都无时无刻不与家庭、幼儿园和所在社区中的各个要素发生联系。三方面应基于幼儿的学习特点和各自的教育优势，从幼儿日常的学习、生活和体验中提取有价值的内容作为课程元素，搭建起幼儿学习与发展的稳固桥梁。

 案例角

大班 家园社共育活动方案《小手绘世界——"家园社"共绘艺术节》

郑铭铭　长春汽车经济技术开发区实验幼儿园

设计意图

本次《小手绘世界》社区艺术节活动,旨在通过艺术与社区的融合,激发大班幼儿的创造力、审美能力和社会参与感。通过亲子合作与社区互动,不仅能让孩子们在艺术创作中感受世界的多彩与美好,还能促进家庭、幼儿园与社区之间的紧密联系,共同营造和谐美好的社区文化环境。

活动目标

1.运用多种材料和技法,自由表达对世界的感知与想象;

2.通过欣赏与创作,提升审美素养和艺术鉴赏能力;

3.增加家庭成员间的合作与沟通,同时感受到自己是社区的一分子,增强社区归属感。

活动准备

1.物质准备:绘画材料(颜料、画笔、纸张、彩泥、废旧物品等)、展示板、音响设备、奖品等;

2.经验准备:提前通过故事、视频等形式,让幼儿了解不同国家的文化、风景和特色,激发创作灵感;

3.场地准备:社区广场或公共活动区域,布置成一个小型艺术展览区;

4.人员准备:邀请社区艺术家或教师作为指导老师,确保活动顺利进行。

活动过程

一、导入活动:开启艺术之旅

1.开场表演。

由幼儿园舞蹈班或合唱团带来精彩表演,营造欢快的艺术氛围。

2.主题介绍。

教师简要介绍《小手绘世界》社区艺术节活动的目的、意义及流程,激发幼儿参与热情。

二、基本活动

1.艺术讲座。

邀请社区艺术家为家长和幼儿讲解艺术创作的基本知识和技巧,拓宽大家的艺术视野。

2.亲子创作。

分组创作:根据幼儿的兴趣和特长,分为多个创作小组,如"世界风景组""动物世界组""未来城市组"等。

创意碰撞:家长与幼儿共同讨论创作主题、构思画面,鼓励幼儿发挥想象力,大胆创作。

动手实践：在指导老师的帮助下，家长与幼儿一起动手制作，完成各自的艺术作品。

3.作品展示。

布置展览区：将幼儿的作品布置在社区广场或公共活动区域，形成一个小型艺术展览。

轮流讲解：邀请每个创作小组的代表上台，介绍自己的作品及创作过程，分享创作心得。

4.互动体验。

投票环节：设置观众投票区，让社区居民为喜欢的作品投票，评选出"最具创意奖""最佳色彩奖"等奖项。

艺术游戏：组织趣味艺术游戏，如"颜色接力""寻宝游戏"等，增加活动的趣味性和互动性。

颁奖典礼：为获奖作品颁发奖品和证书，激发并满足幼儿活动的成就感。

三、结束部分：艺术寄语

教师总结并发出环保倡议，鼓励大家将艺术创作与环保理念相结合，共同为美丽社区贡献一份力量。

活动延伸

在幼儿园或社区内设立作品展示周，让更多的人欣赏孩子们的艺术作品；定期举办艺术沙龙活动，邀请家长和幼儿共同参与，分享艺术创作的心得与经验；结合幼儿的艺术作品，尝试开展社区美化项目，如在社区固定区域内绘制壁画、装饰公共设施等，让艺术走进社区，美化居民生活。

案例解析

《小手绘世界》社区艺术节活动作为家园社共育的一次大胆尝试，成功地将幼儿园、家庭与社区紧密相连。通过艺术创作的形式，活动不仅激发了孩子们的艺术潜能和创造力，还加深了他们对社区环境的认知与情感联结。活动前期，需要各方的精心筹备，确保活动的顺利进行；活动中，亲子间的默契配合与社区的积极参与，共同营造一个温馨、和谐的艺术创作氛围。此次活动不仅能够促进幼儿的全面发展，还能有效增强家庭、幼儿园与社区之间的凝聚力，为家园社在促进幼儿发展和提升共育水平方面起到了积极作用。

模块三　"家园社"协同育人课程模式的实践路径

对学前儿童而言，其个性化的成长必然联结家庭教育、学校教育与社会教育。当其所处的家庭、幼儿园和社区能够建立起有效合作时，便可以有效促进其跨环境体验的连续性，保持儿童学习和发展的一致性。由此，协同教育课程体系的建立践行着教育协同育人的责任与担当。以下将从课程建构中的角色机制、目标层级、内容选择及组织形式几方面来探讨"家园社"协同育人课程模式的实践路径。

一、"家园社"协同育人课程模式的角色机制

在构建家庭、幼儿园、社区三位一体化课程模式时，我们首先应该厘清三者在促进幼儿发展过程中的关系以及相互作用的角色机制。在幼儿成长的历程中，其所在家庭、幼儿园和社区各自扮演着不可替代的角色，它们搭建起幼儿成长和发展的场域环境，且随着幼儿年龄和生活经验的增长，三者的教育功能相互补充、彼此支撑，为幼儿健康、和谐、全面成长共创全方位的支持和保障。由此可见，"家园社"在协同作用于幼儿教育过程中，其课程模式的建构应基于三者"搭建—互补—共创"的角色关系。

首先，作为幼儿成长发展的第一环境，家庭对幼儿的情感支持和基础教育起着至关重要的作用。在生命的最初时期，家庭主要承担了养育、看护和照顾的功能，在这一过程中，良好的亲子关系与和谐的家庭关系又同时为幼儿的成长提供了安全稳定的生存基础和情绪价值，帮助幼儿奠定基本生活技能和社交能力的基础，是幼儿获得爱与信任的最初来源。其次，伴随幼儿社会性和认知发展的需求，幼儿在托幼机构中的同伴关系和师幼关系是继亲子关系之后的重要社会关系。幼儿园为幼儿提供专业系统的教育环境和与同伴进行互动的机会，培养他们的合作意识和团队精神，且通过设计科学合理的教育课程和活动，帮助幼儿在认知、语言、社交、身体、情感等多个方面获得全面发展。此外，随着幼儿社会化进程的不断增加，社区则为幼儿提供了更广泛的社会资源和实践机会，通过组织区域内的各种文化、艺术及体育类活动，不仅为家庭育儿提供直接支持与广阔的教育空间，而且为园所学习提供丰富的材料和信息，进而补充家庭生活和幼儿园学习以外的活动类型，扩展幼儿的兴趣爱好，在实践活动中帮助其了解区域文化，初步形成社会责任感和文化归属感。

由此可以看出，作为幼儿生活和学习的主要环境，家庭、幼儿园和社区虽然从功能属性上来说彼此独立，却在幼儿成长的不同阶段为其提供多层次、多维度的教育途径和教育影响。三者如同幼儿成长过程中的三个支点，共同"搭建"起适宜幼儿学习与发展的"脚手

架"，且缺一不可。与此同时，这三者在对幼儿施加影响的过程中又是角色"互补"的，家庭的情感支持和基础教育为幼儿的成长提供了稳定的基础；幼儿园的专业教育和引导帮助幼儿建立系统的知识体系和学习能力；社区的社会资源和实践机会则丰富了幼儿的经验，拓宽了他们的视野。通过三者的协作，幼儿能够在不同的环境中收获全面的发展和成长。在此基础上，围绕促进幼儿发展这一共同目标，三者需要在教育理念、教育目标、教育资源和教育参与者等方面"共创"符合幼儿最近发展区的活动内容及课程模式，以达到协同育人的最大效果。

因此，家庭、幼儿园和社区在学前教育系统中从不同维度和途径上支撑起幼儿发展的稳固"脚手架"，且三者在交互影响于幼儿发展的过程中各自承担着不同的作用，即家庭为幼儿成长发展提供基础保障，幼儿园为幼儿教育的各个环节和过程进行示范引领，社区则作为桥梁阵地成为二者教育过程的有力补充。

📖 一点通

在实践过程中，家庭、幼儿园和社区三者在幼儿教育中承担的角色具体表现为互补与协作。例如，家庭可以与幼儿园配合，共同培养孩子的阅读习惯。家长在家中与孩子一起阅读，幼儿园老师在园内引导孩子分享阅读体验，而社区可以提供图书馆等资源，举办阅读活动，进一步激发孩子对阅读的兴趣。这种互补与协作能够形成强大的教育合力，使孩子在各个方面都能得到充分的培养和发展。

此外，家庭、幼儿园和社区之间还需要保持良好的沟通与合作。家长可以与幼儿园老师密切交流，了解孩子在园内的表现和需求，共同制订教育计划。幼儿园也可以与社区合作，组织户外探索活动、参观博物馆等，为孩子提供更多的学习机会。社区可以与家庭和幼儿园合作，举办家长讲座，提供教育指导和资源支持。

二、"家园社"协同育人课程模式的目标层级

（一）核心目标和功能性目标

家庭、幼儿园和社区协同育人的课程构建，其核心目标是推动幼儿的全面成长。通过构建综合性的课程模式，不仅可以满足幼儿在生理、心理、社会和认知等多方面的发展需求，还能为他们创造一个充满爱、尊重和启发的学习环境，为未来的成长打下坚实的基础。协同育人课程模式的功能性目标是实现家庭、教师与社区的协同发展与共同成长。共育课程的设计应着眼于幼儿、教师、家庭及社区全方面的同步提升，其核心目标与功能目标相辅相成、彼此支撑。幼儿的健康发展依赖于家庭、教师和社区的共同作用与有效支持，而对幼儿的教育实践又反过来激励并促使三方教育环境不断改进教育理念、优化教育行为、提升教育效果。在这一过程中，各方通过持续互动与教育反哺，促进教育质量的螺旋式上升。

（二）宏观目标、微观目标和中观目标

幼儿的成长不单单是家庭教育的结果，随着其年龄的增长和心智的成熟，幼儿需要逐渐走出家庭、走进幼儿园、融入所在社区，最终步入社会环境。因此，从横向发展的角度看待幼儿教育，便离不开其赖以生存和发展的家庭、幼儿园和社区，在三者协同作用下共同对幼儿的发展产生影响。那么，在搭建"家园社"协同育人课程模式目标层级的过程中，应全面考察衡量宏观层面的社会因素、微观层面的家庭和幼儿园因素以及中观层面的社区因素。

1. 宏观目标：依托多元社会关系，为幼儿发展奠定社会性基础

从人的终身发展角度来说，幼儿的成长是其不断完成社会化的过程。而幼儿时期是个体逐渐适应社会、学习社会规范，形成价值观和行为模式的重要阶段。在这一过程中，幼儿通过与家庭、幼儿园、社区以及社会环境的互动，逐渐认识和了解不同的社会角色，感知自己在社会角色中的变化，学会与他人相处、合作和交流。因此，从宏观层面上来看，幼儿的成长必然受到整体社会环境的影响，包括社会政治、经济、文化、教育等各方面力量（如幼儿兴趣学校、城市文化设施、体育娱乐活动、教育文化观念、教育法律政策等）。这些社会环境因素为幼儿所生活和学习的社区、幼儿园和家庭奠定了其教育影响的宏观基础，也为三者协同教育理念的形成和课程模式的探索提供了现实意义上的条件。在社会因素中，政府行为是推动"家园社"协同育儿模式得以落实的关键性支柱。政府的高度关注对培育"家园社"互动的理念和意识至关重要，它能有效促进家长、教育工作者及社区服务人员思维方式的革新。政府的支持作用及政策影响不仅有助于改变传统教育观念，还为社区内的学前教育活动提供了坚实的法律基础和财政支持，能够确保学前领域协同育人项目的可持续性和有效性。因此，从宏观层面上来架构"家园社"协同育人课程模式的目标，应重点考察多元化的社会关系和社会教育因素在幼儿社会化进程中所起到的作用，落脚点为将幼儿培养成为符合社会需求和推动社会发展的社会人。

2. 微观目标：依托家园共育合力，为幼儿发展提供支持性土壤

家庭中所提供的亲子关系和家庭关系为幼儿一切社会关系的产生提供了基础，家庭在幼儿阶段主要承担了养护、看护和照护的功能，家庭教育贯穿了幼儿发展的全过程，其最终目标是培育幼儿成长为适应发展的社会人。幼儿园则因其系统化的教育体系和育人理念在幼儿成长的过程中进行引领和示范，主要承担着保育和教育的功能，在师幼互动和同伴互动中着重培养幼儿对待生活以及学习的兴趣、习惯和能力。二者相互支撑，彼此协作，共同搭建起育人的微观环境。由此可以看出，家园共育是促进幼儿成长和发展的有效渠道，也为协同教育的课程模式提供了现实基础。从微观层面上建构协同育人课程模式的目标，应依托于家园合作所产生的教育合力，借助幼儿园教育资源和家庭社会资本，为幼儿发展提供土壤，包括与生活和学习有关的知识、技能和情感支持，进而实现家庭教育和幼儿园教育的共促共赢。

3. 中观目标：依托社区教育媒介，为幼儿发展搭建区域化平台

社区作为幼儿从家庭和幼儿园逐渐步入社会的关键桥梁，为幼儿提供了固定场域内的邻

里关系和社会关系形成的机会，社区教育便成为家庭教育和幼儿园教育的延伸与补充，承担着不可替代的育人责任和协调作用。社区教育以社区为依据，一方面从宏观层面上整合场域和社会教育资源，优化教育社会效益；另一方面从微观层面上协调家庭教育、对接幼儿园教育，以促进幼儿的全面发展。因此，从中观层面来定位协同育人课程模式的目标，重点在于以社区教育为媒介，导向联合家庭参与和幼儿园教育，明确协同育人的基本原则，通过开展多样化的特色活动，发挥教育的社会功能，提供有效的资源支持，为幼儿的社会化进程搭建区域化平台。

总之，实现"家园社"协同育人的教育新格局，并不是家庭、幼儿园、社区等育人主体的简单加总，而是需要多主体之间进行高质量的互动与协作。一方面，高质量的互动与协作需要建立在主体地位平等的基础上，家庭、幼儿园、社区是基于共同目标而建立起来的教育共同体，三者之间是具有平等地位的主体而非服从与被服从的关系，是具有独立地位的主体而非控制与被控制的关系，要在相互尊重、平等对话、相互支持的过程中同心协力，共同促进幼儿全面发展。另一方面，高质量的互融互通应是家庭、幼儿园、社区全员参与的教育活动，各大主体广泛参与、深入互动。家长应具有积极参与幼儿园教育活动的强烈意愿与信心；幼儿园应致力于构建互信互赖的合作关系，指导并引领家长及社区工作人员遵循幼儿学习特点和教育规律，协调课程内容与教育资源；社区应加强沟通合作意识，主动搭建起三方互助合作的桥梁阵地。

三、"家园社"协同育人课程模式的内容选择

从家庭、幼儿园和社区教育的广度以及深度来说，三者协同育人所涉及的内容广泛且丰富，同时有着较为扎实的课程资源基础。作为协调家庭、幼儿园和社区教育的共育课程，其内容的建构需要遵循安全高效、优质多元的原则，不仅要保证内容形式上的丰富多样，同时在内容本质上还要满足幼儿的兴趣需要，符合幼儿最近发展区的学习特点。

（一）协同育人课程内容的特点

1. 综合性

协同育人的课程内容来源于幼儿所处的家庭、幼儿园和社区环境，基于幼儿的兴趣需要，提取出符合幼儿学习与发展特点的直接经验，再将经验进行整合与分类，综合出满足幼儿发展需求的有意义活动。

2. 探索性

幼儿的学习特点决定了其主要的学习方式是在生活中学习、在活动中学习、在探索中学习。因此，对"家园社"协同育人的课程模式来说，其内容的选择更应突出探索性和实践性，家庭、幼儿园和社区通过为幼儿提供丰富的直接经验参与的机会，让幼儿在不断探索中获得多样化的信息和体验。

3. 跨区域性

由于家庭、幼儿园和社区三者在物理和空间属性上具有很大差异，在教育活动中的物质环境、具体内容和方式方法也不尽相同，彼此间既有联结又各有侧重。这便决定了三者协同育人课程活动的发生不会局限在任何一个封闭的空间内，而应体现出灵活的跨区域性。课程内容也不应是抽象的逻辑知识和书本上的间接经验，而是具体的活动过程和参与获得的直接经验。

📖 一点通

如在实施自然探索类共育课程时，亲身体验真实的自然环境对幼儿认识和理解自然至关重要。此类探索活动中，幼儿园需要明确设定教育目标，确保教育活动有效实施；家庭则扮演着激发幼儿兴趣、预备相关经验和保障幼儿安全的角色；同时，社区需提供适宜的户外空间并确保活动的安全性。在这一过程中，任何一个参与方的缺失都将导致活动的不完整性，致使其预期的教育价值和实践效果可能仅仅停留在理论层面，无法转化为实质性且富有成效的直接学习体验。

（二）协同育人课程内容的范围

从课程建构的角度看，相较于家庭教育和社区教育，幼儿园课程具有较为完善的课程体系和规范的教学方式。因此，对三者协同育人课程内容范围的确定应以幼儿园课程内容为基准进行协调。幼儿园课程内容是以课程目标为基础，选择并制定的一系列较为系统的直接经验和间接经验的总和，其主要内容范围涵盖了幼儿关于客观世界的基本知识、关于行为方式的基本活动和关于情绪情感的基本经验。这些经验知识结合五大领域的发展要求，主要是以书本为载体的间接经验和以活动为载体的直接经验呈现给幼儿。

结合"家园社"协同育人课程模式的角色以及目标定位，其课程内容的选择应是以幼儿直接参与的活动经验为主，家庭、幼儿园和社区共同围绕促进幼儿发展的目标，基于所在幼儿园的课程设置和内容安排，以社区教育为平台，协调家庭和教师，补充延伸幼儿在家庭和园所学习经验之外的区域社会关系、社会文化以及社会传统等方面的直接活动经验。在这一过程中，三者需要共同确定能够持续激发幼儿探索兴趣的活动主题，为幼儿提供多样化的活动形式和经验拓展，促进幼儿主动学习与发展。

因此，从内容的范围上来看，协同育人的课程内容包括但不限于以往幼儿园课程中所涵盖的基本知识、基本行为、基本能力和基本态度等，还应体现出共育课程中所凸显出来的社会关系的体验、社会文化的感受和社会传统的积累。协同育人课程的内容应主要以自然探索、文化体验、感官参与等活动形式为主要载体，并以主题为线索来呈现课程内容。在内容的选择上，应当确保紧贴幼儿真实的生活经验，符合幼儿的最近发展区，与其发展阶段和兴趣需要相契合，同时富含教育价值且直观鲜明。

四、"家园社"协同育人课程模式的组织形式

"家园社"协同育人课程内容的特点决定了其在实施过程中必然需要打破时空限制，进而探索协同育人的多维互动模式。而共育课程及其实施平台的搭建应是建立在家庭、幼儿园和社区三方的协作下完成的。在进行组织实施的过程中，幼儿园以其示范引领的角色主要承担着课程规划和课程组织的作用；社区作为共育课程的桥梁阵地为广大幼儿、家长和教师提供课程实施的承载平台；家庭则应基于幼儿的兴趣特点和发展现状主动参与配合共育活动。按照组织形式来划分，协同育人的课程模式主要可以从以下两个维度实施。

（一）以幼儿园为引领的家园互动

家庭教育与幼儿园教育活动在内容及形式上优势不尽相同，且不可替代。陈鹤琴先生在《我们的主张》中强调："幼稚教育是一件复杂的事情，不是家庭一方面能单独胜任的，也不是幼稚园一方面能单独胜任的。必须要两方面共同合作方能得到充分的功效。"幼儿园在对幼儿进行保育和教育的过程中，同时在不同程度上承担着引领家庭教育理念和塑造家长教育行为的责任。在具体的家园互动领域，幼儿园的引领作用主要体现在家园合作、家长参与和家长教育的各类活动中。

具体的家园互动类型主要包括：组建"家长委员会"，引导家长参与商讨班级活动秩序和规则；设立"家长开放日"，邀请家长在亲子活动中观察幼儿在园表现、展示幼儿变化；借助"家园联系栏"和"家园联系单"，捕捉和记录幼儿在成长过程中的闪光点及出现的问题，引导家长主动关注幼儿发展；针对幼儿园新生，教师进行有目的、有计划和有准备的"家访"活动，细致了解幼儿的性格特点和发展需求，有助于缓解新生幼儿的入园焦虑；组织"家长会"和"家长进课堂"活动，可以最大限度地发挥家长参与课堂教育活动的积极性，实现幼儿园对家庭教育的引领和示范作用。此外，在家园合作共育的互动中，还包含"家庭教育沙龙""家长简报""家庭问卷"等丰富的实践形式，旨在从多方面多角度增强家庭教育和幼儿园教育的合力，共同促进幼儿全面发展。

 案例角

家长能做好老师吗？——"三步走"策略支持"家长义工进课堂"[①]

班级故事：家长义工的"顾虑"

杨姗姗　南京鼓楼幼儿园

家长资源是丰富而强大的宝库，怎么更好地运用家长资源，有效地开展活动，这是我们一直思考的事情。小班下学期家长会上，当我提出"家长义工进课堂"活动的倡议

---

① 缪晓芳.家园合作共育：共同负起责任 [M].南京：南京师范大学出版社，2023.

时，家长们立刻议论纷纷："这个活动好，我家大女儿班进行过，爸爸妈妈来上课，孩子们肯定喜欢。""是的，还能看看孩子们平时在幼儿园怎么玩的"……看得出，家长们对这个活动充满兴趣，也满含期待，但对转换角色给孩子们"上课"一事，有人面露难色："老师，要讲哪方面的知识呀？""我没给那么多孩子上过课，他们会听我的吗？""上不好会出丑的吧。""家里一个都搞不定，那么多的孩子万一闹起来多尴尬。"几位性急的家长连珠炮似的一股脑抛出一连串的问题，把家长们引得哈哈大笑了起来。

我笑着说："我能理解大家的担心，不着急，我们一起慢慢聊。"在详细解释了活动的出发点和意义后，我又带领大家观看以往"家长义工进课堂"的活动片段，分享成功经验，让家长们明白这是一个家长和孩子共同学习成长的过程。尽管如此，报名表上的登记信息依旧寥寥无几。

家长会结束后，我们又对一些家长进行了个别动员，安安爸爸的回复引起了我的注意："杨老师，您好！我想报名家长义工进课堂活动，但是有点犹豫，因为平时我都是给大学生上课，给这么多的小孩子上课，真有些担心啊！有哪些需要注意的地方呢？"放下手机，我不禁反思了起来，其实我能理解家长的心情，毕竟术业有专攻，相信这样的顾虑，其他家长也会有。作为教师，我们在调动家长积极性的同时，该如何助推他们愿意并且自信地走进幼儿园呢？

管理妙招：来自教师的全方位指导

《纲要》中指出，家庭是幼儿园重要的合作伙伴，应本着尊重、平等、合作的原则，争取家长的理解、支持和主动参与。为此我们打算从活动前的指导、活动中的调控、活动后的评价实施"三步走"策略，帮助家长走进课堂，优化活动效果。

1. 活动前有针对性的指导，帮助家长树立信心。

让家长成为真正的"老师"，走进课堂。老师首先要鼓励和发现，帮助家长分析自身的专业和优势，让家长明白自己可以做什么。由于孩子年龄特点的原因，一般讲述类的讲座肯定不适合小班的孩子，我们提醒家长在设计活动时，重操作，少讲述；重体验、多互动、设计适合孩子们的活动。我们还向有需要的家长发出邀请，请他们走进幼儿园观摩班级老师活动，学习与孩子互动、交流的方式，为进课堂活动做好准备。

通过我们的动员和努力，原来有点犹豫的家长勇敢地在报名表上填上了自己的姓名，一开始不太明白这类活动形式的家长心里也有了几分把握，身怀各类绝技的家长开始愿意展示自己，为班级活动添砖加瓦。

2. 活动时老师对现场的组织和调控，是家长活动时的定心丸。

由于家长不是专业的老师，没有太多跟孩子互动的经验和教学策略，在活动进行时，难免会出现"家长讲，孩子闹"的现象，因此需要老师的配合和协助组织。果果妈妈是一名医生，她给孩子们带来的是"人体加工厂——胃"这个活动。尽管活动设计前期，她在我们的指导下认真地进行了备课，还特地用心制作了幻灯片，计划着先请孩子们了解一下胃的各个器官，然后再让孩子操作触摸胃的模型，熟悉胃的工作情况。但是在实际活动时，听了近十分钟"冗长"的幻灯片讲解，孩子们明显已经坐不住了，有的开始频频打哈欠，还有的你推我、我推你，竟然吵了起来。眼看着活动就要进行不下去了，果果妈妈尴尬地望着我们。这时候，我们对活动过程及时进行了调整，胃的仿真模型的神秘出现，立马吸引了孩子们的注意。接着果果妈妈把带来的白色工作服穿上，邀请孩子来扮演一种食物，模拟"大胃王工作啦"的场景，演示胃消化的过程。在操作游戏中孩子们了解了胃的工作情况，知道了保护胃的重要性。

3.活动后教师的积极反馈和评价，增加了家长的自豪感。

每次活动进行时，我们都会在班级群里以小视频的方式同步分享，在肯定家长进课堂的同时，也激励其他家长积极参与；上过课的家长也纷纷在班级群里分享自己的感受，为其他家长提供了宝贵经验。渐渐地，每个星期五的"家长义工进课堂"活动，变成了我们班"每周有约"栏目。在孩子们殷切的盼望下，爸爸妈妈们走进课堂，其他家长守候在班级群，线上线下形成了一种默契，家园距离也越来越近。我们还把每次活动的照片展示在单元墙上、介绍活动的由来和过程等，形成班级特色活动。

管理建议：以幼儿为本，实现家园共赢

《纲要》中指出，幼儿园应与家庭、社区密切合作，与小学相互衔接，综合利用各种教育资源共同为幼儿的发展创造良好的条件。来自不同行业，拥有不同背景、不同优势的家长，是我们教育的宝贵资源。家长走进课堂，既拓展了孩子们的学习内容，又丰富了我们的教育资源，具有重要的作用。

1.明确活动的意义，发挥爸爸妈妈的榜样作用。

爸爸妈妈的善举为孩子树立了榜样，爸爸妈妈助人为乐、积极参加幼儿园活动的精神给孩子带来了积极的影响。通过不同行业的家长们来上课，孩子们不仅增长了见识，拓展了知识，还丰富了对不同职业的认识。

2.家长的理解和配合，是我们工作的动力。

每次活动结束，我们都会先倾听家长的想法，了解他们的活动感触。活动结束后贝贝妈妈发来消息："在幼儿园短短的一小时时间里，我通过孩子，看到了老师们的专业、细心、耐心和智慧。"家长们的心声，也是对我们工作的肯定，家园之间相互理解和配合，形成合力，才能促进幼儿全面和谐发展。

3.教师的角色和地位，具有至关重要的作用。

在"家长义工进课堂"活动中，教师不仅仅是组织者、策划者，还是合作者和反思者，在活动中起着举足轻重的作用。教师应为促进幼儿和谐发展，做好家长工作，引导家长成为我们的教育伙伴，推进"家长义工进课堂"活动的开展尽最大努力。

（二）以社区为桥梁的共育活动

《幼儿园保育教育质量评估指南》中要求"幼儿园与家庭、社区密切合作，积极构建协同育人机制"。对幼儿的学习与发展来说，除了以幼儿园为依托开展各种课程活动外，以社区为教育平台作为家园合作共育的延伸和补充，是构建协同育人教育机制和课程模式的必然选择。协同共育课程的实施应秉持开放互助的原则，致力于通过提升幼儿的活动体验感来拓展课程的实施范畴，完善课程的实践方式，丰富幼儿的直接经验，从而推进"家园社"协同育人深入开展。作为协同共育课程实施中的桥梁阵地，社区一方面承担着稳定的教育实践基地的功能，另一方面为家庭和幼儿园的教育活动提供区域化的物质及文化资源。在实践过程中，以社区为实施平台的课程内容主要通过多样化、区域化的共育活动来实现，涉及社区探索、基地体验、场馆畅游、亲子论坛等多种组织形式。

具体的共育活动类型主要包括：成立"家长学校"，定期组织幼儿园教师或行业领域专家为家长进行主题讲座，同时围绕家长关注的教育话题进行沙龙讨论；社区结合自身的区域文化特色，建立实践探索基地，为幼儿、家长和教师提供拓展空间和体验场所，丰富幼儿的感官和直接经验；设立绘本图书室，为社区内幼儿提供绘本阅读和借阅的场所，同时可以组织教师或社区内志愿者在绘本馆中带领幼儿进行绘本共读；尝试开展幼儿社区实践辅导站、幼儿社区之家、亲职教育等多元活动形式，实现育人活动从幼儿园"走出去"到"请出来"，把幼儿教育的区域扩大至家庭和幼儿园之外的社区、把教育对象扩展至幼儿家长及家庭成员，同时把幼儿及其家长吸引到社区并参与社区教育活动。

"家园社"协同育人课程模式的实践路径如图7-3-1所示。

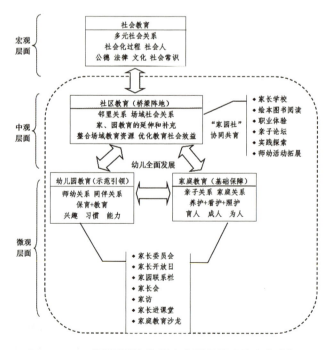

图 7-3-1　"家园社"协同育人课程模式的实践路径

由此可以看出，以社区为桥梁的共育活动把家庭和幼儿园密切地结合起来，共同完成幼儿教育的任务，实现育人目标，优化教育的社会效益。实践证明，"家园社"协同构建幼儿学习与发展的场景，能以不同的方式影响孩子的成长，三方交互式的合作对资源共享、责任共担能够起到积极的促进作用，是协同育人的重要保障。

岗课赛融通

家园社共育让孩子成长有力量

知识点

1. 简述"家园社"协同育人的概念及特征。
2. 简述交叠影响阈理论的主要内容及其对"家园社"协同共育课程的启示。
3. 简述情境教学理念的主要内容及其对"家园社"协同共育课程的启示。
4. 简述家庭、幼儿园和社区在构建共育课程模式过程中的角色关系。
5. 简述"家园社"协同育人课程模式的三维目标层级。
6. 简述"家园社"协同育人课程模式内容选择的特点。

做中学

案例描述：

升入中班，大家开心极了，因为我们不仅搬进了新的教室，而且还拥有了一个日照充足的种植园。开学后，在保安师傅的协助下，孩子们顺利完成了种植园的开垦。为了早播种、早收获，我们和孩子们一起先商量"种植园里种什么"，并把打造种植园的想法告诉孩子们。孩子们跃跃欲试，收集种子、分种植小组、设计观察记录表……大家忙得不亦乐乎。有的孩子还从家中带来了铲子、水桶、洒水壶，种植园里一派欢天喜地的景象。接下来的日子里，孩子们每天都不忘去看一看，浇浇水、除除草、悉心照料、仔细观察、满心期待。一天，两天，三天……奇怪的是，眼看着半个多月过去了，种下去的种子丝毫没有发芽的迹象，望着空荡荡的种植园，我们也陷入了焦虑。

美美奶奶有农村生活经验，和我们聊天时听说了这件事，她马上头直摇："秋天天气越来越凉，并不是播种的好时机。一定要选择合适的时节种菜，尤其是有些种子对温度要求很高，如果一直不发芽，也可以试着改种菜苗啊！"听了美美奶奶的话，我们恍然大悟。这时，旁边的几位爷爷奶奶也都一起围拢了过来："老师，别着急，我在老家种过菜的，我来帮你们吧。""老师，我明天正好要回一趟老家，到时可以多带些菜苗来。""老师，我以前插队去过农村的，我也很会种菜的。"真没想到，身边的爷爷奶奶们都有着丰富的种植经验。

无意间的闲聊竟然让我们有了如此惊喜的发现，我一边想着孩子们心心念念的种植园终于有救了，一边思考：一直以来，我们班的"爸爸妈妈进校园"活动尤其受到家长和孩子们的欢迎，是否可以借此契机特别为孩子们组织开展一次"爷爷奶奶进校园"活动，将我们目前正在策划的重阳节"尊老、敬老与爱老"系列活动做得更深入、更温暖，也更受老人和孩子喜爱呢？

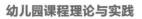

思考：

请结合有关"家园社"协同育人课程内容选择和组织形式安排等相关知识，针对案例中老师在共育课程活动中的思考，说一说在此次活动中可以如何运用家庭、幼儿园和社区的资源，并在此基础上设计一个"重阳节"教育活动共育方案。

参考文献

［1］秦莉. 幼儿园课程［M］. 上海：同济大学出版社，2021：06.

［2］李建军. 幼儿园课程概论［M］. 南京：南京师范大学出版社，2018：09.

［3］王萍. 幼儿园课程理论与实践［M］. 长沙：湖南师范大学出版社，2019：06.

［4］熊芬. 幼儿园课程［M］. 长沙：湖南师范大学出版社，2015：08.

［5］朱家雄. 幼儿园课程的理论与实践［M］. 上海：华东师范大学出版社，2010：07.

［6］袁爱玲. 幼儿园课程［M］. 北京：北京师范大学出版社，2015：03.

［7］沈群英. 幼儿园传统文化主题式课程研究［M］. 上海：上海交通大学出版社，2018：12.

［8］陈红梅. 新时代背景下幼儿园中华优秀传统文化教育理论指导［M］. 武汉：长江少年儿童出版社，2018：12.

［9］姜晓燕. 学前儿童游戏教程［M］. 北京：科学教育出版社，2020：08.

［10］孙贺群. 嬗变与走向：美国学前课程发展变革的历史研究［D］. 东北师范大学，2011.

［11］高敬. 幼儿园课程［M］. 杭州：浙江教育出版社，2016：04.

［12］简楚英. 学前教育课程模式［M］. 上海：华东师范大学出版社，2005：11.

［13］杨晓萍. 幼儿园课程理论与实践［M］. 重庆：西南大学出版社，2021：11.

［14］李政云，李建兰. 深度学习视域下美国职前教师教育创新实践——以银行街教育学院普通儿童教育专业为例［J］. 比较教育研究，2021，43（4）：11–18.

［15］朱家雄. 班克（Bank）街学院早期教育方案目睹记［J］. 幼儿教育，2001，（10）：22–23.

［16］［意大利］蒙台梭利. 童年的秘密［M］. 乌荣根，译. 北京：人民教育出版社，1990.

［17］霍力岩. 试论蒙台梭利的儿童观［J］. 比较教育研究，2000，（6）：51–56.

［18］［意大利］蒙台梭利. 蒙台梭利教育法［M］. 李浩然，译. 中国商业出版社，2009：61–62.

［19］霍力岩，胡文娟. 略论蒙台梭利教育法之精要［J］. 幼儿教育，2008，（5）：4–7.

［20］张永英. 蒙台梭利感官教育批评之回顾、反思及启示［J］. 学前教育研究，2023，（10）：14–25.

［21］刘文华. 美国几种幼教课程模式之比较［J］. 山东教育学院学报，2009，24（2）：1–3.

［22］［美］莫里森. 当今美国儿童早期教育（第八版）［M］. 王全志，译. 北京：北京大学出版社，2004：04.

［23］杨卫卫，蒋雅俊. 认知课程模式之High / Scope课程［J］. 早期教育，2005（08）.

［24］霍力岩，房阳洋，孙蕾蕾．美国学前教育项目质量评价：内容、特点与启示［J］．教育理论与实践，2016，36（13）：20-24．

［25］冯晓霞．幼儿园课程［M］．北京：北京师范大学出版社，2000：10．

［26］何媛，张丽．意大利瑞吉欧课程模式［J］．学前教育研究，2003，（2）：64．

［27］华中师范学院教育科学研究所．陶行知全集［M］．长沙：湖南教育出版社，1984．

［28］申国昌，王瑶．陈鹤琴与陶行知课程观比较［J］．南京晓庄学院学报，2017，33（1）：1-5+124．

［29］陶亚萍，徐卉，吴瑞睿．陶行知生活教育理论在学前美育中的实践研究［J］．南京晓庄学院学报，2022，38（5）：8-12+122．

［30］陈鹤琴．陈鹤琴全集［M］．南京：江苏教育出版社，2008：08．

［31］唐淑．中国学前教育史［M］．北京：人民教育出版社，1993．

［32］［美］杜威．民主主义与教育［M］．王承绪，译．北京：人民教育出版社，1990．

［33］戴自俺．张雪门幼儿教育文集［M］．北京：少年儿童出版社，1994．

［34］王春燕．张雪门幼稚园行为课程及其现代意义［J］．华东师范大学学报（教育科学版），2008，26（4）：73-78．

［35］缪晓芳．家园合作共育：共同负起责任［M］．南京：南京师范大学出版社，2023：02．

［36］李生兰．幼儿园与家庭、社区合作共育［M］．北京：北京师范大学出版社，2016：07．

［37］王普华，王振平，刘婷．"资源叠加 区域互助"家园社协同育人新模式的探索与实践［J］．济南职业学院学报，2023（2）：15．

［38］徐东，彭晶，程轻霞．交叠影响阈理论对我国幼儿园家园社协同育人的经验与启示［J］．内蒙古师范大学学报（教育科学版），2022（6）：53-54．

［39］韩凤梅．以社区为教育实践基地：家园社协同育人模式的创新之路［J］．学前教育研究，2022（12）：87-89．

［40］周淑惠．幼儿园课程与教学——探究取向之主题课程［M］．台北：心理出版社，2006：55．

［41］北京市教育科学研究所．陈鹤琴教育文集（下卷）［M］．北京：北京出版社，1983．

［42］陈鹤琴．陈鹤琴全集（第6卷）［M］．南京：江苏教育出版社，1991．

［43］虞永平．论幼儿园课程中的主题［J］．学前教育研究．2002（12）：13-14．

［44］上海市教委教研室．幼儿园探索型主题活动实施与案例［M］．上海：上海科技教育出版社，2001：132．

［45］毛美娟，华培．走向方案教学［M］．上海：百家出版社，2001．

［46］冯晓霞．幼儿园课程［M］．北京：北京师范大学出版社，2001：259．

［47］李生兰．美国学前教育机构的区域活动及思考［J］．幼儿教育，2002（10）：16-17．

［48］张博．现代幼儿教育观念研究［M］．长春：东北师范大学出版社，2003：97．